T0244043

Mapa para una crianza consciente

Dra. Shefali

Mapa para una crianza consciente

Soluciones para educar niños
emocionalmente sanos y felices

Urano

Argentina – Chile – Colombia – España
Estados Unidos – México – Perú – Uruguay

Título original: *The Parenting Map*
Editor original: HarperCollin*Publishers*
Published by arrangement with HarperOne an imprint of HarperCollins*Publishers*.
Traducción: Rocío Giselle Acosta

1.ª edición Junio 2024

ISBN: 978-84-18714-55-9
E-ISBN: 978-84-10159-41-9
Depósito legal: M-9.903-2024

Fotocomposición: Urano World Spain, S.A.U.

Impreso por: Rodesa, S.A. – Polígono Industrial San Miguel
Parcelas E7-E8 – 31132 Villatuerta (Navarra)

Impreso en España – *Printed in Spain*

Que este libro nos sirva como una llamada
de atención a todos los padres y madres
para que nos demos cuenta de que nuestros
hijos nunca serán de nuestra propiedad
y no podemos controlarlos, dirigirlos,
producirlos ni crearlos.
Su presencia nos es concedida por una única razón:
despertar nuestra propia revolución interna,
profética y profunda.
Ojalá prestemos atención a esta llamada
para poder liberarlos.
Para dejarlos ser.

Mi niño...

No hay dolor más profundo que tu pena,
ni alegría más grande que tu triunfo,
ni agitación más fuerte que tu alboroto,
ni desesperación más intensa que tu abandono.

No hay emoción que se compare a lo que evocas,
no hay experiencia que se asemeje a criarte,
no hay trayecto que quisiera transitar sin ti,
ni aventura que preferiría a verte crecer.

Tú, mi querido niño, eres el mejor maestro.
A través de ti aprendo a amar sin controlar,
a cuidar sin poseer,
y a criarme antes de criarte a ti.

Ante tu increíble resplandor,
me doy cuenta de que no soy nada.
Sin embargo, tu existencia sugiere que lo soy todo:
tan extenso como tu corazón
y tan ilimitado como tu potencial.

No hay nada que pueda darte
porque ya albergas el sol en tu interior,
iridiscente y prismático,
inconmensurablemente poderoso e inagotable.

Puedo traerte al mundo y darte un hogar,
pero, sin duda, eres tú quien me ha dado vida
y un despertar que jamás podría haber imaginado.
Por eso, en realidad, fuiste tú quien rescató mi alma.

Índice

Prólogo 13

Introducción 21

ETAPA UNO: De la frustración a la claridad 27

   Paso uno: Enfócate en el problema real 31

   Paso dos: Destruye esa fantasía 45

   Paso tres: ¡Renuncia al control! 57

   Paso cuatro: Termina con la búsqueda
      de la felicidad y el éxito 69

   Paso cinco: Abandona el complejo de salvador 81

   Paso seis: Deshazte de las etiquetas 91

**ETAPA DOS: De los patrones disfuncionales
a la elección consciente** 103

   Paso siete: Descubre tus dos yoes 111

   Paso ocho: Atrapa tu ego 123

   Paso nueve: Afronta tus detonantes 163

   Paso diez: Rompe tus ciclos disfuncionales 173

   Paso once: Activa tu tercer yo 187

ETAPA TRES: Del conflicto a la conexión 207

   Paso doce: Aprende sobre la psique infantil 213

   Paso trece: Identifica el ego de tus hijos 247

   Paso catorce: Domina el idioma de los niños 257

   Paso quince: Haz esto en lugar de castigar 271

   Paso dieciséis: Un nuevo marco para los errores 295

   Paso diecisiete: Enfócate en el corazón 305

Paso dieciocho: ¡Encuentra el SÍ!.................... 321

Paso diecinueve: Empieza ahora 337

Paso veinte: Abraza a tu nuevo yo 347

Un comentario de mi parte......................... 357

Agradecimientos 359

Prólogo

«¡Ya no sé qué más hacer! ¡Lo único que sé es que lo que hago no funciona!». Los ojos de Diane estaban hinchados por las lágrimas de impotencia y frustración. Tenía el cuerpo encorvado y las manos le temblaban sin control. Hablaba sobre las dificultadas que tenía con su hijo de nueve años, que se estaba volviendo cada vez más agresivo y retraído. No sabía dónde acudir. ¿Era la adicción a las redes sociales de su hijo lo que había generado ese cambio? ¿Sus compañeros? ¿Las presiones escolares? ¿Su dominante entrenador de béisbol? ¿O la causa era ella, y el hecho de que estuviera ocupada con su hija de cuatro años, que tenía sus propios desafíos? ¿Cuál era el problema? ¿Cómo podía resolver la situación? Diane estaba cansada de las batallas diarias, de todas las discusiones y peleas. ¿Cómo habían llegado a este punto? Se encontraba en un callejón sin salida.

En esa desolación se veía reflejada la desesperación de miles de padres con los que he trabajado con el paso de las décadas. De hecho, yo también me veía reflejada en su dolor. Podía comprender por completo su pánico y su miedo estremecedor a perder la conexión con su hijo. Sus palabras eran un eco de todas las veces que me he sentido en un punto sin retorno con mi hija, Maia. Si eres padre o madre, estoy segura de que también puedes identificarte con el abatimiento de estar en una encrucijada con tus hijos y no saber cómo solucionar la situación. O ese sentimiento de desazón al pensar que, sin importar lo mucho que lo intentes, no puedes conectar con ellos como lo deseas. Diane estaba estancada y se sentía agotada por toparse contra un muro una y otra vez. Estaba exhausta.

Al igual que Diane, la mayoría de los padres están desesperados por mejorar o «reparar» la relación con sus hijos. Para muchos de nosotros, esta es la relación más importante, sin excepciones. Cuando las relaciones con nuestros hijos se resienten, nosotros también sufrimos. Pocas cosas nos molestan más que tener una mala relación con ellos. Haríamos cualquier cosa para ayudarlos a sentir que los apoyamos y que estamos conectados, pero muchos simplemente no sabemos cómo lograrlo. En verdad creo que, sin importar la edad, la raza o el nivel de nuestros ingresos, todos los padres han experimentado algo similar a las aflicciones de Diane. Todos hemos estado en esa situación y hemos reaccionado así. Esta es la naturaleza de la paternidad: suele sentirse como si estuviéramos a la deriva en el mar y sin brújula.

Al igual que a muchos otros padres, ayudé a Diane con un plan paso a paso para recuperar y renovar la relación con su hijo. Después de muchos avances, Diane pudo aprender estrategias nuevas para transformar el caos de la relación con su hijo en conexión. Observar cómo su relación se volvió alegre y empoderada fue verdaderamente conmovedor. Esta es la razón por la que me apasiona tanto mi trabajo de ayudar a los padres y madres a ser más conscientes, ya que crea cambios metamórficos en la relación con sus hijos. Ser testigo de esos cambios es uno de los regalos más gratificantes que existen.

Durante la niñez de mi hija hubo días en los que me sentí totalmente perdida y desamparada y no sabía a quién pedirle ayuda. Sentía que estaba fracasando por completo en mi labor de madre, lo cual me hacía sentir aislada y tremendamente culpable. El ciclo predecible era así: mi hija hacía algo que no me gustaba, yo me enfadaba, le gritaba o le hablaba mal, ella lloraba y yo me sentía culpable. Sentirme culpable me llevó a compensarla demasiado y a consentirla, lo que le permitió aprovecharse de mi debilidad, y a mí me llevó a bajar la guardia nuevamente y a ella a no escuchar... una vez más. Los ciclos eran tan predecibles que parecía una tragedia. Me sentía desconectada e incapaz. Y más aún, sentía rabia y resentimiento. Sabía que no era una buena señal. Necesitaba enmendar la situación con urgencia.

No fue hasta que comencé a desarrollar el enfoque de la crianza consciente cuando rompí con los ciclos de negatividad sin fin y comencé desde cero. Al implementar las herramientas y estrategias de este maravilloso enfoque, encontré mi camino de vuelta a la conexión alegre y renovada con mi hija. Al ofrecerme un mapa de ruta, la crianza consciente literalmente salvó mi relación con ella. Yo ya no flotaba a la deriva en el mar, sino que tenía un camino concreto para avanzar y construir una relación poderosa y profunda con ella.

Comprendo las penas y las alegrías de la crianza. Me he dedicado a ello durante más de veinte años, personal y profesionalmente, y he podido apreciar lo bueno y lo malo casi todos los días. El amor por nuestros hijos puede quitarnos el aliento: por su grandeza sin límites y su ansiedad desgarradora. Es un cóctel perfecto de la adoración más profunda y el miedo más intenso. Esto es lo que nuestros hijos nos provocan en el alma: la hacen expandirse como nunca antes, pero también la dejan hecha polvo y la acribillan. Luego, nuestros hijos se alejan sin darse cuenta de lo que han hecho.

Nunca creí que ese cóctel de amor y miedo fuera posible hasta que fui mamá. Tampoco creí que tener hijos podía arrebatarnos tanto. Los niños nos drenan todos los días a todas horas, no solo a nivel financiero y energético, sino también a nivel emocional y psicológico. Los niños tienen un impacto de 360 grados: en toda nuestra existencia, todo el tiempo y, potencialmente, para el resto de nuestras vidas. No entendí la enormidad de esta carga hasta que fui madre. Antes, no tenía ni idea de lo que implicaba. Había comprado la versión de fantasía, en la que se preparan pasteles de cumpleaños, se adoptan cachorritos y se juega en el parque.

Nadie te avisa sobre la otra cara de la crianza y lo que nos provoca a los padres y a las madres a nivel psicológico. Creo que nadie conoce de antemano el «lado oscuro» de la crianza. No sabíamos todos los momentos en los que quedaríamos completamente desamparados e incapaces de manejar la infinidad de situaciones que la crianza nos hace enfrentar. Tal vez intimidan a nuestros hijos, no pueden mantener el ritmo en la escuela, no encajan con sus compañeros, no quieren ir a la universidad o su pareja los maltrata. ¿Alguien nos da herramientas para enfrentar estas situaciones desgarradoras? No, tenemos que arreglarnos solos. Sin duda, nadie puede advertirnos de lo devastados que podríamos sentirnos si nuestros hijos nos rechazaran o se opusieran a nuestra influencia o autoridad, ni de la manera inmadura en la que reaccionaríamos a este rechazo. No, estamos varados en el medio del océano de esta relación emocional —tal vez, la más emocional de nuestras vidas— sin remo, chaleco salvavidas ni mapa.

Hace veinticinco años que ayudo a padres y los acompaño en los buenos y malos momentos. Y, a pesar de todo, esta relación única e integral me ha dado una lección de humildad que nunca falla al exponer la universalidad de la experiencia humana. Como profesional y madre, he desarrollado un enfoque específico para ayudar a los padres y a los hijos a sanar: la crianza consciente. Mi primer libro sobre esta temática, *Padres conscientes*, se publicó en 2010. Un éxito de ventas según el *New York Times*, cuenta con un prólogo de su santidad el dalái lama y el apoyo de Eckhart Tolle, y Oprah Winfrey lo consideró revolucionario. Desde entonces he escrito otros tres libros sobre la paternidad que fueron éxitos de ventas. Quizás te preguntes por qué este es tan diferente. Esta es la razón: mis libros anteriores sobre la crianza fueron instrumentales para explicar a grandes rasgos el «qué» y el «porqué» de la crianza consciente. Este libro es la respuesta al «cómo». Me han pedido muchas veces que cree un mapa que los padres puedan seguir paso a paso para transformar la relación con sus hijos. Al fin, aquí está: el mapa que los padres estaban esperando.

No sé tú, pero, cuando me tocó a mí, no tenía idea de cómo criar a mi propia hija. Desde luego, hasta ese momento había ayudado a cientos de padres, pero esa experiencia casi no influyó en la crianza de mi hija. Es una historia completamente diferente cuando estamos tratando con nuestros hijos, ¿no? Todos podemos ser expertos sobre la vida de los demás, pero, cuando se trata de la nuestra, ¡claro que no es fácil!

Puedo decir con total sinceridad que, si no hubiese seguido los principios de la crianza consciente, no solo hubiese destruido la dignidad de mi hija, también me habría convertido en un ser humano completamente infeliz e insatisfecho. Por eso escribí este libro, para brindarte lo que me habría gustado tener cuando era una madre joven: una guía concreta de cómo criar a tus hijos.

Déjame advertirte algo: lo que estás a punto de leer te cambiará la vida. Cuando termines el libro, es muy probable que toda tu perspectiva sobre ti y aquellos a los que amas cambie por completo. Por este motivo, la lectura puede ser un desafío. Descubrirás cosas de ti que podrían sorprenderte. Nada volverá a ser igual después de leer este libro. Me han dicho que todos mis libros son, de algún modo, revolucionarios. ¿Por qué? Porque rompen paradigmas, cambian la cultura y transforman las matrices. Mis libros desafían el *statu quo*. Señalan tus creencias limitantes y exponen tus disfunciones. Destruyen cualquier fantasía que hayas tenido sobre ti, tus hijos y tu vida y te obligan a enfrentarte a la cruda realidad. Mis libros te incentivan a despertar y liberarte de todos los patrones que drenan tu vida.

Este tipo de libro requiere que el lector sea valiente y osado, y que busque la verdad. El hecho de que hayas leído hasta aquí significa que ya tienes estas cualidades. No te rindas cuando las palabras de este libro expongan o señalen un dolor intenso. Descansa un momento. Reflexiona sobre lo que se avecina en tu vida. Las palabras tienen como fin provocarte, conmoverte, cambiarte, conmocionarte e incitarte a pensar y actuar de maneras completamente nuevas. Nuestros hijos merecen padres y madres que tengan la suficiente valentía para descartar los patrones antiguos de ser y hacer y que adopten formas nuevas de conectar con ellos. Tú puedes ser ese padre o madre. Que hayas escogido este libro demuestra que ya lo eres.

Como padres, estamos en un momento crítico. Jamás habíamos tenido que competir con las presiones de un mundo tecnológico tan vertiginoso. Nuestros padres tenían miedos relacionados con nuestro éxito en el futuro, pero los padres de hoy en día tienen estos miedos al cuadrado. Vemos que el mundo cambia tan rápido a nuestro alrededor que no podemos seguir el ritmo. Nos embarga una sensación de incompetencia y temor. ¿Qué hacemos con estos miedos? Los convertimos en expectativas altas y presionamos a nuestros hijos a ser aún más perfectos de lo que se esperaba de nosotros. Nuestros niños sienten esa presión… ¡Claro que la sienten! La prueba está frente a nuestras narices: los desórdenes de salud mental están aumentando a niveles jamás antes vistos, y no tienen perspectivas de disminuir. Nuestros adolescentes se lastiman y se suicidan a tasas alarmantes. La ansiedad y la depresión de nuestros jóvenes ha alcanzado niveles inconmensurables. Nuestros niños están en problemas y, a menudo, solemos sentirnos unos espectadores incompetentes.

Pero la verdad es la siguiente: no somos incapaces y no tenemos que ser espectadores. Podemos hacer mucho; solo necesitamos saber cómo. Estas páginas te ayudarán. Te mostrarán cómo puedes limpiar los escombros de la relación con tus hijos y comenzar a construir un nuevo cimiento, uno en el que te sientas empoderado y conectado como padre o madre. Si sigues los pasos que se detallan en este libro, gradualmente (y, a veces, inmediatamente), comenzarás a presenciar transformaciones sísmicas en la dinámica con tus hijos. Las estrategias de la crianza consciente serán un faro mientras abandonas la densa jungla de la confusión en las que has estado atrapado y te dirigirás hacia una nueva conexión con tus hijos.

La crianza consciente no es para los débiles. Es para los valientes y los audaces. Es para aquellos que rompen los patrones y los espejos de colores, para aquellos que se animan a dejar la manada y comenzar desde cero, aunque eso signifique estar solos por un tiempo. Aunque dé miedo —no voy a mentirte, es espeluznante—, la crianza consciente promete algo que jamás antes se había ofrecido en la paternidad: la encarnación de una conexión auténtica entre tú y tus hijos que te permite honrar quién es cada uno de vosotros sin necesidad de recurrir a la manipulación o el control. La crianza consciente habla de una conexión en la cual ambas partes pueden valerse por sí mismas con responsabilidad y alegría. Si este tipo de conexión es algo que deseas, entonces este libro es para ti.

El simple hecho de estar aquí significa que has dado el primer paso hacia una gran transformación en la crianza y en tu vida. El simple hecho de participar indica que has declarado que tu *status quo* no es aceptable. Recuerda, no todos los padres y madres son capaces de prestar atención a la llamada de la crianza consciente. Sin embargo, no solo estás prestando atención al llamado, estás respondiendo a él.

La crianza consciente tiene el poder de brindarnos a cada uno de nosotros lo que siempre hemos deseado: un sentido profundo y duradero de nuestro valor intrínseco. ¿No es este anhelo de ser vistos y validados de verdad por nuestro yo interior algo que todos deseamos profundamente? Todos los seres humanos desean sentirse libres de ser quienes son auténticamente, sin críticas, culpa ni humillación. Nuestros niños también desean esto, y la verdad es que la crianza consciente puede enseñarte cómo cumplir ese deseo. Cuando tus hijos comiencen a ser vistos por quienes son en realidad, independientemente de lo que la sociedad espera de ellos, te puedo asegurar que permitirles ser auténticos será el mejor regalo que recibirán jamás.

Te doy las gracias en nombre de ellos.

¡Comencemos!

Introducción

El vínculo con tu hijo es único.
Tiene dos extremos: darte superpoderes
y romperte el corazón al mismo tiempo.
Te transportará hacia un infinito sin límites
y también te aplastará hasta convertirte en la nada.
Encenderá e inspirará tu creatividad e imaginación
y destruirá tus fantasías y sueños al mismo tiempo.
Serás el gran maestro y el transformador de tu alma
y el principal enemigo y destructor de tu ego.
Existe para avivarte y elevarte a lo más alto
y para darte una lección de humildad
que te lleve a lo más bajo.
Solo este vínculo tiene tanto poder
y es el único al que le permitirás
que te vuelva tan impotente.

Hay dos motivos por los cuales no hay ninguna relación que se parezca a la que tienes con tus hijos: (1) Son toda tu responsabilidad, desde el momento en que nacen hasta que ya han crecido, y después también. (2) No hay dos niños iguales. Por estas dos razones diferentes, esta relación es una de las más desafiantes, espeluznantes y complicadas que tendrás. Para que la relación sobreviva y prospere, los padres deben prestarle atención usando un conjunto único de habilidades y herramientas.

Debido a que «son tu propia sangre» —sean biológicos o no—, tus hijos son tu máxima responsabilidad. Por esta razón, inviertes en su bienestar y te preocupas por ellos a niveles insuperables. No tienes este tipo de conexión con ningún otro ser humano en tu vida, solo con tus hijos. Esta conexión tiene el potencial de provocar una alegría eufórica cuando las cosas marchan bien, pero también una gran ansiedad, frustración y dolor cuando no marchan tan bien.

Puedes desechar a otros adultos en tu vida y huir de ellos. Las amistades pueden romperse o desaparecer. Las relaciones terminan. Los divorcios suceden. Pero ¿la conexión con tus hijos? No. Son tuyos, en las buenas y en las malas; para siempre. Las únicas dos opciones que tienes son: aceptar conscientemente el arduo ascenso a la montaña —con todas sus curvas confusas, pendientes empinadas y agotamiento— o caer por el precipicio hacia un abismo profundo de desconexión.

La segunda razón de que esta relación no se parezca a ninguna otra es que son «niños». Pongo esta palabra entre comillas por un motivo. Los niños son una categoría única de seres humanos. Siguen un conjunto de reglas particulares, tienen un cerebro distinto y necesitan un lenguaje completamente diferente. Creo que subestimamos cuán grandes son las diferencias entre ellos y nosotros. Pensamos: «No es tan difícil. Son adultos en miniatura».

Los niños no son versiones más pequeñas de los adultos. Son humanos como nosotros, claro, pero hasta aquí llegan las coincidencias. En el resto de los niveles, no hay comparación. Son completamente diferentes. Ya que no nos equipamos con las herramientas para lidiar con esta diferencia, seguimos atando las cosas con alambre. La mayoría de los adultos no poseen habilidades para comunicarse con el lenguaje «niño». ¿Alguna vez has asistido a una clase de lenguaje infantil, o aprendiste sobre psicología infantil en la escuela? Claro, es posible haber tomado un curso sobre psicología infantil, pero eso no se compara con tener hijos propios y aprender cómo se comportan.

Esto nos lleva a la realidad cruda y brutal de la crianza: independientemente de en qué parte del ciclo de crianza de nuestros hijos nos encontremos, experimentaremos la grandísima presión de saber que son nuestra responsabilidad, y al mismo tiempo seremos totalmente conscientes de que carecemos de la capacidad para comprender, comunicarnos o conectar exitosamente con los niños.

Para iniciar el camino de crecimiento y cambio, simplemente necesitamos admitir lo mucho que desconocemos. Ninguna enseñanza impactará a un estudiante que no está dispuesto a aprender. El comienzo es la aceptación de nuestra ignorancia parental. Una aceptación verdadera y sincera de esta ignorancia nos abre el corazón y la mente para aprender y crecer. Cuando sentimos las punzadas de incomodidad, no nos alejamos. En lugar de eso, aprendemos del dolor y la dificultad para poder transformarnos.

El hecho de que nosotros, los padres y madres, pretendamos saberlo —o que debamos saberlo— todo con respecto a la crianza de estos seres humanos a los que llamamos niños refleja nuestro delirio parental colectivo. Es tan grande nuestro deseo de fingir que somos perfectos y que todo funciona como lo planeamos que, cuando las cosas no funcionan, escondemos nuestras dificultades al mundo, sufrimos en silencio y nos avergonzamos. No pedimos ayuda, no compartimos lo que sentimos, no nos interesa aprender y no buscamos nuevas soluciones. ¿El resultado? Nuestros hijos son las víctimas de nuestra falta de voluntad para admitir nuestra ignorancia.

Esta es la verdad: no debemos saber intuitivamente cómo criar niños. Si sientes que has perdido la cabeza con la paternidad, no has enloquecido. No eres raro o «malo» por sentirte completamente inepto e incapaz, porque no lo eres. Quiero que estas palabras te lleguen. No debes saberlo todo.

El mapa paso a paso que explico en las próximas páginas es todo lo opuesto a esta idea. Te enseñaré el «cómo» de la crianza consciente de una manera guiada y amable. Al implementar estos pasos, transformarás tu mentalidad, tu enfoque y tu comunicación. Cuando lo hayas hecho, toda la relación con tu hijo o hija cambiará, al igual que tu relación contigo.

En este libro he desarrollado tres etapas clave. Cada una de ellas implica un crecimiento dentro de un aspecto distinto de ti como padre o madre. La primera etapa se llama «De la frustración a la claridad». Esta etapa comienza con una limpieza de tu mentalidad y creencias. Nosotros, los padres, estamos profundamente adoctrinados por creencias culturales sobre quiénes y cómo deben ser nuestros hijos. Estas creencias nos hacen imponerles estándares y expectativas que suelen dañar nuestra habilidad de conectar con su naturaleza auténtica. Solo cuando cambiemos a este nivel estaremos preparados para profundizar.

La segunda etapa se llama «De los patrones disfuncionales a la elección consciente». Allí explico las maneras en que tus patrones del pasado te han condicionado a vivir estilos de vida y tomar decisiones sin un conocimiento consciente. Aprenderás cómo romper estos patrones para que puedas comenzar a tomar decisiones nuevas, empoderadas y conscientes, que se sientan auténticas con quién eres aquí y ahora. Mientras esto sucede, la conexión con tus hijos se fortalecerá de manera directa y poderosa.

La tercera etapa se llama «Del conflicto a la conexión». Trata sobre construir una relación más conectada con tus hijos. Aprenderás cómo comprenderlos mejor, para poder decodificar su comunicación y forjar un vínculo más profundo con ellos.

Dentro de cada etapa, hay pasos que puedes seguir para alcanzar tus metas. El cambio no ocurre de la noche a la mañana. Ocurre al avanzar con pequeños pasos en el camino. Durante la lectura del libro, es muy probable que tengas una sensación repugnante de culpa y vergüenza al recordar momentos del pasado en los que cometiste errores. Por favor, sé consciente de que estos sentimientos son normales y naturales. Te pido encarecidamente que tengas compasión contigo cuando emerjan estos sentimientos. Como alguna vez escribió Maya Angelou: «Haz lo mejor que puedas hasta que sepas lo que es mejor. Luego, cuando lo sepas, hazlo». Trátate con bondad amorosa. Y recuerda que, sobre todo, precisamente esos momentos de inconsciencia son los que te han guiado hasta aquí, a leer estas páginas. El pasado es el pasado, pero este es el momento que más importa. Estás aquí ahora, leyendo este poderoso mensaje. Menudo acto de coraje.

Lee estas páginas con calma, ya que suele llevar un tiempo. No solo estás tratando de cambiar la dinámica con tus hijos, sino que estás alterando las dinámicas de generaciones pasadas. Por este motivo, ten paciencia contigo. No hay un sitio perfecto al que debamos llegar, ni una carrera que debamos ganar. El simple hecho de estar aquí demuestra una gran bendición. Te acompañaré hasta el final, alentando tu nueva consciencia y tu creciente transformación. Estamos juntos en esta misión.

Solo recuerda lo siguiente mientras avanzas: ningún padre es perfecto. Los padres perfectos no existen. Podremos proyectar la perfección en otros, pero, como terapeuta que ha trabajado con miles de pacientes, puedo afirmar con seguridad que nadie es perfecto. Por el contrario, todos estamos llenos de confusión y dudas. Si proyectas cualquier tipo de perfección en mí, déjame disipar ese mito de inmediato y decirte que la razón por la cual ayudo a los demás es porque busco desesperadamente ayudarme a mí misma. Por lo tanto, somos iguales. He sentido cosas parecidas a ti, como todos los padres del mundo. La paternidad es un dilema amplio; por eso hay una necesidad profunda y esencial del mapa de crianza que ofrece este libro.

Vayamos a la primera etapa de este camino: «De la frustración a la claridad».

ETAPA UNO

De la frustración a la claridad

Es en ti, mi niño, que deseé la perfección.
Ah, qué tonto fui en verdad,
ya que fuiste tú quien me reveló
que la perfección no solo es imposible,
sino que desearla es un delirio.

L a verdad es que, si eres padre o madre, cometerás errores enormes. Gigantescos. No podemos escapar de ese destino. De hecho, es muy probable que no exista ninguna otra relación en la que metas tanto la pata como con tus hijos.

Esta es la razón: nuestros hijos están a nuestro lado todo el día durante sus años más fundamentales, años en los que nosotros estamos evolucionando y comenzando a comprendernos a nosotros mismos. En esta etapa, la mayoría de nosotros todavía somos inmaduros e inocentes emocionalmente. Este es un combo mortal: nuestros hijos necesitan que seamos nuestra mejor versión durante sus años de formación, pero es probable que nosotros todavía estemos formándonos y conociéndonos a nosotros mismos y no seamos nuestra mejor versión; tal vez, ni siquiera seamos la mitad de nuestra mejor versión. Nuestros hijos no están formados en todos los sentidos, y nosotros, como padres, también somos obras inacabadas. Esta discrepancia es inevitable. Échale la culpa a la naturaleza.

La realidad es que no conozco ningún padre que no haya cometido errores importantes. ¡Ninguno! Así que, si sientes culpa o vergüenza sobre tu manera de criar, puedes darte un respiro. Esto no va de ser perfectos o, incluso, geniales. Va de volvernos conscientes.

Volverse consciente significa comprender las razones principales por las que las cosas nos resultan difíciles. Por ejemplo, ¿por qué perdiste la cabeza y pataleaste como un niño de tres años o gritaste como un adolescente desquiciado? El punto no es no tener nunca estos momentos de locura. El punto es comprender el porqué. Comprenderlo no solo nos lleva a muchos menos arrebatos de locura, sino que también nos permite entender —y hacerlo mucho mejor— por qué suceden. Imagina comprender por qué un bebé de seis meses que no duerme te dejó llorando en el suelo. O por qué el berrinche de un niño de cinco años te hizo decir algo de lo que te arrepentiste de inmediato. O por qué una respuesta sarcástica de tu hijo adolescente te provocó una rabieta tan grande como la que tuvo tu hijo de siete años el otro día. Con el fin de ser mejores en la crianza, necesitamos comenzar por el porqué. Si no comprendemos el «porqué», no podremos comprender el «cómo». Si no somos claros sobre las razones por las que arruinamos las cosas, ¿cómo podremos cambiar la situación? Al igual que con nuestras molestias y dolencias físicas, primero debemos comprender por qué nos duele y, luego, tratar la molestia. De eso trata esta etapa: de comprender.

El mapa que he diseñado es el que seguí durante mi experiencia con la crianza. Me llevó tiempo completar cada etapa y aprender los pasos. Mediante prueba y error, infinitos desvíos y pasos en falso, finalmente comencé a cambiar mi forma de actuar. Como resultado, logré dejar de ser una persona obsesiva y llena de miedos y me convertí en una madre paciente y alegre. La maternidad dejó de ser estresante y se volvió divertida. ¿Y cuál fue el mejor premio de todos? Mi hija avanzó cada vez más hacia su propio valor y poder interior, sin dejar de expresarse auténticamente, igual de alegre en su cotidianidad que en su excelencia. Además, las discusiones y los conflictos desaparecieron. Cuanto menos controladora era yo, menos necesitaba defenderse ella. Pronto comenzamos a fluir entre nosotras con mayor facilidad y confianza.

Este enfoque de la paternidad conlleva paciencia y coraje. Cada paso te acercará a tu verdad y a tu sanación interna. Con cada revelación, no solo volverás a tu propia esencia, sino que dejarás de bloquear a tus hijos para que no entren en la suya. Hasta que no hayas completado el viaje, las dos partes viviréis abrumadas y esclavizadas por los viejos patrones y las heridas generacionales. Este método romperá tu arraigada forma de ser; te ayudará a convertirte en una nueva persona y, a cambio, liberarás a tus hijos.

¿Estás listo? Respira profundamente... ¡y empecemos!

Paso uno:

Enfócate en el problema real

Intenté microgestionar tus estados de ánimo
y solucionar tus sentimientos
y dominar tu destino
y controlar tu alma,
hasta que me di cuenta de que estaba confundido.
No eras tú quien necesitaba soluciones.
¡El problema era yo!

Todavía estoy traumatizada por la experiencia que tuve cuando mi hija tenía tres años. Me quedó tan grabada en la mente que parece que sucedió ayer. Después de muchos encuentros con padres, descubrí que mi experiencia era bastante común. Ay... si lo hubiese sabido en ese momento, ¡no me habría sentido como una perdedora!

Era la hora de regresar del parque, ya que debía preparar la cena. Me había dado mucho margen para prevenir demoras y protestas de la niña. Creí que estaba preparada, pero nada podría haberme preparado para el caos que se avecinaba. Mi hija se negó rotunda y vehementemente a irse del parque. Cuando era la hora de irnos, dejó de ser un angelito dulce y juguetón para transformarse en un demonio poseído. ¿Alguna vez te ha pasado que, de un momento a otro, tus hijos parecían normales y luego se convirtieron en lunáticos delirantes? Bueno, esta fue mi primera vez. Sería una obviedad decir que estaba completamente sorprendida, avergonzada y mortificada.

Mi hija gritó, literalmente. No. Más bien chilló, lloró, aulló, vociferó y pataleó los veinte minutos de camino a casa. Tuve que ponerla en el carrito cuando se negó a irse del parque. De la manera en que protestó, hubieses creído que el carrito era una silla eléctrica. Con los brazos agitados y el cuerpo rígido, todas las cabezas se giraban en nuestra dirección. Los ojos acusadores me atravesaron mientras los extraños me sentenciaban por ser la peor madre del mundo. Mi hija no se rindió. Pensé que se desmayaría del cansancio. Pero no, se volvió más ruidosa y vociferante. Cada segundo era como una tortura.

Intenté muchas tácticas desesperadas. La distraje, le grité, le susurré, me quejé, lloré, maldije y entré en pánico. Nada funcionó. Me detuve, canté, la calmé, la consolé, la amenacé y la soborné. Usé mi voz siniestra, mi voz dulce, mi voz enojada y mi voz amable. Me burlé, hice bromas e intenté persuadirla. Probé con la lógica y la razón. Finalmente, me di por vencida y me entregué a mi destino de vergüenza hasta casa. Fueron los veinte minutos más largos de mi vida. Lloré cada milisegundo. Este fue el momento más aleccionador de mi existencia.

Cuando llegamos a casa, mi hija había ganado. Había logrado convertirme en un charco en el suelo. Entré por la puerta y caí de rodillas, llorando. Tuve una sesión de diez minutos de pena. Pensé: «Soy la peor madre del mundo. Deberían meterme en una cámara de tortura y quemarme por bruja». Cuando la impotencia y el pánico que había sentido me subió como lava por el cuerpo, dejé escapar un grito espeluznante de rabia y frustración. Su padre apartó rápidamente a mi hija y la llevó a un lugar donde no pudiera oírme. Con una voz de desdén, me pidió que me controlara, provocándome más vergüenza y pánico. Yo salí de casa para ir a dar un paseo muy largo.

Ese fue un punto de inflexión en mi vida. En ese paseo, finalmente confronté la triste realidad de que no tenía ni la menor idea de cómo controlar emocionalmente los estados de ánimo, los pensamientos y las emociones de mi hija. Ni la más remota idea. Fue entonces cuando me di cuenta de que mi hija tenía —y, posiblemente, todos los niños tengan— la capacidad de dejar a un padre indefenso, y es esta impotencia la que provoca rabia y locura en los padres. El problema no es tanto el comportamiento del niño, sino lo que evoca en los padres.

Sentí que una verdad me recorría como un escalofrío. Vi la luz. Mis reacciones ese día no habían tenido nada que ver con mi hija. Nada. Ella era simplemente ella: una niña que quería jugar más tiempo. Cada pensamiento, sentimiento y comportamiento que yo había expresado había tenido que ver con algo más profundo en mí. ¡Fue todo por mí!

Comencé a llorar. Me vinieron a la mente unas imágenes de mi infancia. Me vi como una niñita desamparada, desesperada por controlar su mundo. Me vi como una niñita que buscaba validación y reconocimiento de sus padres y maestros. Esa niñita era insegura, buscaba atención y ansiaba el poder de los adultos de su mundo. Estaba muy perdida.

Me di cuenta que mi hija de tres años había abierto una vieja herida en mí. Cuando ese día no me escuchaba ni se subyugó a mi voluntad, despertó un sentido de impotencia. Me sentí inútil y sin autoridad, al igual que cuando era una niña. Las viejas heridas resurgieron y me cegaron. Estaba en un estado de pánico, intentando rescatar a mi niñita interior. Como resultado, veía a mi hija «real» como un enemigo que debía derrotar. Perdí toda pizca de empatía hacia ella o toda consciencia sobre sus dificultades. La niñita en mí se había apoderado de la situación e hizo que todo girara a su alrededor. Solo quería ganar, ganar, ganar a toda costa.

El dolor de mi niñez era tan fuerte que me había catapultado a un modo de supervivencia. La voluntad de mi hija había chocado contra la mía, y ese choque había provocado terror. Quería controlarla y, cuando no se sometió a mi dominación, perdí los estribos. Inmediatamente, la convertí en una «mala» persona y en un enemigo, hasta el punto de que quería correr y abandonarla. Oleadas de culpa brotaron a la superficie. Sentí mucha vergüenza. No podía creer que fuera capaz de una frialdad tan brutal.

Finalmente, la ficha cayó como un balde de agua fría: no era «yo» quien había reaccionado de esa manera. Fue algo dentro de mí que había estado oculto, una parte de mí de la que no era consciente. Era mi niña interior herida. Hay una separación emocional que existe entre el presente y el pasado que es fundamental para comprender mi reacción. Estaba reaccionando a un momento del presente guiándome por las heridas de mi niñez. Y estas viejas heridas son simplemente eso: viejas. Pertenecen al pasado. Esa revelación me atravesó como un rayo. Me empujó hacia un estado de consciencia. En ese momento, todo se aclaró y se sembraron las semillas de la crianza consciente.

Cuando les digo a mis pacientes: «Tu hijo no es el problema», me encuentro con una resistencia inmediata.

Reclaman: «Entonces, ¿el problema soy yo?».

Cuando les respondo: «¡Así es!», noto una desconexión instantánea.

Lo entiendo. Que nos digan que podríamos ser el problema de nuestra manera de criar es un hueso duro de roer. Sin embargo, darnos cuenta de esta verdad es el primer paso en la crianza consciente. Hasta ahora, debido al modelo de crianza tradicional en el que hemos crecido todos, nos han entrenado para que la crianza se enfoque en el niño. Este enfoque es defectuoso y tóxico. El foco de la crianza debe ser el padre, no el niño. Si el foco se pusiera en el niño, la paternidad se llamaría «filiaridad».

Cuando doy conferencias, este mensaje suele toparse con resistencia. Las personas dicen: «¡Eso suena muy presuntuoso!» o «¿Qué quieres decir, que la crianza se trata de mí, de mí y de mí? ¿Te refieres a que es culpa nuestra?». Tal vez pienses: «¿Cómo puede ser mi responsabilidad que mi hijo tenga TDAH o viva haciendo berrinches?» o «¿Qué tengo que ver con la ansiedad social de mi hijo?». Nosotros, los padres, detestamos sentir que nos culpan o nos juzgan. Nos tomamos nuestra identidad de «padres» tan en serio que cualquier ataque se siente injurioso para nuestros frágiles egos, incluso blasfemo. Cómo se atreven a insinuar que contribuimos a los problemas de nuestros hijos... ¡Ni hablar!

Como muchos otros padres, también tenía ideas erróneas sobre ser madre antes de serlo. Pensaba que, si me enfocaba en mi hija y la amaba, todo funcionaría. Pensaba que enfocarme en mi hija significaba ser una «buena» madre. La idea de no enfocarme en mi hija me resultaba egocéntrica y egoísta. Pero estoy a punto de mostrar cuán rebuscada es esta perspectiva y cuán perjudicial realmente es poner el enfoque en nuestros hijos.

La cultura nos ha arruinado por completo. Nos hicieron creer que un buen padre es aquel que solamente se preocupa por la crianza de un hijo perfecto. Creemos que debemos crear, moldear y producir el hijo perfecto con la niñez perfecta. Demasiada presión, ¿no es cierto? Cuando no cumplimos con la misión, inmediatamente sentimos una vergüenza y una culpa enormes.

¿Sabes la carga que tú y tus hijos sentís con estas expectativas inalcanzables? Nosotros, los padres, sentimos que debemos engendrar y criar un hijo que sea creativo, artístico, musical, atlético, intelectual, amable, sociable, aventurero y —sobre todo— feliz constantemente. La cultura y nuestros inmensos egos nos han engañado hasta tal nivel que realmente creemos que somos tan especiales que podemos lograrlo.

Luego, llega la realidad. Nos damos cuenta de que no somos tan poderosos y de que nuestros hijos no son superniños. Nos percatamos de que son, me atrevo a decir, niños promedio. Pero, como la cultura nos ha convencido de que el promedio es inaceptable, sentimos —y les inculcamos a nuestros hijos— la responsabilidad irracional y hercúlea de ser extraordinarios. Toda esta presión surge de un sistema de creencias fundamental que es tóxico: la creencia de que la buena crianza consiste en criar a un niño superestrella.

Mientras sigas creyendo que una buena crianza consiste en «reparar» a tus hijos, controlarás sus vidas de forma excesiva. Intentarás manipularlos y cambiarlos. Y ya sabes lo que sucede cuando intentas cambiar a alguien que no seas tú, ¿no? Fallamos, fracasamos estrepitosamente.

Si tienes más de cuarenta años, probablemente te hayas dado cuenta de que la única persona que puedes cambiar eres tú. Lo mismo sucede con la paternidad. Pero este es el peligro real. Debido a que se les ha dicho a los padres que una de sus principales misiones es reparar a sus hijos, adivina qué sucede cuando nuestros hijos no obedecen. Nos sentimos incapaces y, luego, enfurecidos. Chillamos, gritamos y los castigamos... Y nos sentimos justificados. Creemos que reparar a nuestros hijos es nuestro deber divino y nuestra obligación.

La crianza consciente es el primer modelo que expone la toxicidad de este mensaje y, por esta razón, es un modelo revolucionario. La crianza consciente comprende que el viejo modelo, con su presión poco realista y dañina de ser perfectos, conduce a padres e hijos al fracaso.

¿Qué hacemos entonces?

Dejamos de enfocarnos en «crear un hijo» y adoptamos un nuevo enfoque. ¿Sabes cuál es este enfoque?

¡Tú!

Tu tarea es «crear un nuevo tú». Cuando cambias el enfoque, cambia toda la estrategia.

Imagina la diferencia que se lograría si todos los padres supieran desde el principio que este camino consiste en criarse a ellos mismos en lugar de a sus hijos. Los padres pondrían el escrutinio en ellos mismos y comenzarían a trabajar para convertirse en su mejor versión. En lugar de intentar reparar a sus hijos, intentarían repararse a ellos mismos. Comprenderían que, hasta que no se vuelvan a criar a ellos mismos, y a menos que lo hagan, no podrán criar a sus hijos.

Cuando nos enfocamos en resolver y crear la niñez de nuestros hijos, cumplimos el papel de controladores y tiranos. Somos supervisores y obsesivos del control. Actuamos como los jefes de nuestros hijos. En resumen, es una pesadilla vivir con nosotros.

La crianza consciente cambia esta situación. Al concentrarte en ti, padre o madre, la crianza consciente te obliga a cambiar toda la energía que dedicas a tus hijos. En lugar de intentar controlarlos, trabajas en conectar con ellos. En vez de intentar enseñarles, aprenderás de ellos. En lugar de intentar liderarlos, los guiarás. En vez de supervisarlos y ser su jefe, te convertirás en su aliado. Toda tu energía y enfoque serán fundamentalmente diferentes.

Este cambio de enfoque incorpora en ti la nueva consciencia de que la crianza no trata sobre lo que hace o no hace tu hijo. Trata sobre lo que haces tú en respuesta. Es sobre lo que tú sientes en reacción. Sobre cómo tú sobrellevas toda la situación.

Este es el momento en que el tu bagaje del pasado juega un papel importante. Si tu hijo o hija está teniendo una crisis o está siendo maleducado, ¿qué emerge de ti? ¿Qué pensamientos cruzan por tu mente? ¿Quieres gritar o chillar? ¿Te lo tomas como algo personal? ¿Luchas, huyes o te quedas paralizado?

Todo eso tiene que ver contigo.

Tu manera de criar es exactamente eso: tuya. No trata de los sentimientos, los estados de ánimo o las reacciones de tus hijos. Ni de si son estudiantes excepcionales o dejan los estudios. Tampoco de si son obedientes, groseros o felices. Trata sobre ti y nadie más. Tienes el poder: se trata de cómo respondes.

Uno de los mayores defectos mentales es creer que la manera en la que respondemos depende del comportamiento de nuestro hijo. Esta es la parte en la que estamos completamente equivocados, ya que la mayoría de nuestras respuestas no tienen nada que ver con nuestros hijos o sus acciones. La mayoría de las veces, esas respuestas están totalmente desconectadas de nuestros hijos o de la situación en la que estamos involucrados. Provienen del pasado y, como tal, no podemos llamarlas respuestas del presente: son reacciones del pasado. Por lo tanto, gran parte de la desconexión que tenemos con nuestros hijos depende de cuánto hayamos sanado nuestro pasado.

Todas nuestras reacciones están supeditadas a nuestra sanación interior. Cuanto más hayamos sanado las heridas de nuestra niñez, más conscientemente responderemos. Este es el foco, la clave y el corazón de todo: tu sanación interior. La crianza consciente es un proceso de transformación profundo, casi espiritual, en el que nuestros hijos son nuestros grandes iniciadores. Te exponen a tus propias carencias y heridas interiores. Al reflejar tu yo interior, tus hijos revelan cómo necesitas sanar y crecer.

Como ya hemos mencionado, cada conflicto y desacuerdo con tus hijos no se trata tanto de ellos, como de que necesitas elevar tu propia consciencia. Te muestra cuánto afectan tus traumas y heridas del pasado a tu estado emocional del presente. Cuanto menos hayamos sanado nuestro bagaje del pasado, mayor será el dolor y el conflicto que viviremos en el presente. Por lo tanto, al observar nuestros problemas con la crianza como si fuera un espejo de este estado de sanación —o falta de sanación—, comenzamos a crecer y evolucionar. En lugar de reparar a nuestros hijos, comenzamos a repararnos a nosotros mismos.

La crianza se convierte en un vehículo precioso y poderoso que te eleva al próximo nivel de integración y bienestar emocional.

Más que cualquier otro ser vivo, nuestros hijos nos muestran todas las maneras en las que estamos dañados. Cuanto mayor es nuestro deseo de que sean algo distinto a lo que desarrollan naturalmente, mayor es nuestra propia carencia interna. Esperar que nuestros hijos sean «grandiosos» nos indica cuán «inferiores» nos sentimos por dentro. Una vez que nos demos cuenta de que nuestros deseos y expectativas sobre nuestros hijos surgen de nuestra consciencia interior, nuestra relación con ellos cambiará.

Mientras sanamos internamente, comenzamos a vivir en un estado más auténtico. Esto impacta directamente en la capacidad que tenemos de conectar con nuestros hijos. Cuanto más conectados estemos con nosotros mismos, más conectados estaremos con ellos. Cuanto más abundantes nos sintamos por dentro, más abundantes los veremos como seres. Nuestra conexión externa comienza a reflejar la conexión interna con nosotros mismos. Este es el crecimiento de una profunda asociación espiritual con nuestros hijos, en la que, de forma lenta pero segura, nos queda claro que ellos nos crían mucho más de lo que nosotros podemos criarlos a ellos. Aquí radica el poder de todo este proceso. Enfocarnos en nuestro crecimiento en vez de en el de nuestros niños nos permite usar cada momento juntos para despertar. Ya no se trata de repararlos o cambiarlos, sino de nuestra propia evolución.

¿Sientes el poder de este potencial en tu propio crecimiento y sanación? Si es así, ya puedes despertar y convertirte en un padre o una madre más consciente. Primero, pongámoslo en práctica.

MANOS A LA OBRA

Tus frustraciones y conflictos con tus hijos no hablan tanto de ellos como de ti, de tus heridas emocionales del pasado y de la carga de tu infancia, y darte cuenta de eso es un gran paso para cambiar la conexión con tus hijos. Dejas de culparlos y apenarlos y comienzas a hacerte responsable de tus propias acciones. Cuando hayas considerado que tus propios problemas han jugado un papel importante en la forma en la que crías, podrás dejar de enfocarte en tus hijos y comenzar a enfocarte en ti.

Este ejercicio te ayuda a comprender hasta qué punto son grandes tus miedos, heridas, sueños y expectativas del pasado en este viaje y cómo impactan profundamente en tus hijos.

Completa esta oración: «Fui padre/madre porque...»

_____

_____

_____

Probablemente, tus respuestas sean parecidas a estas:

Me encantan los niños.
Soñaba con ser madre (o padre).
Quería tener una familia grande.
Quería rodearme de amor y aceptación.

¿Cómo son estas oraciones? ¿Están conjugadas en primera persona? Si es así, la razón por la que tuviste hijos tiene poco que ver con ellos, y mucho con tus deseos, sueños y fantasías.

¿Por qué es importante esto? Nos habla de tu ego parental, el «yo». Nos permite ver que, incluso antes de que nacieran tus hijos, ya tenías necesidades, deseos, sueños y expectativas. Inconscientemente, esperabas «descargarlos» todos en tus hijos, incluso sin considerar si tus sueños coincidían con la verdadera personalidad de tus hijos. Piensa en este conocimiento un momento, es importante. Te permite ver cómo entraste en el proceso de la crianza con una gran carga de ego, que luego comenzó a colorear y enmarcar todas las decisiones consecuentes sobre tus hijos: cómo los elogiaste o los avergonzaste, cómo sentiste decepción o emoción, y mucho más. Todas tus decisiones derivan de cómo tus expectativas colorearon este proceso antes de que te convirtieras en padre o madre.

Ahora hagamos otro ejercicio. Piensa en lo que te estresa sobre tus hijos. Completa la siguiente oración.

«Me estreso con mi hijo porque...»

_____

_____

_____

¿Cómo has completado la oración? ¿Cuál es la primera palabra después de «porque»? ¿Es el nombre de tu hijo o hija o los pronombres «él» o «ella»? ¿O el nombre de otra persona en tu vida? Si es así, le atribuyes el estrés a alguien que no eres tú. Si hay cualquier otra palabra que no sea «yo», tenemos un problema y necesitamos comprobar si tenemos un enfoque equivocado. Déjame contarte el ejemplo de mi clienta Ellie, que vivía en un conflicto constante con su hija de catorce años, Becca. Discutían constantemente. Le pedí a Ellie que completara la oración «Me estreso porque...».

Respondió: «Porque Becca es una pesadilla de niña. Es desafiante y obstinada. Simplemente, no me escucha». Luego, explicó que había probado todas las técnicas de crianza de sus padres. Intentó gritarle, aislarla, incluso castigarla. Pero nada parecía funcionar. «Es la niña más complicada del mundo. ¡Hace que mi vida sea un verdadero infierno!».

¿Ves a lo que me refiero? Todo el enfoque de Ellie estaba en Becca y en su comportamiento. Mientras eso continuara así, nada cambiaría. La situación pudo cambiar cuando Ellie se dio cuenta de que ella era parte de la cocreación de esta dinámica. Hasta entonces, continuó perpetuando ese círculo vicioso.

Le pregunté a Ellie: «¿Quieres cambiar esta dinámica?».

Respondió casi gritando: «¡Sí! ¿Por qué crees que estoy tan estresada?».

Me explayé: «Para cambiar esto de verdad, ¡tendrás que mirarte a ti misma!».

Estaba perpleja. «¿Yo? ¿Cómo que es mi culpa? Becca no escucha, no hace las tareas de casa ni los deberes de la escuela. ¿Cómo puede ser mi culpa que sea una niña perezosa y desobediente?».

Le respondí: «Tu conexión con ella está debilitada, no crece. Esto tiene un gran efecto en su bienestar mental. Eres parte de esta dinámica. Enfócate en esta parte del problema, tu desconexión».

Repetí el ejercicio con Ellie y le pedí que completara la oración «Me estreso con Becca porque...». Respondió: «¡Me siento un fracaso total! Espero que ella sea de una manera en particular y siempre desafía mis expectativas. Me siento completamente inepta cuando estoy con ella. Es como si yo no fuera nadie. ¡Como si me odiara!». Por fin, Ellie había cambiado el enfoque real de la dinámica: sus propios sentimientos.

A medida que avanzamos con la terapia, Ellie pudo rastrear el origen de sus sentimientos en su relación con su madre. «Mi mamá no estaba nunca. Era la directora de su empresa y estaba siempre ocupada. Nunca me sentí lo suficientemente importante para recibir su atención. Intenté ser la hija más obediente y trabajadora, pero ni así lograba ser tan importante como para que me prestara la atención que tanto deseaba. Siempre sentí que no era lo suficientemente buena para ella y que tenía algún defecto». Sesión tras sesión, Ellie pudo comprender que ella deseaba la atención y el reconocimiento de su madre y sustituía estas necesidades con su hija. Cuando Becca desafiaba la autoridad de su madre o, incluso peor, la ignoraba por completo, como hacen muchos adolescentes, Ellie se lo tomaba como algo personal. Al igual que en su niñez, se sentía sola, indigna y poco amada. En lugar de comprender que Becca estaba pasando por una fase normal de desarrollo en su vida, Ellie se enfocó en sus propias necesidades de poder e importancia. En esencia, estaba proyectando sus necesidades en su desprevenida hija. No podía ver que Becca estaba siendo ella misma y no tenía la responsabilidad de cumplir con las necesidades internas insatisfechas de la infancia de Ellie. Mediante este trabajo en conjunto, Ellie comenzó a comprender que su madre no la crio de la manera en que ella lo necesitaba y esto bloqueaba actualmente su habilidad de criar a su hija. Ellie comenzó a darse cuenta de cómo sus reacciones hacia su hija estaban alimentadas por la ira que sentía hacia su madre. Una vez que se dio cuenta de esto, comenzó a calmar esa rabia interna y a cambiar internamente. Esta reeducación interior que comenzó a hacer por sí misma no solo la transformó a ella, sino que cambió toda la relación con su hija.

Ahora que tienes una mejor comprensión sobre cómo podemos proyectar el dolor interno en nuestros hijos, hagamos este ejercicio nuevamente. Completa la oración y fíjate en si puedes dejar de culpar a tus hijos de tus frustraciones y, en cambio, llegar a los sentimientos reales dentro de ti.

«Me estreso con mi hijo porque...»

_____

_____

_____

Cuando puedas admitir que eres tú quien tiene sentimientos sobre tu hijo o hija, principalmente porque tus propias fantasías y expectativas del pasado no están satisfechas, comenzarás el camino de la crianza consciente con buen pie. Cuando hayas incorporado esta nueva consciencia, podrás comenzar a implantar una nueva perspectiva del problema «verdadero»: tú mismo. Ahora, en lugar de culpar a tus hijos o intentar repararlos, puedes hacerte preguntas que sean más autorreflexivas y que te permitan hacerte responsable de tus actos, como las siguientes:

¿Por qué me siento de esta manera con mi hijo?
¿Qué hay dentro de mí que siente miedo y escasez cuando estoy con mi hijo?
¿De qué manera este momento con mi hijo me recuerda algo del pasado?
¿Cuándo me he sentido de manera similar en otras áreas de mi vida?

Cuando te plantas firmemente en la creencia de que la crianza se trata de criarse a uno mismo, tu músculo de la autorreflexión se perfecciona. Rápidamente, puedes cambiar el foco y analizar tu estado de ánimo interno. Con cada cambio de foco hacia el interior, tu músculo de la autorreflexión se fortalece. Esta es la manera en que el proceso de crianza consciente nos ayuda a lograr una mayor evolución: usando las oportunidades que la crianza nos brinda para volvernos más conscientes en nosotros mismos.

En los próximos días, te desafío a identificar todas las formas en que atribuyes tu estrés a tu hijo o hija, e intentar reemplazar esa culpa con autoconsciencia interna. Hazte esta pregunta fundamental: «¿De qué manera mi estado emocional interno del pasado o del presente afecta mi opinión sobre el comportamiento de mi hijo?». Conocer nuestras proyecciones internas hacia nuestros hijos es un gran primer paso en el viaje de la inconsciencia a la consciencia.

Paso dos:

Destruye esa fantasía

Tenía el guion perfectamente editado.
Elegí los actores y el director.
El estudio estaba listo y las luces, encendidas.
El espectáculo iba a comenzar.
Luego, llegaste y el rodaje se detuvo.
No querías estar en mi película.
Rechazaste los papeles para los que te había seleccionado.
Rompiste el vestuario y las máscaras,
destruiste el escenario y el estudio,
quemaste mis sueños de premios y gloria,
insistiendo en ser tú mismo.
Me vi obligado a hacer lo impensable.

Tuve que huir de mis expectativas
y destruir mis fantasías.
En lugar de escribir un guion perfecto para ti
e imaginar un futuro perfecto para tu vida
y soñar objetivos perfectos para ti,
lo destruí todo con fuego,
y, gracias a esto, ocurrió algo inesperado.
Salvé algo que no sabía que había perdido
…mi alma.

Los padres somos directores de cine consumados. Estamos constantemente en el proceso de preproducción, escribiendo guiones y eligiendo finales para nuestras películas. Algunas son cortometrajes que retratan un momento o un suceso en particular, otras son epopeyas que cubren el transcurso de los años. No nos damos cuenta de cuántos guiones se reproducen en nuestra mente a la vez. Estas películas nos arruinan la mentalidad por completo. Nuestros guiones nos atrapan en una fantasía y bloquean nuestra capacidad de interactuar con nuestros hijos como son en realidad. Estos guiones también nos llevan inevitablemente hacia expectativas destrozadas, ya que nuestras películas nunca llegan a rodarse.

Hay muchas películas que los padres evocamos en nuestras fantasías. Estos son algunos de sus títulos:

Mi hijo es excepcionalmente talentoso.
Nuestra familia perfecta se va de vacaciones.
El mejor padre se convierte en héroe.

Las trilogías se guionizaron, los personajes ya tenían sus actores y nuestro nombre estaba impreso en la silla del director antes de que nacieran nuestros hijos. Hemos planificado con exactitud cómo serán, cómo los criaremos y cómo se verá nuestra familia. Me apena decir que los padres no somos muy creativos. Básicamente, queremos lo mismo:

alguna versión de perfección, felicidad sin fin y un gran éxito. ¿Estás de acuerdo?

El niño de nuestra película es nada menos que un genio. Nuestro niño «debe» ser una persona que termine con la pobreza en el mundo, encuentre la cura del cáncer, luche contra las drogas, solucione el cambio climático o, por lo menos, sea el próximo líder o una superestrella, un Nelson Mandela, un Martin Luther King o una Oprah Winfrey… Un pequeño dios.

En nuestras fantasías, pedimos al niño perfecto como si estuviésemos pidiendo una comida *gourmet*. Dos cucharadas de Albert Einstein, una pizca de Mahatma Gandhi, una gota de la Madre Teresa, una nota de algún talento de una celebridad (Adele, Tom Brady, Leonardo DiCaprio, Julia Roberts o Beyoncé). No somos exigentes, siempre y cuando nuestro hijo incorpore una porción generosa de quienes sean las personas más ricas, inteligentes y exitosas del mundo en el momento de nuestra fantasía. No importa que no seamos cercanos a estas personas; esa realidad no tiene relevancia en nuestro niño de fantasía.

La ubicación de nuestra película ideal es alguna versión de un parque de atracciones de Disney. Allí, los niños son felices todo el tiempo, siempre aman a sus padres y son obedientes y agradecidos. También tienen buenos modales, escriben a mano tarjetas de agradecimiento, visitan voluntariamente a los enfermos, lavan los platos, tiran de la cadena, hacen la cama, se comen las verduras, sacan sobresalientes y ganan dinero a los trece años… Y sin que les tengamos que rogar.

Sé que tenías fantasías. Cada uno de nosotros tuvo una gran cantidad de fantasías antes de ser padres. Por eso nos acercamos a la paternidad como si fuera el atardecer más glorioso, con un millón de dólares esperándonos al final. Un poco después de la hora mágica, ¡nos damos cuenta de que no es pan comido! No hay atardecer, millón de dólares, premio… nada. Es una sentencia perpetua de trabajo duro. Ahora tenemos un nuevo jefe, y no paga las horas extra. Somos trabajadores que hacen muchas cosas al mismo tiempo, contratados por estos pequeños capataces implacables que no tienen piedad.

Somos tan ingenuos... Permitimos que nuestra burbuja de fantasía creciera hasta tener un tamaño monstruoso durante los nueve meses de gestación, y esa burbuja nos nubló la mente racional. En realidad, pensábamos que estábamos «produciendo» o «creando» niños angelicales que estarían bajo nuestro control supremo, como mascotas o, incluso mejor, como muñecas o marionetas. Al fin y al cabo, si estamos criándolos todo el día, ¿no significa que son de nuestra propiedad?

No amontonamos una actividad tras otra en la agenda de los niños solo porque queramos «exponerlos» a las mejores oportunidades del mundo. Lo hacemos porque queremos que nuestras fantasías se vuelvan realidad de alguna manera. Queremos presenciar, aunque sea en una simple obra en la que nuestro hijo no es solo un árbol en el fondo, un concierto en el que no necesitemos forzar la vista para verlo por un segundo en la última fila o un partido en el que no esté en el banquillo perdiendo el tiempo.

Nadie quiere convertirse en un padre que piense: «Criaré a un niño perdedor» o «Pasaré los próximos dieciocho años rogándole a mi hijo que se duche, dé las gracias y ordene sus cosas» o «Voy a ser un pésimo padre». No. Todos tenemos hijos porque un delirio de grandeza los envuelve a ellos y a nosotros. Seremos buenos padres y crearemos buenos niños.

Incluso después de que la realidad destruya las películas de fantasía previas al parto, no paramos de imaginar películas. Estas proyecciones y expectativas continúan cambiando y evolucionando todo el tiempo. Somos leales a nuestras fantasías de perfección y grandeza. Nos damos cuenta de que la crianza es difícil, pero nos aferramos a nuestras visiones de que, algún día en el futuro, si tan solo controlamos mucho a nuestros hijos, ganarán un concurso de deletreo, algún campeonato estatal, o incluso —si utilizamos todos los ingredientes correctos— un Óscar o una medalla de oro olímpica.

Sabes que, hasta cierto punto, esta descripción es cierta. Tu pobre hijo o hija solo tiene que decir que le gusta golpear mesas y le compras una batería y lo inscribes a clases de música. O que le gusta contar hasta diez y lo inscribes en clases de matemáticas avanzadas. La fantasía de ser un buen padre o madre es tan fuerte en nuestro interior que se materializa en sombras ocultas que nos sobrepasan ante la más mínima provocación. Antes de que nos demos cuenta, nos convertimos en el prototipo de la tan odiada «mamá de teatro» o «papá de fútbol», gritando trágicamente desde un lateral, completamente fuera de control.

Los niños que crecen siendo forzados por las películas de sus padres se sienten perpetuamente fuera de lugar, incomprendidos y claustrofóbicos. Quieren gritar: «Oye, quiero vivir mi propia vida. ¡Vete de mi película!». Pero no pueden hacerlo, porque les inculcaron su papel desde la infancia y continúan interpretando ese papel durante su niñez; es imposible que se liberen de él. Tal vez recuerdes sentir este tipo de frustración enloquecedora durante tu propia niñez, cuando sentiste que te eligieron para un papel que no querías, pero que había mucho en juego si dejabas de actuar, así que seguiste la corriente. Luego, llegaste a la edad adulta con esta sensación interior insistente de inautenticidad e incomodidad.

Debido a que no fuimos vistos ni honrados por lo que éramos auténticamente de niños, tenemos esta sensación de carencia interior, un vacío tan grande que terminamos viviendo nuestras vidas como recolectores, buscando desesperadamente algo, alguien, algún logro o alguna posesión para llenar este espacio indigno dentro de nosotros. Aunque el grado en el que cada uno experimenta este deseo y se siente obligado a iniciar esta búsqueda difiera, hay un denominador común: el deseo desesperado por llenar el vacío interior. Nos embarcamos en la crianza con esta desesperación y la proyectamos en nuestros hijos. Se convierten en nuestra última salvación, nuestro último esfuerzo para, finalmente, sentirnos importantes y valiosos. Este es el sello distintivo de la crianza inconsciente que intento revertir mediante el nuevo enfoque radical que propongo. Que estés en este camino conmigo demuestra un deseo propio de avanzar hacia un estado de ánimo más consciente y autocumplido.

Cuanto más grande sea nuestro deseo del niño perfecto y de la vida ideal mayor será nuestro sentido de falta de merecimiento interior. No nos damos cuenta de hasta qué punto estos dos elementos de la psique están relacionados, pero están profundamente entrelazados e interconectados. Si leyera los guiones de las películas de todos los padres con los que he trabajado, vería que son casi todos iguales. Todos incluyen este anhelo inconsciente de una «vida perfecta». ¿Quién no quiere una vida perfecta y grandiosa? Sería genial tener esa vida. Pero, como todos sabemos, es una ilusión. Esa vida no existe. Queremos esa perfección exterior porque queremos el control. Cuando todo encaja de forma perfecta y predecible, sentimos que tenemos el control. ¿Y por qué no lo querríamos? Nos da una sensación de confort y seguridad. Nos permite sentirnos exitosos.

Este éxito nos hace sentir valiosos. Cuanto menor valor sentimos en nuestro interior, más buscamos la perfección afuera. Intentamos controlar lo que sea que podamos en el exterior... Y, de todas las personas en nuestra vida, ¿a quiénes sentimos que podemos controlar más? Lo has adivinado: a nuestros pequeños. Sabemos que no podemos controlar a nuestras parejas o a la mayoría de las personas de nuestra edad. Entonces, apuntamos hacia los más débiles y vulnerables: nuestros hijos. Comenzamos con fantasías sobre su apariencia, sus nombres, sus pasatiempos, sus costumbres, sus talentos, sus sueños y sus maridos o esposas. Luego, nos incluimos en la imagen. ¿Cómo nos harán sentir? ¿Nos sentiremos satisfechos, valiosos, importantes y exitosos cuando estemos con ellos?

Todos los «prepadres» tienen las mismas fantasías. Cuanto más experimenten una carencia interna paralizante, más elaborada será la fantasía y mayor la confusión cuando no se vuelva realidad.

Cuando nace nuestro bebé, todo está delineado hasta el último detalle, y comienza la preparación. Pintamos la habitación, compramos los juguetes, y comienza la confección, el control y la disposición de cómo será. Empezamos a pulir, producir y perfeccionar a nuestros hijos hasta lograr las imágenes de nuestras fantasías. Cuando nos complacen, los aplaudimos. Cuando protestan o se resisten, nos enfurecemos, y quemamos y enterramos sus espíritus.

Darnos cuenta de que creamos películas a partir de nuestra desesperación y escasez interna es una llamada de atención importante para

DESTRUYE ESA FANTASÍA | 51

los padres. También es un trago amargo. El ego se amarra con tanta fuerza a nuestras emociones que perdemos toda consciencia de cómo se nos lleva por delante. Un ejemplo perfecto es la situación de Lauren, una de mis pacientes. Un día, me llamó desesperada para hablar sobre su hijo adolescente, Brian. Despotricaba y vociferaba por teléfono sobre su incapacidad de entrar en el equipo universitario de baloncesto. Lauren estaba horrorizada… También furiosa. «Le he dicho durante todo el verano que entrenase y se mantuviera en forma, pero me ha ignorado por completo. Prefirió juntarse con sus amigos y perder el tiempo. Y ahora no lo han elegido para el equipo de baloncesto. No tendrá ninguna actividad después de clase y solo se meterá en problemas. Estoy muy enojada con él». Podía escuchar lo desgarrada que estaba y cómo se lo estaba tomando de manera personal.

Cada vez que reaccionamos ante un estímulo externo con intensidad emocional, especialmente cuando tiene que ver con nuestros hijos, es un indicio de que sucede algo más profundo. Se necesita valentía y perspicacia para indagar. Como terapeuta, pongo a mis pacientes al tanto de este hecho y los guío hacia esta realidad. Suelen reaccionar a mis comentarios con reticencia.

Le expliqué a Lauren: «Tu enojo proviene de un lugar más profundo dentro de ti, Lauren. No se trata solo de tu hijo y el baloncesto. Probablemente, se deba a tu propia fantasía sobre la vida de tu hijo».

Lauren estaba tan sorprendida que se quedó sin palabras. «¿A qué te refieres con "mi fantasía"? No fantaseo con que sea atleta. Siempre fue idea suya. Solo me enfado porque se ha convertido en un completo perdedor. ¡Podría haber entrado en el equipo universitario e incluso recibir una beca! Así de maravilloso era en el baloncesto. Pero ahora lo ha tirado todo por la borda. ¡Por eso estoy furiosa!».

Los padres siempre tienen maneras sorprendentes de justificar su enojo hacia sus hijos, ¿no es así? Lo sé, porque yo solía ser una justificadora magistral. También solía usar argumentos como «solo le he gritado porque estaba preocupada» porque mi hija procrastinó una tarea, perdió su cartera, o cualquier otro motivo. Nunca queremos mirar hacia adentro y ver las verdaderas raíces de nuestra ira o pánico.

Le expliqué a Lauren que, por supuesto, algunas decepciones eran naturales, pero que su nivel de ira ocultaba algo más profundo. ¿Qué era? ¿Por qué se enojaba tanto con su hijo por abandonar su carrera en el baloncesto? ¿Se había creído que ese era su futuro? ¿Era parte de su propia visión de sí misma como madre de un niño atleta que jugara a baloncesto? ¿Estaba enfadada en parte porque sus fantasías habían sido destruidas? Me llevó un tiempo desprogramar la defensa de Lauren de que estaba enojada simplemente porque se preocupaba.

Le recordé amablemente: «Si te preocupa, hay un millón de maneras de demostrarlo. Puedes empatizar y ser compasiva, pero solo te enojas». Después de semanas de terapia, finalmente cedió y lo admitió: «Amaba verlo jugar. Me hacía tan feliz. Era un muy buen jugador. Me sentía muy orgullosa. Podía ver todo su futuro, era brillante y exitoso. Esto me hacía sentir que era una buena madre. Me hacía muy feliz».

Al final, admitió que se sentía molesta porque sus propios sentimientos la habían decepcionado. Reconoció su plan egocéntrico: «Quiero que mi hijo sea un atleta porque me hace sentir que hecho bien mi trabajo como madre». Lentamente, Lauren comenzó a compartir una parte de la historia de su niñez que armó el rompecabezas. «Siempre quise ser actriz cuando fuera mayor, pero no tenía talento para actuar. Siempre me elegían para personajes malos en las obras escolares, y yo soñaba con ser la estrella. Mis padres nunca me incentivaron. Me decían que jamás tendría éxito. Por eso enterré mi sueño y estudié Farmacia para que se sintieran orgullosos. Pero nunca olvidé la sensación de rechazo y la falta de apoyo para perseguir mis sueños».

En cuento dijo esas palabras, lo entendió. Pudo hacer la conexión. Su rostro cambió, y dijo: «¡Ah, no puede ser! ¿Crees que he estado tan enojada con mi hijo porque me recuerda todos esos viejos sentimientos de rechazo y que nunca me dieron la oportunidad de perseguir mis sueños? Tal vez a él esta situación ni le preocupa, pero a mí me recuerda todas las cosas que no pude hacer de niña…».

Lauren pudo ver cómo sus viejas heridas habían resurgido en su maternidad. Sin ser consciente de ello, sin querer, había dado un gran valor a la carrera de baloncesto de su hijo, que estaba en el instituto. Sin darse cuenta, se había involucrado emocionalmente y se preocupaba por sus elecciones atléticas más de lo que creía. Cuando su hijo abandonó el equipo, no era capaz de separar su reacción de la situación para poder estar presente en la vida de su hijo de manera consciente y conectada.

Estoy segura de que el caso de Lauren te puede resultar familiar de alguna manera. Tal vez te molestas cada vez más desmesuradamente por las acciones de tu hijo o hija y no puedes empatizar con sus sentimientos sobre las decisiones de su vida. Por supuesto, puedo recordar muchos momentos en los que el apego a mis fantasías tomó el protagonismo y me llevó a una montaña rusa de emociones, haciéndome incapaz de estar presente y sentir compasión de la manera en que mi hija lo necesitaba. Todavía recuerdo la vez en que Maia eligió dejar equitación tras su primera competición, en la que le había ido extremadamente bien. Yo estaba devastada. Ya me imaginaba como una madre de una jinete dentro de un remolque con hermosos caballos. Ahora, ese sueño estaba hecho añicos. Ni me dio la oportunidad de disfrutarlo una vez más. ¡Qué mocosa! Lo único que me salvó de gritarle fue la crianza consciente. Ya había escrito dos libros sobre el tema, así que sabía que no era su responsabilidad, sino que entraban en juego mis grandes expectativas. Si no hubiese sido por todos esos años de consciencia, habría depositado mis fantasías en ella y la habría hecho sentir culpable por no satisfacer mis sueños.

Cuando somos conscientes de las películas que generamos en nuestra mente, les hacemos un favor a nuestros hijos. No solo detenemos la reproducción de las fantasías que hemos creado, sino que absolvemos a nuestros hijos de la culpa y la vergüenza de no cumplir nuestras fantasías. Los liberamos de los personajes que les asignamos, que no suelen elegir voluntariamente, y los ayudamos a elegir su papel en los guiones que coincidan con lo que ellos son en esencia. Al hacer esto, los liberamos finalmente de las garras de nuestras fantasías claustrofóbicas y les permitimos abrir la jaula y volar en un cielo lleno de posibilidades para que desarrollen su destino y una esencia auténtica.

MANOS A LA OBRA

La causa de la mayoría de nuestros conflictos, especialmente como padres, es la separación entre nuestras expectativas y la realidad. Cuanto mayor sea la división, mayores serán los conflictos. La próxima vez que sientas confusión o conflicto interno sobre las decisiones de tus hijos, no los culpes. Es probable que el conflicto no esté relacionado con ellos, sino que esté entre tu fantasía y la realidad. Ahí yace la división.

Entonces, ¿qué debes hacer? Necesitas mirar hacia adentro y sincerarte con tu película y su guion. Cuantas más expectativas inconscientes tengas sobre tus hijos, mayor será el potencial de decepción cuando no las cumplan. Esto no es justo para ellos, ¿no? No tienen ni idea de tus fantasías, y mucho menos de cómo hacerlas realidad. Cuando operamos inconscientemente desde estos guiones cinematográficos, preparamos a nuestros hijos y a nosotros mismos para el fracaso. Tómate un momento para escribir tu película de fantasía para tu hijo.

¿Cómo se llama la película?
¿Quiénes son los personajes?
¿Cuáles son sus papeles?
¿Cómo termina la película?

Puedes transcribir aquí debajo el guion de tu propia película de fantasía:

_____

_____

_____

Luego, en los siguientes espacios, escribe todas las fantasías que has tenido sobre cómo serán tus hijos en la columna de la izquierda, y luego escribe tu realidad en la columna de la derecha. Por ejemplo, las columnas podrían verse como a continuación:

Fantasía	Realidad
Mi hijo será un atleta estrella.	A mi hijo no le gustan los deportes.
Mi hijo será extrovertido y simpático.	Mi hijo es tímido e introvertido.
Mi hijo será un estudiante ejemplar.	A mi hijo le cuesta estudiar.

Fantasía	Realidad
_____	_____
_____	_____
_____	_____

¿Te das cuenta de que el gran espacio entre la fantasía y la realidad puede generar ansiedad y estrés en ti? Imagina tener estas fantasías y que ninguna se cumpla... Sería desgarrador. Podrías avergonzarte de tus hijos o, algo igual de trágico, de ti mismo. Podrías pensar que hay algo realmente malo en ellos o en ti. Si no eres consciente de tus fantasías, vives en un estado crónico de decepción y ansiedad sin siquiera saberlo.

Cuando hayas escrito tus fantasías y tu realidad, responde estas preguntas:

¿Puedo dejar ir estas fantasías con una hermosa liberación?

¿Puedo aceptar a mi hijo y la realidad como son, sin pensar en esta película?

¿Qué sentimientos aparecen cuando libero mis expectativas?

¿Qué aspecto de mi realidad me causa miedo y dolor?

¿Puedo hallar alegría y abundancia en mis hijos tal y como son?

Soltar nuestras películas de fantasía puede ser un poco doloroso. Pero lo que podemos encontrar, cuando aceptemos nuestra realidad en lugar de enfrentarla, es una gran sensación de paz. En lugar de culpar a nuestros hijos por no actuar como en nuestras películas de fantasía, podemos buscar maneras de celebrar lo que les sucede sin culpa o vergüenza.

Nuestros hijos —al igual que nosotros— se merecen vivir en una película que ellos mismos creen, en lugar de vivir en la que crearon sus padres o el mundo exterior. Cuando se permite que los seres humanos forjen sus experiencias de vida, basándose en sus sueños y visiones auténticas, crecen resilientes y nobles. Se ven a sí mismos como «suficientemente buenos» por naturaleza. Sucede lo mismo con nuestros hijos. En lugar de sentir que deben vivir según nuestras expectativas y fantasías, necesitan sentirse anclados en su propia relación auténtica con ellos mismos. Cuando los padres renunciamos a las fantasías sobre nuestros hijos y les permitimos aceptar y encarnar sus caminos de vida, les brindamos un regalo incalculable de autoestima y autocelebración. Todo comienza con nuestro compromiso de estar en sintonía con la identidad de nuestros hijos, en lugar de moldearlos en una versión fantástica de quienes creemos que deben ser.

Paso tres:

¡Renuncia al control!

Bailar sobre la línea entre cuidar y dejar ir el control
es un peligro de verdad.
¿Cómo se puede estar presente sin avasallar?
¿Cómo se puede amar sin asfixiar?
¿Cómo se puede acompañar sin excederse?
¿Cómo se puede estar en sintonía sin abordar?
Ay, este es el arte y el corazón de la crianza.
Es el drama y la magia,
el inefable misterio.
No hay fórmula, predicción ni confort,
solo una cuerda floja sin supervisión
por la que adentrarse en lo desconocido.

Los padres somos notoriamente santurrones al afirmar que el amor que tenemos por nuestros hijos es de una extraña variedad y que somos los únicos que los amamos así. Solemos afirmar que todo lo que hacemos es por ellos y que siempre nos motivan las intenciones más puras. Estoy aquí para explotar la burbuja. Ay, esto va a doler.

Primero, déjame asegurarte que amas a tus hijos, inmensurablemente. Tal vez, incluso los ames más que lo que has amado a cualquier otra persona. Pero esta es la trampa: una gran parte de tu amor está alimentado por tu sed de —aquí es donde meteré el dedo en la llaga— control y posesión. Crees que tu amor es verdadero e incondicional, pero en realidad no es así. Se trata casi en su totalidad de algún tipo de control. Hasta que quieras ver esta verdad, y deberás hacerlo, tu relación con tus hijos se resentirá. Te lo garantizo.

No hay otro lugar en el que nuestra necesidad de control y posesión sea más poderosa que con nuestros hijos. Tenemos una creencia subconsciente de que, como estamos a cargo de criarlos todos los días, son «nuestros». Y creemos que, como son nuestros, sus pensamientos, sentimientos y comportamientos nos pertenecen. Subconscientemente, esperamos que nuestros hijos actúen como deseamos y vivan su vida de acuerdo a nuestro plan. Cuando no lo hacen, activamos nuestro modo de control y usamos todo tipo de manipulaciones para que sigan nuestro camino. ¿La táctica más común? Enojo y castigo. Cuando no funciona, podemos usar el silencio, la abstinencia emocional e, incluso, la desatención.

Piénsalo. ¿Intentas controlar a los adultos de tu vida de la misma manera que a tus hijos? Cuando se trata de los adultos, ¿no lo piensas antes dos o diez veces? ¿No eres más amable, indulgente y paciente? Si un amigo llega tarde a comer, se olvida las llaves en su casa, olvida vaciar el lavaplatos o no pasa tiempo contigo cuando quieres, ¿perderías la cabeza? Si extravía tu libro o colgante favorito, ¿le gritarías? ¿Lo avergonzarías y castigarías, le negarías amor o le quitarías algo que valora? Dudo que hagas nada de eso a otro adulto. Harías una pausa y evaluarías seriamente las consecuencias de comportarte así.

¿Por qué, cuando nos convertimos en padres, no les brindamos la misma cortesía a nuestros hijos? Si se olvidan la mochila, ¿por qué les gritamos? Si perdieron el jersey o el teléfono móvil, ¿por qué los castigamos y avergonzamos? La única razón es que creemos que nuestros hijos nos pertenecen, así que podemos hacerlo. Todo se basa en la posesión y el control. ¿Y cuál es la trágica ironía de toda esta situación? Creemos que es la manera correcta de demostrarles amor. Incluso lo llamamos «amor duro».

¿El amor debe ser «duro»? ¿El amor duro sienta bien? Para mí, seguro que no. ¿Quieres que tus amigos o tu pareja te brinden «amor duro»? ¿Por qué el amor debería basarse en el castigo y el control? ¿Por qué no puede tratar sobre la empatía, la compasión, la comunión y la conexión? El amor no debe incluir control y, sin embargo, eso es precisamente una gran parte de nuestra manera de criar. Tradicionalmente, el amor de los padres no es solo amor puro y verdadero. Es amor + posesión + control.

Esta consciencia sobre la naturaleza controladora de nuestro amor es profunda. Sin ella, continuaremos atrapados en tácticas manipuladoras que deprecian la sensación de seguridad y valor intrínseco de nuestros hijos. Sin importar cuán pequeños sean, tienen un convencimiento interno de que deben estar en sintonía para crecer fuertes y coherentemente. ¿Cómo ayudarlos en ese proceso? Eliminando nuestro deseo de controlarlos y reemplazándolo con una aceptación y una sintonía incondicionales. Es cuestión de preguntar: «¿Quiénes son realmente mis hijos y cuáles son sus necesidades?» en lugar de «¿Quién quiero que sean mis hijos según mis necesidades?».

Puede que te encuentres protestando: «¿Cómo logro que mi hijo haga lo correcto si nunca lo controlo ni lo castigo?». Es un típico grito de guerra parental. Es como si la única cosa que supiéramos hacer fuera controlar, o como si creyéramos que la única alternativa al control es la negligencia total; que, si escogemos liberar a nuestros hijos para que descubran su voz y su destino, se meterán en un programa de telerrealidad extremo de drogas, sexo y rocanrol (un sustituto para cualquier comportamiento antisistema). ¿Sabes por qué los padres nos sentimos así? Porque nos han adoctrinado dentro de un modelo tradicional de miedo-culpa-vergüenza, en el que nos han obligado a suprimir nuestras fantasías de rocanrol. Debido a que no hemos integrado estas partes reprimidas de nuestra personalidad, proyectamos este modelo en nuestros hijos. Nos criaron bajo el control y la represión, y por eso nuestro mayor miedo es vivir sin este control. Por consiguiente, controlamos y reprimimos a nuestros hijos.

No propongo un enfoque pasivo y relajado de crianza. A lo que me refiero es a la mentalidad de control y a cómo impacta en la conexión con nuestros hijos de una manera tóxica. El enfoque de la crianza consciente requiere que los padres estén al tanto de su mentalidad de control interior y de cómo les imponen sus planes a sus hijos.

¿Por qué es importante esta consciencia? Cuando nuestros hijos protestan, en lugar de hacerlos sentir culpables por hacer algo contrario a nuestro «amor», podemos empatizar con ellos porque ahora sabemos que somos nosotros los que les imponemos nuestros planes a ellos. La manera en que los incentivamos a tocar el piano en vez del trombón, o en la que los empujamos a ser esquiadores o jugadores de baloncesto cuando son pequeños —o a que canten, bailen, dibujen o actúen— tiene menos que ver con la esencia de nuestros hijos y mucho más con que obligarlos a hacer estas cosas nos da una sensación de control e importancia.

Cuando me enfadé con mi hija y le grité por dejar sus clases de equitación después de haber pagado tanto dinero durante años, ¿fue por el amor que sentía por ella o porque sentí la falta de control y el enojo de que mi visión sobre lo que ella necesitaba ser no se haría realidad? ¿Y qué sucedió cuando me enfadé con ella en quinto curso por no sacar todo sobresalientes? ¿También me enojé porque la amaba mucho o más bien porque estaba perdiendo el control sobre mi plan de tener una hija superexitosa? Y en todos los otros momentos en los que me enojé con ella por no cumplir mis expectativas, ¿mi ira fue a causa de mi amor o de mi necesidad de control?

La verdad es la siguiente: todas las veces que me he enfadado con mi hija ha sido por mi necesidad de control y poder, no por el amor que siento por ella. Cuando espero que las cosas sucedan de una manera y salen de otra, pierdo la calma. Podría fingir que es porque la amo y la cuido y que mis enojos se deben a la preocupación y el cuidado, pero sería una mentira descarada. Es cierto que cada expectativa que tenemos, cada «debería» que le inculcamos a nuestros hijos, y cada necesidad que tenemos de que sean de cierta manera emerge por primera vez debido a nuestra necesidad de control.

Podrías responderme: «¿Y cuando mi hijo toma decisiones horribles? ¿Cuando golpea a su hermano, le roba a su maestro o —incluso peor— toma sustancias peligrosas?». Mi respuesta será la misma: ¿por qué el enojo y el control son la solución? Estas emociones provienen de nuestras expectativas insatisfechas y fantasías destruidas. Nuestro enojo y control no resolverán el problema. La solución es otra. La solución no es inculcar el miedo en nuestros hijos para que no vuelvan a tomar malas decisiones, sino profundizar, llegar a la raíz del problema, y preguntar: «¿Qué hay debajo del comportamiento problemático?». Normalmente, hay tres razones principales para este tipo de actitudes en los niños: (1) la falta de información, porque no han tenido suficientes experiencias en la vida para saber muchos datos fácticos, como nosotros; (2) la falta de habilidad, porque sus cerebros no se han desarrollado por completo para permitirles tomar las mismas decisiones que tomaríamos nosotros, o (3) la falta de autovaloración, porque sienten miedo y ansiedad de que los rechacemos o invalidemos.

Todos los problemas con nuestros hijos se pueden modificar si nos alejamos del enojo y el control y nos adentramos en una indagación compasiva y profunda sobre lo que les sucede en el interior. La ira y el control provocan separación y desconexión… Punto. Si eres un padre o una madre que busca inculcar conexión, estas dos toxicidades de la ira y el control necesitan disiparse de tu repertorio emocional.

Nuestra necesidad de control se oculta tan bien que puede ser muy difícil detectarla la primera vez. Se recubre de cuidado, preocupación, apoyo y protección parental. Como padres, nos hemos librado de mirarnos en el espejo por tanto tiempo que podemos decir que cualquier cosa es amor.

Quiero que tomes clases de violín, aunque no te guste, porque te amo.

Solo te insisto en que seas doctor porque te amo.

Quiero que te dejes el cabello largo porque te amo.

El otro día, te dije que estabas gordo porque te amo.

El otro día, te grité porque te amo.

¿Y adivinas qué? Realmente creemos lo que decimos. No se nos ocurre ni por un momento que nuestras intenciones provengan de otra cosa que no sea el amor. Después de todo, ¿de dónde podrían provenir?

Mirar debajo de nuestro «amor» e identificar un plan más profundo de control y manipulación es un proceso doloroso. Nos pide hacer una introspección y ser brutalmente honestos con nosotros mismos. Mientras podemos formular cualquier cosa como amor, solo los valientes están dispuestos a enfrentar el plan subconsciente de control y de dale importancia. Si podemos ver a través del «amor» e identificar la sombra de control subyacente, cuando empecemos a hacerlo, la calidad de nuestras relaciones comenzará a cambiar drásticamente, de la jerarquía y la dominación a la conexión y la reciprocidad.

Algo realmente irónico sucede cuando no estamos en contacto con los demonios interiores del control. Los padres terminamos victimizándonos cuando nuestros hijos no siguen el camino que elegimos. Nos preguntamos por qué tenemos mala suerte. Sin embargo, la verdad es lo completamente opuesto. En realidad, nuestros hijos son las víctimas de nuestros planes y maneras de ser controladores. Por lo general, no están haciendo nada en contra nuestro. Solo son niños. Claro, pueden tomar malas decisiones o ser inmaduros, pero rara vez lo hacen para atacarnos. Sin embargo, como los padres no estamos en contacto con nuestra necesidad interior de control insaciable, ¡vemos la realidad al revés y pensamos que somos las víctimas asediadas!

Dejar ir el control es una de las cosas más difíciles que puede hacer un padre o una madre. Permíteme hacer una distinción entre estar a cargo y tener el control. Dejar el control no significa dejar de estar a cargo. Solo significa que dejas de imponer control cuando se transgrede tu plan. Esto es importante: estar a cargo y controlar son dos cualidades diferentes. El primero implica ser responsable por la seguridad y el cuidado de tus hijos, mientras que el segundo implica hacerlos responsables de lo que te hacen sentir. Estar a cargo no requiere condiciones, mientras que controlar está lleno de condiciones. Esta distinción será más clara a medida que avancemos con el libro.

MANOS A LA OBRA

Para activar una consciencia nueva con respecto a esta idea de control versus amor, necesitas tener las cosas claras. Cada vez que reaccionas de manera negativa con tus hijos mediante el enfado, los gritos, el castigo o la abstinencia emocional, no actúas desde el amor. Sin importar cuánto justifiques tu reacción, no es amor. Puede que ames a tus hijos, pero no lo estás expresando en ese momento. Expresas un deseo de control. La próxima vez que presentes estos comportamientos, tómate un tiempo para reflexionar sobre estas preguntas:

¿Por qué siento la necesidad de que las cosas se hagan a mi manera? ¿Puedo dejar de hacerlo?

¿Por qué siento la necesidad de tener razón? ¿Puedo dejar de hacerlo?

¿Por qué me siento amenazado cuando mi hijo actúa de una manera diferente a mis planes? ¿Puedo dejar de hacerlo?

Cuando ejercemos control sobre nuestros hijos y silenciamos sus voces, debilitamos gravemente su sentido de la dignidad. Sin darnos cuenta, engendramos la privación de derechos y la duda paralizante. Comienzan a preguntarse: «Tal vez no soy tan bueno o digno de seguir mi voz» o «Tal vez soy tan malo que me merezco ser tratado de esta manera». En lugar de forjar un vínculo fuerte, generamos una disfunción en la dinámica. Recuerda: cuando hay un miedo involucrado, hay algún tipo de desconexión. Para que ocurra una conexión verdadera, deben estar presentes la seguridad y la libertad de expresarnos tal cual somos.

Mientras reflexionamos en las maneras en que las interacciones con nuestros hijos están basadas en el control, no solo dejamos de imponerles unilateralmente nuestra forma de hacer las cosas, sino que también comenzamos a sentir empatía por las maneras en las que han estado reprimidos por este control. Como aprenderás más adelante en este libro, la empatía es el pilar de la conexión y la base de una relación fuerte con tus hijos. La empatía solo puede florecer cuando no hay control.

Reconocer la naturaleza condicional de nuestro amor es difícil para los padres, pero cuando lo logramos podemos contenernos de desatar estas condiciones sobre nuestros hijos. Este es un ejercicio poderoso para exponer la naturaleza condicional de nuestro amor:

Si mi hijo se comporta como _____, **entonces me siento orgulloso.**
Si mi hijo se comporta como _____, **entonces me siento triste.**
Si mi hijo se comporta como _____, **entonces me siento enojado.**
Si mi hijo se comporta como _____, **entonces me siento decepcionado.**

Hacer este ejercicio expondrá la naturaleza «si-entonces» de tu amor y sus condiciones subyacentes. De hecho, te invito a examinar las veces en un día que usas enunciados «si-entonces» con tus hijos. Probablemente, los uses una docena de veces al día, si no más. Este tipo de control condicional establece en nuestros hijos una sensación de que la validación depende de complacernos y ser obedientes. Cuando se comportan como queremos, los elogiamos y les damos un sentido de validez. Si no se comportan como queremos, retiramos los elogios.

No te castigues si ahora notas la naturaleza condicional de tu amor. No te hace un mal padre o madre, solo eres un ser humano. De hecho, diría que la mayoría de nosotros solo logramos amar condicionalmente. Muy pocos logran llegar al amor incondicional.

Para la mayoría de nosotros, esta idea de amor incondicional es un concepto foráneo. La razón es que la mayoría jamás recibimos amor incondicional de parte de nuestros padres. Nos criaron con el amor y el control «si-entonces» y el modelo miedo-culpa-vergüenza, y este es nuestro legado para nuestros hijos. Cambiar el control por el amor incondicional requiere consciencia y claridad. Primero necesitamos tomar consciencia de todas las veces en las que estamos en control, luego hacer un esfuerzo consciente para abandonar el control. Conlleva práctica y dedicación criar a tus hijos de una manera que jamás experimentaste en tu niñez. En efecto, es posible que jamás hayas experimentado un amor incondicional en tu vida.

David y Marcia luchaban con la decisión de su hija de doce años, Sonia, de abandonar el equipo de gimnasia del instituto. Sonia era una de las gimnastas estrella. Había estado involucrada en la gimnasia profesional desde la escuela primaria, participando en competencias locales. Su habitación estaba llena de copas, trofeos y medallas. La pareja conocía a todos los otros padres del equipo; eran una familia grande y feliz. La decisión de Sonia destrozó a sus padres. Cuando vinieron a verme, la joven ya había levantado un muro. Aunque habían intentado toda estrategia de manipulación conocida, nada parecía funcionar. Sonia se había alejado por completo de ellos y había comenzado a autolesionarse.

En la primera sesión, me sorprendió lo frágil que era Sonia. Me explicó que todos los miembros del equipo seguían un régimen especial de dieta y ejercicio. Marcia intervino: «¡Pero son alimentos muy saludables! Sonia nos lo agradecerá en el futuro». Luego, David interrumpió a su esposa y dijo con frustración: «No tenemos tiempo para hablar. Sonia se ha saltado tres semanas de entrenamiento. Si continúa así, la sacarán del equipo. No sé si podrá ponerse al día. ¡Estamos perdiendo el tiempo!».

Cuando le pregunté a Sonia por qué quería dejar el equipo, fue sorprendentemente clara y concisa: «Quiero ser una chica normal. No quiero estar seis horas al día practicando gimnasia. Lo disfrutaba cuando era por diversión, pero ya no es divertido. Estoy estresada todo el día. No puedo salir con mis amigas y hacer cosas normales como ellas. Siempre estoy estudiando, entrenando o practicando. Lo odio. ¡Ya no quiero hacerlo!».

David volvió a interrumpir: «¡Esto no es por diversión, Sonia! ¡Esto es dedicación y determinación! ¡Pensaba que lo entendías! ¡Mira hasta dónde has llegado! ¡Si dejas el equipo, todo habrá sido en vano!».

Claramente, esta decisión les costaba más a los padres que a Sonia. Estaban tan aferrados a su papel de gimnasta que perdían de vista quién era su hija o lo que estaba expresando. Les hice una sola pregunta a sus padres: «¿Por qué no podéis escuchar a vuestra hija?». David y Marcia se quedaron boquiabiertos. Nunca se habían preguntado: «¿Por qué? ¿Por qué no podemos escucharla?».

La mayoría de los padres con los que he trabajado comparten la creencia inconsciente de que tienen poder sobre sus hijos y de que deben tomar decisiones por ellos. Cuando Sonia se resistió a ese control, esta pareja no pudo pensar por sí sola: «¿Por qué la controlamos?». En su lugar, buscaron controlarla más. Les dije: «¿Veis lo difícil que puede ser solo honrar y aceptar las decisiones de vuestra hija? No es vuestra decisión: ¡es suya! ¿No ha hecho y logrado lo suficiente? ¿A dónde queréis llegar con esta situación? ¿A que ella siga practicando gimnasia durante diez años más para que vosotros podáis aceptar que lo va a dejar? ¿Cuánto tiempo es suficiente?».

Fui vehemente con estos padres porque podía ver lo cerrados que estaban. Su hija estaba sufriendo mucho. Sin embargo, no podían soltar sus creencias. Puede ser un desafío para los padres abandonar los viejos patrones y aceptar que necesitan cambiar. Como la mayoría de nosotros, David y Marcia solo veían un futuro oscuro. Estaban invadidos por el miedo de que su hija no continuaría practicando gimnasia y de que tuviera menos opciones para ir a la universidad. Su película de tener una hija gimnasta talentosa —excepcional, con medallas y premios— no se haría realidad. Querían que Sonia fuera una estrella y les gustaba ser los padres de una estrella.

David y Marcia creían que controlar a su hija era la única opción que tenían para «salvarla» de sus «malas» decisiones. Creían que, obligándola, ella cedería. Creían que el control y la manipulación eran las únicas maneras de relacionarse con su hija y corregirla. De lo que no pudieron darse cuenta fue de que, en ese momento, ellos le causaban más dolor que cualquier otro futuro posible.

¿Puedes ver que nuestro amor está completamente teñido de control y miedo? Solo cuando estemos dispuestos a analizar los miedos inconscientes podremos cambiar nuestra forma de hacer las cosas. Cuando David y Marcia finalmente comprendieron que su amor condicional estaba lastimando a Sonia, pudieron dejar de controlarla y comprendieron el razonamiento y la situación de su hija.

David y Marcia descubrieron que Sonia quería pasar más tiempo con sus nuevos amigos de la escuela y que también disfrutaba de dibujar, una afición para la que no había tenido tiempo. Sobre todo, descubrieron que su hija no estaba siendo caprichosa o irresponsable, sino que estaba expresando su verdadera identidad. ¿No era eso algo bueno? Cuando los padres vieron a su hija con aceptación incondicional, sin poder ni dominación, pudieron conectar con ella de una manera compasiva. Toda la naturaleza de la dinámica de crianza comenzó a cambiar.

David y Marcia dejaron de considerar que la decisión de Sonia fuera «mala» o «fatal», y se la tomaron como una elección que enriquecía la vida de su hija y que le permitía abrir las alas y encarar nuevas búsquedas. Comenzaron a ver el valor de darle lugar a la libertad de conocerse a ella misma y seguir su camino. Vieron que se liberó del peso que la aplastaba y finalmente floreció una identidad más auténtica. Sonia comenzó a tener más amigos y a practicar distintos tipos de arte. Aunque no ganó premios ni trofeos, experimentó la alegría, la paz, la diversión y la satisfacción de ser una chica «normal». ¿No es lo que realmente queremos para nuestros hijos?

Cuando dejamos de imponerles el enfoque condicional, podemos descubrir quiénes son nuestros hijos a un nivel completamente diferente:

su alma. En lugar de controlarlos para que encajen en nuestros planes, logramos comprender quiénes son de una manera más profunda y transformadora. Este tipo de conexión solo puede ocurrir cuando los padres están dispuestos a abandonar el enfoque condicional «si-entonces».

Paso cuatro:

Termina con la búsqueda de la felicidad y el éxito

Buscando desesperadamente un sentimiento,
corrí entre los humanos en cementerios
y rompí muchos corazones de cristal
y destrocé sueños de piedra,
todo por un sentimiento…
Como un adicto que revuelve la basura,
busqué felicidad y éxito como si fueran drogas,
hasta que llegué a la cima de la montaña
y no pude disfrutarlos
porque me había quedado sin aliento ni alma.

Y mi visión se tiñó con la sangre derramada
por el dolor que dejé a mi paso.

Una de las cosas que más interrumpen nuestra paz y nuestro júbilo como padres es la idea de que nuestros hijos necesitan ser felices y exitosos. Nada genera más estrés y conflicto entre un padre y un hijo que estas dos nociones. Por esta razón, hasta que aclares los potenciales peligros de esta mentalidad, no podrás ejercer la crianza consciente.

Pregunta a cualquier padre cuál es su mayor deseo para su hijo, y responderán sin pensar: «Quiero que mi hijo sea feliz y exitoso». No pensamos en el significado más profundo de nuestra respuesta. Actuamos como si la felicidad y el éxito fueran los santos griales de la crianza. Estoy aquí para desafiar estas nociones y presentar la idea de que perseguir estos dos objetivos es realmente la causa principal de mucho estrés y conflicto en la crianza.

Primero, la idea de querer algo para otra persona es extremadamente problemática. Desear el bien a nuestros hijos es una cosa, pero querer que sean algo específico —como felices o exitosos— es controlador. Imagina que intentas obtener una licenciatura, pero tienes dificultades, un amigo se acerca y, en lugar de comprender lo que te sucede, se decepciona. Te dice: «¡No puedo creer que no seas feliz! Quiero que seas feliz. Deja de estar triste». ¿Cómo te sentirías? O si te comentara: «¿Por qué no sacas todo sobresalientes? ¿Por qué cometes tantos errores? ¡Es inaceptable!». ¿Cómo te sentirías?

Apuesto a que su actitud te destruiría y te lastimaría enormemente. Es muy probable que decidieras aislarte, ¿no? Pues así es como nos comportamos con nuestros hijos. Estamos tan enfocados en querer que sean felices y exitosos que los hacemos sentir indignos cuando no lo son.

Puedo escucharte protestar: «¿Qué hay de malo con querer que nuestros hijos sean felices y tengan posibilidades de ser exitosos? Es lo que queremos para nuestra pareja, nuestros padres, los amigos, ¿no es cierto?». Esta es la diferencia que los padres deben saber: cuando les deseamos eso a nuestros hijos, no estamos solamente expresando un deseo pasivo a otras personas que conocemos. Son deseos activos y expectativas que proyectamos en nuestros hijos. Los encasillamos en nuestra visión de lo que aparenta ser felicidad y éxito, sin brindarles la oportunidad de explorar, cometer errores, estar tristes o enfadados, y aprender la valiosa lección de que el desorden y la belleza de la vida van de la mano.

Deconstruyamos aún más esta idea. Lo primero que debemos comprender es que, aunque tengamos buenas intenciones, el deseo de que nuestros hijos sean felices y exitosos apesta a ensimismamiento. Nosotros queremos que sean felices y exitosos para sentirnos felices y exitosos como padres. Nos sentimos competentes e importantes. En definitiva, nuestro deseo se trata de cómo nos hace sentir su éxito y felicidad. ¿Cómo lo sé? Bueno, permite que un niño te muestre la alegría que siente por una actividad que no tenga la aprobación de alguno de sus padres, o que suela irritarlos, preocuparlos o entristecerlos. Claro, queremos que nuestros hijos sean felices, siempre y cuando cumplan con nuestras expectativas. En realidad, queremos que nos obedezcan y se arrodillen en señal de obediencia. Sus acciones nos permiten ser felices, creyendo que tenemos el control y somos exitosos como padres.

Lo siguiente que necesitamos comprender es que las ideas de felicidad y éxito son exactamente eso: ideas, y nada más. Pide a un centenar de personas que defina alguno de estos dos conceptos y obtendrás un centenar de respuestas. ¿La razón? Son conceptos subjetivos, no son un fenómeno objetivo. Por eso, imponer estos dos objetivos en nuestra crianza requiere presiones y expectativas poco realistas, que generan una sensación de decepción, si no fracaso, para nosotros y nuestros hijos.

La felicidad como la conocemos es transitoria. Debido a que la vida es compleja y está llena de matices, esperar que nuestros hijos —o cualquier persona— sean felices todo el tiempo es absurdo. El éxito también es una idea esotérica determinada por varios calificadores complejos. Para una madre primeriza, el éxito podría significar dormir profundamente con su hijo. Su mejor amiga, una mujer de la misma edad, podría sentirse exitosa al vencer su adicción al azúcar o al alcohol. Su hermana, al aprender un idioma nuevo, mientras que su sobrina quizás se sienta exitosa al resolver una ecuación que no había podido descifrar el día anterior.

¿Qué quiero decir con esto? La felicidad y el éxito son ideas a las que nos aferramos sin darnos cuenta de que están vacías de significado a largo plazo. Pero, debido a que nos apegamos ciegamente a estos conceptos, si vemos a nuestros hijos infelices o sin éxito, perdemos la cabeza. Cuando los vemos llorar, inmediatamente queremos quitarles el dolor (por ellos y por nosotros). Cuando vemos que les va mal en la escuela, queremos castigarlos o repararlos. Nuestro apego a estos dos conceptos —felicidad y éxito— nos engaña y nos causa un dolor y un sufrimiento excesivos.

Repito, estas ideas de felicidad y éxito están arraigadas en nuestro interior desde la infancia y son parte de nuestra cultura. La sociedad apunta hacia estas ideas. Somos adictos a estos conceptos. A menos que nos demos cuenta de lo vacíos que estamos, continuaremos cayendo en la trampa de desear felicidad y éxito para nuestros hijos y sufriremos cuando no encarnen estas cualidades.

Puedo escucharte protestar por la confusión: «Entonces, ¿estás diciendo que no deberíamos preocuparnos cuando nuestros hijos están tristes o suspenden en la escuela? ¡Qué desalmada!». Este es el punto en el que debo ser clara. Cuidar a tus hijos no significa que se conviertan en seres felices y exitosos o que sea tu culpa o responsabilidad que no lo sean.

Cuidar a tus hijos significa aceptarlos como son. Si están tristes, déjalos estar tristes. Si están enojados, déjalos enojarse. Si tienen dificultades con las matemáticas, déjalos navegar por las dificultades. Por supuesto, pregúntales por sus problemas y ayúdalos a solucionar sus dilemas, pero no lo hagas en servicio de un plan para llegar a un destino llamado «felicidad y éxito».

Padres y madres, ¡os ruego que os bajéis del tren de la felicidad y el éxito! Ese destino no existe, y, si no bajáis del tren, será una búsqueda eterna que no tiene fin. Si bien todos queremos que nuestros hijos tengan una vida alegre, necesitamos darnos cuenta de que no existe ni un ser humano que pueda sentirse así todos los días. Todos atravesamos períodos de sus vidas en los que sienten miedo, frustración, tristeza y fracaso. ¿Y sabes qué? Es normal. Es humano. Es aceptable.

Hablarles a nuestros hijos del inevitable desorden de la vida es mucho más valorable que enseñarles a aspirar a realidades inalcanzables. Cuando incorporen la noción de que la vida es complicada, lograrán ser mucho más resilientes de lo que serían si se aferraran a la idea de que la vida debería ser una utopía, repleta de felicidad sin fin y éxito imbatible. Cuando tus hijos esperan que la vida sea compleja, no quedan expuestos a la decepción cuando la vida resulta ser precisamente así. Sin embargo, si tus hijos esperan que algún tipo de fantasía utópica se vuelva realidad, se van a sentir verdaderamente derrotados cuando esa fantasía no se cumpla.

Es hora de reemplazar la idea de felicidad y éxito con algo completamente nuevo y diferente. Debemos alejarnos de los objetivos de los resultados y pasar a los objetivos de los procesos. En su lugar, tengamos un nuevo enfoque: «presencia y experiencia». Cuando nos enfocamos en la presencia, prestamos atención al estado de vitalidad y conexión en el momento presente. Cuando nos enfocamos en la experiencia, nos concentramos en aceptar lo que estamos atravesando aquí y ahora. Sin importar si nuestros hijos lloran o ríen, nos enfocamos menos en juzgar y más en permitirles experimentar una relación auténtica con ese estado de ánimo. ¿Cuál es su conexión interior con las experiencias de la vida? ¿Qué están aprendiendo? ¿Qué transformaciones internas están atravesando? Cuando nos centramos en momentos cualitativos, la vida deja de ser un resultado fijo y se basa en el estado de ánimo. Ya no hay sentimientos «buenos» o «malos», solo sentimientos.

La presencia y la experiencia están orientadas al proceso; en contraste con la felicidad y el éxito, que están orientados a los resultados. Cuando les enseñamos a nuestros hijos a recorrer el proceso de la vida y a ignorar el resultado, pueden liberarse de las presiones internas e incorporar un estado de alegría y calma. Los padres también pueden hacerlo.

Concéntrate en la presencia de tus hijos. ¿Están presentes? Si lo están, eso es lo que cuenta. No importa si están «felices» o «enojados».

Lo importante es que sean auténticos y fieles a la realidad del presente. No se trata de la calificación perfecta o la cuenta bancaria, sino de las experiencias por las que atraviesan nuestros hijos. Si están viviendo su vida a su manera, no importa si se ve como X o Y, siempre y cuando puedan adueñarse de sus experiencias.

¿Por qué es tan importante que los padres implementen este nuevo enfoque? La razón es que libera a los padres, al igual que a los niños, de todas las presiones. Les permite a los padres ser más receptivos de los estados naturales de ánimo y expresión personal de sus hijos, sin forzarlos a estar eternamente felices o a ser genios estelares. Aceptar lo que sucede con tus hijos —«Mi hijo tiene dificultades ahora» o «A mi hijo no les resultan naturalmente fáciles las matemáticas y los cálculos»— elimina la presión y libera al padre o madre y al hijo para que puedan adentrarse en un estado de existencia en lugar de un estado de presión.

Stacey tenía muchas dificultades para dejar que su hijo de diez años, Josh, se fuera al campamento de verano. Era su primer verano alejado de su mamá, y ella tenía miedo de los tres meses que no estaría con él. Estaba tan involucrada en el bienestar emocional de su hijo que sus estados de ánimo se fusionaban constantemente con los de él. De igual manera, Josh era codependiente de su madre y quería estar en constante contacto con ella desde el campamento, reportando cómo se sentía a cada hora y dejando a los monitores perplejos sobre cómo relacionarse con él. Cuando Stacey recibía un mensaje alegre de un monitor o veía a Josh en un álbum de fotos en línea, se sentía instantáneamente más feliz. Cuando no recibía noticias, su humor se desplomaba. Estaba distraída y preocupada por el estado mental de su hijo las 24 horas del día.

Stacey, como muchos padres, creía que era responsable por darle a su hijo una experiencia de campamento y una niñez maravillosas. Pensaba que su misión como madre era manejar las emociones y los estados de ánimo de su hijo. Cuando Josh tenía dificultades, ella las ponía sobre sus hombros y actuaba como si fueran su propia carga. Estaba interconectada por completo con su hijo. La felicidad de Josh era su felicidad. La tristeza de su hijo la catapultaba casi hasta la depresión.

Intenté ayudar a Stacey a deconstruir el sinsentido de su comportamiento. Le pregunté: «¿Quién dijo que los niños deben ser felices y exitosos todo el tiempo? ¿Quién dijo que nuestro trabajo es ayudarlos a controlar sus sentimientos todo el tiempo? Ninguna de estas cosas es verdad». Le expliqué: «Estás condicionando a tu hijo a estar ansioso sobre sus estados de ánimo y sus sentimientos. Como estás tan enfocada en que se sienta feliz, le has dado a entender que la ansiedad o la tristeza son una maldición. Como entras en pánico cada vez que su estado de ánimo cae, él hace lo mismo. Le has enseñado a ser reacio a sus sentimientos normales. Esta aversión le causa más agitación y ansiedad. Solo cuando puedas aceptar que todos sus sentimientos son estados de ánimo pasajeros, él también lo hará. Hasta entonces, ambos estaréis atrapados en un terrible estado de fusión».

Stacey estaba conmocionada: «Me aterrorizo cada vez que está molesto. No puedo soportarlo. Siento que lo defraudo como madre; que, si tuviera una buena madre, solo tendría buenos sentimientos. Recuerdo que mi mamá jamás estaba feliz, y yo siempre tenía miedo que se fuera a su cuarto a recostarse en la penumbra. Parecía que se pasaba años atrapada en la tristeza. No importaba cuánto lo intentara, yo no podía hacerla sentir feliz. Siempre odié las caras tristes, porque me traían el recuerdo de estar sola y asustada, preguntándome cuándo emergería la madre "feliz" de la habitación». Dimos en el clavo: la razón subyacente de la interconexión de Stacey con su hijo. Como todos, Stacey había aprendido a asociar las emociones intensas de su infancia con algo negativo. La crio una madre que, probablemente, no sabía cómo manejar sus sentimientos, y le pasó esta ansiedad a su hija, que ahora se la pasaba a su hijo.

Mediante su trabajo conmigo, Stacey pudo ver cuánto necesitaba de la felicidad de Josh para sentirse importante y exitosa. Dependía en exceso de su hijo. Josh devolvía el favor dependiendo de su madre como un parásito. En realidad, no tenía otra opción, ya que la dinámica entre ellos lo obligaba a fusionarse con su madre. Desde pequeño, detectaba las necesidades de Stacey. Para ser el buen hijo que era, sacrificó su propia identidad. Ahora, su hijo estaba haciendo lo mismo que Stacey había hecho en su niñez.

Cuando creemos que nuestros hijos deben ser felices y exitosos, significa que pensamos que nosotros deberíamos ser felices y exitosos. Es por nuestra falta de felicidad interna y de un sentido interno de valía que proyectamos estas necesidades en nuestros hijos. Cuando trabajamos en la conexión interna, dejamos de usar a nuestros hijos para obtener lo que necesitamos, y les permitimos vivir sus propias experiencias de vida al ritmo en que se desarrollan sin que los controlemos o intervengamos.

Le llevó un largo tiempo a Stacey aprender esta lección, pero finalmente pudo separarse de Josh cuando notó que su exceso de dependencia de los estados de ánimo de él le limitaba a su hijo la libertad de ser auténtico. Mediante la práctica, aprendió a dejar de controlarlo tantas veces al día y preguntarle cómo se sentía. Después de unos meses de abstinencia dolorosa, comenzó a tolerar la incomodidad de no estar interconectada con él todo el día. Si bien Josh continúa experimentando mucha ansiedad, también está aprendiendo a depender de otras estrategias para satisfacer sus necesidades: amigos, su terapeuta y, más importante, su guía interior.

Por mucho que todos deseemos que nuestros hijos experimenten felicidad y éxito, nos condenamos al fracaso y la decepción cuando nos enfocamos en ese deseo. La vida es difícil y, como mencioné anteriormente, compleja. Aferrarse al deseo de cualquiera de estos dos sentimientos es un método infalible para experimentar tristeza cuando no se manifiesten. Arrojemos estos conceptos a la basura, donde pertenecen. Cuando lo hagamos, puedo garantizar que experimentaremos una gran alegría y liberación… Y también lo harán nuestros hijos.

MANOS A LA OBRA

La próxima vez que tu hijo o hija esté en un estado de tristeza o tenga alguna dificultad en la escuela, quiero que observes lo que te sucede. Quiero que notes cómo te hace sentir. ¿Puedes brindarles un espacio a los sentimientos de tristeza y dificultad de tu hijo o hija, o te hacen reaccionar?

Encargarse de los sentimientos de nuestros hijos con respecto al dolor es una de las cosas más difíciles que debemos hacer como padres. Trataré este tema en la etapa número tres de este libro, pero, por ahora, en esta etapa de creación de una mentalidad clara, te invito a tomar consciencia de cómo te afectan los estados de ánimo de tus hijos y hasta qué punto están interconectados con los tuyos.

Debido a que nuestros propios padres no sabían cómo manejar nuestro dolor y dificultad, asociamos estos sentimientos con algo poco favorable o «malo». Ya que nuestros padres jamás supieron cómo ayudarnos a manejar estos sentimientos difíciles fehacientemente, nos resulta complicado procesarlos con nuestros hijos. Cuando ellos atraviesan cambios emocionales, inmediatamente intentamos evadirlos como nos evadían en nuestra niñez por tener sentimientos intensos. Así que, la próxima vez que tu hijo o hija atraviese alguna dificultad, te invito a que te dediques estas palabras:

Mi hijo es un ser humano que experimenta sentimientos humanos de dolor y dificultad. Estos son sentimientos normales para los seres humanos. Cada ser humano tiene estos sentimientos complejos. No son malos. Son sentimientos válidos que le permitirán a mi hijo crecer y convertirse en una persona resiliente que puede regularse y controlarse a sí misma. Si elimino estos sentimientos, mi hijo perderá la oportunidad de ser auténtico. No necesito que mi hijo sea feliz o exitoso para sentirme bien como padre/madre. Mi mérito no proviene de sus notas, estados de ánimo o experiencias; proviene de mí mismo. Dejaré espacio para todo lo que se manifieste auténticamente en mi hijo, y mediante mi apoyo a la existencia, le enseñaré a apoyar su propia existencia.

Quitemos «felicidad» y «éxito» de nuestras metas y reemplacémoslos por «presencia» y «experiencia». De este modo, nuestros hijos podrán permitir que sus vidas se desarrollen como deben sin recibir críticas para que sean algo distinto de lo que son. Este es un hermoso regalo para darles a tus hijos.

No solo tenemos creencias profundamente arraigadas sobre la felicidad y el éxito, sino también sobre otros conceptos, como lo que significa ser bueno o malo, bello o bondadoso. Todas estas creencias tiñen las percepciones que tenemos de nuestros hijos e influyen en nuestro comportamiento con ellos. Un ejercicio útil es destapar tus suposiciones inconscientes sobre estos conceptos para que puedas estar alerta cuando se interpongan en tu paternidad. Mientras escribes estas asociaciones, comenzarás a comprender cómo se han moldeado tus ideas a causa de las personas que te rodean y cómo tu relación con tus hijos se ha visto afectada. En la siguiente tabla, he completado la primera fila con un ejemplo. Intenta completar el resto de las filas.

	Mamá	Papá	Cultura	Tú
Éxito	Sacar todo sobresalientes	Ganar mucho dinero	Comprar una casa y un coche lujosos	Ser real, ser genuino, tener amigos, reír
Felicidad				
Bien/mal				
Amor				
Matrimonio				
Paternidad				
Dinero				
Sexo				
Belleza				

¿Qué has observado mientras completabas la tabla? ¿Ves cuánto te han influenciado tus propios padres y la cultura? ¿Ves cómo han impactado tus creencias en la crianza que les das a tus hijos? A medida que tomas consciencia de la manera en que tus creencias te han formado, es posible que puedas ver cómo también han provocado estrés y ansiedad. La sanación no solo ocurre mediante la toma de consciencia, sino también al reemplazar estas creencias por otras nuevas que sean más fortalecedoras y conscientes.

Paso cinco:

Abandona el complejo de salvador

Creí poder salvarte
del dolor y la presión,
de las lágrimas y los miedos,
del dolor y la suciedad,
hasta que me di cuenta de eso que no te empoderaría.
Iba a perjudicarte y debilitarte
y destruiría tu habilidad de evolucionar,
porque una vida sin estos elementos
es la muerte.

He aquí algunos hechos fundamentales que debes recordar: nuestros hijos no nos hacen padres, no tuvieron elección; nosotros nos hicimos padres, fue nuestra elección.

Mientras lees esto, tal vez te preguntes por qué pienso que es importante afirmar algo tan obvio. La razón es que, a un nivel subconsciente, no actuamos como si esto fuera evidente. De hecho, actuamos como si lo opuesto fuera verdad. Nos comportamos como si les estuviéramos haciendo un favor a nuestros hijos por criarlos y como si debieran estar eternamente agradecidos por ello, como si fuéramos sus salvadores o creadores. Estamos tan llenos de este aire de generosidad que imaginamos que merecemos un premio por el altruismo de haber tenido a nuestros hijos.

Inconscientemente, encarnamos un complejo de salvador que afirma que, debido a que les concedemos a nuestros hijos el favor altruista de criarlos, ahora deberían tratarnos como si fuéramos sus amos. Como sus creadores, pensamos que es nuestro trabajo y nuestro derecho darles órdenes e influenciar sus vidas. Luego, cuando no nos llaman para nuestro cumpleaños, no responden a tiempo nuestros mensajes o toman decisiones de vida contrarias a nuestros planes, nos volvemos locos.

Aquí hay dos verdades fundamentales que debemos aceptar por completo para entrar en un estado de claridad mayor: (1) No «creaste» a tus hijos. Llegaron a la vida gracias a una causa y un efecto biológicos. (2) Tener hijos no fue un acto de altruismo. Los tuviste para satisfacer tu propósito egocéntrico. Tus hijos no te deben nada. Claro, pueden darte respeto y amor, pero no están en deuda contigo.

Al igual que no creaste a tus hijos, tampoco eres su salvador, ni el principio y el fin de sus vidas. Podrías pensar: «Deberían tratarme como un salvador. Después de todo, se espera que yo lo pague todo cuando rompen las cosas. Soy la persona que se supone que debe reparar su desorden y rescatarlos cuando estén internados en un hospital o varados en una autopista». Comprendo los sentimientos que probablemente tengas, pero así no funciona la vida. Aunque apeste, esta es la realidad de la crianza. Nadie dijo que fuera justo.

Comprender tu rol como padre o madre es la clave para la crianza consciente. Cuando crees que tu papel es el de un dios, aunque parezca un poder maravilloso, en verdad es la causa de un gran sufrimiento para ti y tu hijo o hija. Nuestro complejo de salvador está enterrado en las profundidades del subconsciente y no es tan fácil de identificar. Solo resurge cuando observamos que nuestros hijos se comportan de una manera drásticamente opuesta a las nuestra. Cuando vemos que nuestros hijos toman decisiones de vida que consideramos horrendas o son de una polaridad extrema con lo que creemos que es mejor para ellos, nos altera profundamente. ¿La razón de esta reacción? Nuestra sobreidentificación con el rol de padre y salvador nos hace sentir que nuestros hijos deberían sucumbir ante nuestro poder e influencia. Cuando no lo hacen, nos sentimos insultados y resentidos. Al tomarnos las cosas personalmente, arruinamos nuestro equilibrio y el de nuestros hijos. Si ellos fracasan en la vida, sentimos como si nosotros hubiésemos fracasado de alguna manera, y sufrimos tremendamente. O si tienen problemas sociales, sentimos que son nuestros problemas y que debemos solucionarlos de algún modo. Si no somos conscientes de ello, pensar que somos los salvadores de nuestros hijos nos pone bajo una tremenda presión para «repararlos». Además, sentimos un resentimiento profundo cuando descubrimos que son irreparables. ¿Y sabes cómo se sienten tus hijos? Sufren muchísima vergüenza por haber cometido errores. Es así: otra carga imposible de soportar que les otorgamos inconscientemente a nuestros hijos.

La realidad es que uno de los objetivos de la crianza consciente es volvernos irrelevantes para nuestros hijos. Me escuchaste bien: irrelevantes. Esta es una idea a la que se opone nuestro ego. Nunca queremos ser considerados irrelevantes. No solo queremos ser muy relevantes, queremos ser absolutamente relevantes. La verdad es que debemos criar a nuestros hijos para que no nos necesiten; y para que esto suceda necesitamos brindarles el espacio para comenzar sus propias vidas. Para permitirles tener ese espacio, debemos dar un paso atrás y dejar de opinar todo el tiempo. ¿Ves cómo funciona este proceso? No podemos desear que sean independientes y, a la vez, ponernos nerviosos cada vez que ignoran nuestra opinión o influencia. Sencillamente, estas dos situaciones no van de la mano.

La manera más efectiva de abandonar el complejo de salvador es hacerte estas preguntas:

¿Cómo me siento cuando alguien cree que necesito ser salvado o intenta controlarme?
¿Me gusta que me manden o me sermoneen?

No creo que te guste que otra persona te domine. A nadie le gusta. Los seres humanos no quieren sentirse controlados. Como a todos los animales —somos animales—, no nos gusta sentirnos acorralados. Si bien podemos acceder a que nos controlen, como un ave o un tigre enjaulados, no es nuestra naturaleza intrínseca vivir según lo que dicta otro ser. Vivir de esa manera genera tanta frustración e ira que, algún día, terminaremos atacando y liberándonos.

Estamos tan acostumbrados a forzar nuestra dominación sobre nuestros hijos que no nos detenemos a pensar cómo se sienten al tener que seguirnos a ciegas. Estamos tan ensimismados en nuestros delirios de poder y grandeza que asumimos que nuestros hijos nos necesitan y que están felices de ser nuestras marionetas.

Ningún ser humano quiere ser una marioneta. Ninguno. Ni tú ni tus hijos, sin importar lo pequeños que sean. Con demasiado control, nuestros hijos se rebelarán, ya sea en nuestra contra o contra ellos mismos. Cuando comprendamos este hecho básico de la naturaleza humana, podremos apreciar las formas en que tratamos de manipular a nuestros hijos como marionetas, y seremos conscientes de que debemos crear un espacio para la rebelión natural.

Nuestros hijos se sienten sofocados por nuestra dominación. De hecho, precisamente porque dependen de nosotros en sus primeros años y no tienen más opción que cedernos la autoridad, crecen exhaustos de esta supresión. Cuando llegan a la adolescencia, se quiebran. Lo llamamos rebeldía adolescente y usamos términos negativos, pero lo que no comprendemos es que es un proceso de desarrollo vital. Cuando se reprime demasiado a los niños y no se les da espacio para este clamor adolescente natural, estallarán y se romperán en su edad adulta temprana, y se desviarán por completo.

¿Por qué la rebeldía adolescente es un fenómeno tan ubicuo mundialmente? ¿Es solo una coincidencia? En absoluto. Se manifiesta de maneras tan vociferantes por una sola razón: nuestros hijos están cansados del complejo de superioridad de sus padres y agotados de ser complacientes y obedientes. Cuando son niños, no tienen más opción. Pero, en cuanto se convierten en adolescentes, se liberan.

Cuando los padres nos resistimos a esta rebeldía, dañamos el crecimiento de nuestros hijos. Solo mediante esta rebeldía en contra nuestra, nuestros hijos podrán hallar su voz interior y autenticidad soberana. Es en esta etapa cuando rechazan nuestro complejo de superioridad. A medida que sentimos que se rebelan en nuestra contra, necesitamos darnos cuenta de que finalmente están haciendo algo por sí mismos. Nos dicen «no» al dios que tenemos dentro, claro. Pero están haciendo algo mucho más esencial, que es decir «sí» a su propio dios interior.

Entonces, ¿cómo reemplazamos este complejo de superioridad sin perder toda nuestra influencia? Hay una manera: la de la crianza consciente. Apoyamos a nuestros hijos en segundo plano. En lugar de guiarlos tomando la delantera, nos movemos por los márgenes y caminamos junto a ellos, codo con codo. En lugar de marcar el camino, debemos entrar a un nuevo espacio de comunión y parentesco. En lugar de vernos como las personas que tienen poder y derecho, debemos incorporar una nueva manera de interactuar con nuestros hijos. Nuestro lugar legítimo no es delante de ellos o en su camino. Es a su lado, en nuestro propio camino.

Por este motivo, muchos padres se desvían e invaden el camino de sus hijos. Esta invasión es espiritualmente dañina para los niños. Por ser los «débiles», nuestros hijos pequeños no son capaces de empujarnos de vuelta a nuestro camino, por eso suelen doblegarse. Esta suavización de su voluntad y autonomía interiores es extremadamente amenazante para su esencia. Con el tiempo, esta erosión genera autodesprecio y un gran alboroto interior.

Cuando nos mantenemos en nuestro camino, no podemos caminar frente a nuestros hijos con dominación y poder ciego. En su lugar, tendremos cuidado de no invadirlos y los acompañaremos. Si avanzan un paso, los imitamos. Si se mueven a la derecha, los seguimos. Primero, miramos hacia dónde van y nos adaptamos a ellos, luego nos movemos con la corriente en lugar de resistirnos. A veces, por supuesto, los guiamos en direcciones diferentes a las que los llevarían sus pasos, pero lo hacemos con suavidad, respeto y honor. No los encaminamos mediante el control, el miedo o la manipulación. Los encaminamos mediante la guía consciente y respetamos el lugar en el que están. Una gran consecuencia de convertirse en un padre o una madre consciente es que nos baja de nuestros pedestales de grandeza y nos mantiene en nuestro camino.

MANOS A LA OBRA

Cada día es una oportunidad para recorrer nuestro camino al lado de nuestros hijos en lugar de ir por delante. Es más fácil hacerlo cuando estamos establecidos en nuestras vidas y nos sentimos valiosos. Sin embargo, cuando obtenemos de nuestros hijos nuestro sentido de valía e identidad, es más difícil despegarse del papel de ser su salvador y líder.

Recordemos que nuestro objetivo como padre o madre consciente no es dar opiniones y sermones a nuestros hijos, ni ser sus amos o dioses. Nuestro objetivo es lograr que tengan sus propias opiniones y que sean independientes. Todos los seres humanos quieren ser pioneros y establecer su propio camino. Dependiendo de la edad y la madurez de desarrollo, los niños quieren sentirse autónomos, con el poder de tomar sus decisiones vitales. Nosotros, como padres, debemos buscar oportunidades para que puedan hacerlo. Debemos generar esos momentos para que puedan practicar desde una temprana edad. Cuando son pequeños, permíteles elegir los calcetines y los zapatos, sus cereales favoritos o el vaso del que quieran beber. A medida que crezcan, permíteles que elijan los ingredientes de la cena o la película semanal para ver en familia. Encuentra maneras de cederles poder para que puedan aprender a escuchar su voz interior.

Muchos padres protestan y dicen: «¡Pero mi hijo vive pidiéndome una opinión!». Mi respuesta es esta: pueden pedirla, como también piden comer una galleta más. Al igual que no les darías inmediatamente la galleta, evita dar tu opinión, porque desvía el proceso crucial que los niños necesitan experimentar para descubrir su opinión sobre las cosas. Al buscar respuestas en ellos mismos, aprenden a practicar el conocimiento interior. Si los padres seguimos privándolos de este proceso, les generamos una gran dependencia de nosotros, además de confusión interna. Simplemente no sabrán cómo depender de su propio GPS interno.

Los niños que son complacientes entregan su poder sin reparos. Como padres, necesitamos estar al tanto de esta tendencia y devolver el poder con amabilidad. Cuando nos preguntan qué hacer en alguna situación, en lugar de caer en la trampa y dar nuestra opinión, podemos decir: «Mmm, qué pregunta tan interesante. Tengo que pensarlo. Ahora no lo sé. ¿Qué piensas tú?». Si tu hijo no brinda una respuesta propia, es mucho más poderoso que experimente su propio desconocimiento que depender de ti para obtener respuestas fáciles.

Entonces, con el fin de ponerlo en práctica, los padres podemos hacernos estas preguntas:

¿Cómo puedo darle a mi hijo el poder de ejercer su autonomía?

¿Cómo puedo demostrarle a mi hijo que puede confiar en su voz?

¿Cómo puedo dejar de interponerme en el camino de mi hijo y permitirle recorrerlo a su manera?

Estas son algunas frases que puedes decirle a tu hijo o hija:

No sé la respuesta. Encontrémosla juntos.

Necesito pensarlo un poco. Piensa tú también.

Sé que quieres que te dé respuestas, pero debes descubrirlo solo.

Sabes lo que debes hacer. Solo necesitas escucharte más.

La hija de Helen, Tina, la llamaba todos los días. A veces, varias veces al día. Te imaginarás que Tina es adolescente. Pero no. Tenía treinta y tantos años, y Helen, casi sesenta. Hablaban sin parar y lo sabían todo sobre la vida de la otra. En cierta manera, se podría pensar que tenían una relación cercana y conectada. Sin embargo, no era una relación saludable, porque Tina dependía de los consejos de su madre en cada decisión y elección que tomaba. Tina escuchaba más a su madre que a ella misma o a cualquier otra persona en su vida. Por esta razón, la relación era más enmarañada y codependiente que saludable y empoderada.

Comencé a ver a Helen porque estaba estresada por el divorcio de Tina. Parecía que fuera Helen quien se estuviera divorciando. Estaba involucrada en todas las decisiones que tomaba Tina y sufría las consecuencias con ella. Se mandaban mensajes y se llamaban al menos una docena de veces al día. Helen apenas podía concentrarse en su empleo como encargada de ventas porque estaba constantemente distraída por la crisis de su hija. La situación le estaba pasando factura.

Intenté ayudar a Helen a deconstruir su codependencia e interconexión con su hija, pero se resistía por completo. «Tina me necesita. Siempre lo ha hecho, y jamás dejaré de ayudarla». Helen no podía ver la diferencia entre ayudar a su hija y controlar de forma excesiva su vida entera. Intenté explicarle que, al intentar salvar a su hija en cada complicación de su vida, Helen le estaba quitando a Tina su resiliencia. Helen se puso firme. Seguía repitiendo: «¡No puedo decepcionarla! ¡Necesito ayudarla pase lo que pase!». Incluso cuando le demostré que este nivel de fusión le causaba mucho estrés, se negó a rendirse.

Cuando nos fusionamos con nuestros hijos a un nivel tan extremo como este, intentando salvarlos de ellos mismos, no los empoderamos. Por el contrario, disminuimos su sentido de valía interna e independencia, aunque simplemente no podamos verlo. Inutilizamos a nuestros hijos permitiéndoles que dependan demasiado de nosotros cuando son completamente capaces de depender de ellos mismos. Helen protestó: «Pero es Tina la que vive llamándome para contarme sus problemas y pedirme ayuda. ¡Yo no la llamo!». Intenté explicarle que no importaba quién llamara primero. Lo que importaba era si el padre o la madre permitía que continuara la codependencia, y de qué forma. Le expliqué: «Es fácil. Podrías limitarte a escucharla sin brindarle tu consejo. Cuando le das un consejo a tus hijos —solicitado o no—, especialmente durante su adolescencia, los invalidas. En lugar de guiarlos hacia su conocimiento, los alientas a evitar las dificultades que necesitan atravesar para hallar sus propias respuestas. Esta dificultad es fundamental para el desarrollo de la resiliencia. Estás privando a Tina de la habilidad de desarrollar su propio conocimiento. ¿No lo ves?».

Helen no podía aceptar su responsabilidad en la dinámica. Continuó echándole la culpa a su hija, negándose a admitir que era cocreadora de la situación. Hasta la fecha, sigue siendo una de mis pocas pacientes que simplemente se niegan a cambiar. Desearía poder alabar las maravillas de mis habilidades persuasivas y decirte que rompí sus patrones, pero estaría mintiendo. Prefiero contarte la verdad para que puedas ser realista con lo difícil que es romper estos patrones. Finalmente, le comenté a Helen: «Tu necesidad de ser salvadora es más importante que permitirle a tu hija desarrollar su resiliencia. A menos que estés dispuesta a ver esta parte de ti y sanar la niña que hay dentro de ti que desea ser necesitada de una manera tan extrema, no podré ayudarte».

Helen era una de esas madres cuya identidad estaba tan envuelta en su rol de salvadora que fue incapaz de diferenciar a su hija de ella misma. Estaba tan perdida jugando a ser dios que estaba completamente absorta en su papel. Lo único que le importaba era encarnar ese rol, y no lo que necesitaba su hija de su madre para poder crecer. La idea de ser una salvadora completaba tanto a Helen que era lo único que le preocupaba, sin importar que Tina se estuviera ahogando en una dependencia excesivamente paralizante.

Cuando relacionamos el rol de padre con el de salvador, subestimamos el poder que tienen nuestros hijos para salvarse a ellos mismos.

Cuando los protegemos en exceso, en realidad los deshumanizamos y los limitamos. Les cortamos las alas. En lugar de permitirles confiar en su conocimiento, los obligamos a confiar en el nuestro... Qué gran perjuicio les causamos a nuestros hijos.

Como padres o madres conscientes, está en nuestras manos encontrar maneras de expresar confianza y honrar la habilidad de nuestros hijos de descubrir quiénes son. Este es un regalo que necesitan desesperadamente de nosotros. El hecho de no legarles este regalo gradualmente a medida que crecen, y cada vez más a medida que maduran, habla de nuestras propias carencias y miedos internos, no de los suyos. Nuestros hijos están listos para abrir las alas y volar, de una manera apropiada para su edad, por supuesto. Es nuestra incapacidad de soltar lo que les hace dudar de sí mismos y tambalearse.

Quedarnos en nuestro propio camino y dejar a nuestros hijos que naveguen por su propio destino a la edad adecuada es una tremenda ofrenda de confianza y respeto. Nuestros hijos desean esto de nosotros. Abre tus manos y dales esto libre y abundantemente. Cuando lo hagas, dejarás de considerarlos inferiores y los verás como compañeros a tu altura en esta aventura que llamamos vida.

Paso seis:

Deshazte de las etiquetas

Mi hijo no es una etiqueta,
un adjetivo ni un título,
un ornamento ni un premio,
un logro ni un objetivo.
Mi hijo es un ser humano.
Eso significa que está en constante transformación,
en constante fluctuación y proceso,
en movimiento rápido y conmoción.
Mi deseo de encasillarlo
no proviene de él,
sino de mi propia resistencia a su naturaleza indefinible
y de mi miedo a confrontar la mía.

A costa de sonar repetitiva, necesito recordarte un dato fundamental: la narrativa de la crianza dominante nos ha destrozado. Debido a que coloca a los padres en la cima del tótem, nos otorga falsamente el poder de juzgar a nuestros hijos hasta la saciedad. No lo pensamos dos veces antes de llamarlos «buenos», «malos», «holgazanes» o «inteligentes». Les adjudicamos estas etiquetas sin pensarlo dos veces, como si fueran monedas de un céntimo. Estas etiquetas influyen en cómo nos comportamos con nuestros hijos. Nos sentimos justificados para tratarlos mal si acabamos de sentenciar que su comportamiento ha sido malo. Como consecuencia, el castigo parece razonable. No nos detenemos a pensar: «¿Tengo razón?» o «¿Esto es verdad?». Pensamos en la etiqueta de ese momento y simplemente actuamos como si ellos fueran de ese modo. No nos damos cuenta de que estamos moldeando la percepción que nuestros hijos tendrán de ellos mismos. Considera estas poderosas preguntas: «¿Qué me da el derecho de juzgar o etiquetar a mi hijo?», «¿Me pongo en su lugar o vivo sus circunstancias?».

Cuando juzgamos o etiquetamos a otra persona, asumimos muchas cosas. Lo primero es, indudablemente, que tenemos razón. Esto es, probablemente, una de las cosas más peligrosas que podemos hacer en esta vida: asumir la superioridad indiscutible de nuestra manera de pensar sobre otras personas. Es la raíz de todas las guerras y conflictos del mundo. Cuando juzgamos a nuestros hijos, eso es lo que estamos haciendo. Asumimos que somos superiores, que lo que hacemos está justificado y que estamos en nuestro derecho. Estos son los mismísimos ingredientes de la desconexión y la disfunción en las relaciones.

Lo siguiente que asumimos es un conocimiento íntimo de otro ser humano, a un nivel biológico, emocional y psicológico. Dado que ningún ser humano puede conocer a otro ser humano, ni siquiera a sus propios hijos, a ese nivel, ¿no son delirantes las etiquetas que les asignamos a otros seres humanos? De todos modos, seguimos haciéndolo. Nuestras opiniones sobre otras personas y las etiquetas que les adjudicamos son la base del racismo, el sexismo y la violencia. Son el flagelo de nuestra existencia y la raíz de la disfunción en el mundo. Al etiquetar a nuestros hijos constantemente, les enseñamos a un nivel inconsciente a ver el mundo desde un solo punto de vista: blanco o negro; bueno o malo. De esta manera, sin saberlo, les inculcamos a nuestros hijos los fundamentos del prejuicio. Esta dinámica social primaria de desconexión y separación comienza con las maneras en que los padres juzgan y etiquetan a sus hijos y a otras personas. La buena noticia es que la dinámica también puede terminar con nosotros.

Las dos etiquetas más comunes que usamos con nuestros hijos son «bueno» y «malo». Son unas etiquetas principales que tienen muchas derivadas: «inteligente», «holgazán», «amable», etcétera. Creemos que, si hacemos comentarios constantes sobre su comportamiento, podemos marcar el camino para que se conviertan en los adultos que queremos que sean. Una parte de esto es verdad, pero otra gran parte es falsa. Primero, hablemos sobre la parte verdadera. Es cierto que los comentarios ayudan a moldear el comportamiento. Sin embargo, aquí es donde todo se vuelve falso y complicado. Si el comentario surge del ego de la persona que lo brinda, no está simplemente diseñado para moldear el comportamiento, sino para controlarlo. La mayoría de las etiquetas que les ponemos a nuestros hijos emergen del ego, expresan cómo nos hacen sentir esos comportamientos. Por ejemplo, si les gritas y los juzgas por sacar una nota regular, esta reacción provendría de tu ego y no se trataría de tus hijos y sus sentimientos. ¿Entiendes?

Esta es la verdad: generalmente, etiquetamos a nuestros hijos como «buenos» porque su comportamiento nos hace sentir buenos padres, y como «malos» cuando no nos sentimos como malos padres. Es decir, los hijos «buenos» son muy dóciles, exitosos, serviles y obedientes, son aquellos que ponen nuestros egos en un pedestal alto. Pero, si indagamos en estas etiquetas y estamos dispuestos a admitir el vínculo entre nuestros egos y nuestra identidad como padres, tal vez podremos ver que estos niños «buenos» no son tan «buenos» para nuestra transformación, ya que mantienen nuestra fortaleza egoica. ¿Y los niños que llamamos «malos»? Aunque pueden destruir el ego parental y causar mucho caos en el hogar, estos niños son probablemente los «buenos», ya que tienen el potencial de despertar a sus padres. ¿Ves a lo que me refiero? Nuestras etiquetas de «bueno» o «malo» provienen más de la comodidad o incomodidad que nos hacen sentir nuestros hijos y menos de lo maravillosos que son en verdad. Esta es la razón por la que suelo asegurar que, en realidad, «bueno» y «malo» son etiquetas vacías que jamás deben sacarse del contexto de nuestro apego al ego.

La verdad es que las etiquetas que les damos a nuestros hijos están sesgadas y enormemente teñidas por nuestro condicionamiento. Si no estamos dispuestos a confrontar esta verdad esencial, continuaremos etiquetando a nuestros hijos y simulando que los ayudamos a convertirse en seres humanos más morales y éticos, cuando, en realidad, solo los obligamos a desarrollarse como lo que nosotros queremos que sean.

Cuando mi hija, Maia, tenía aproximadamente catorce años, decidió dejar de tomar clases de piano después de siete años. Literalmente, las dejó de la noche a la mañana. Una semana estaba tocando el piano y la siguiente, ya no. Sé que parece un ejemplo similar al que he dado previamente sobre sus clases de equitación. En algún punto, es similar, pero estoy ejemplificando una diferencia sutil, así que continúa la lectura. La razón por la que muchos de mis ejemplos son de niños dejando actividades u oponiéndose a los deseos de sus padres es porque estas decisiones son las que parecen desafiarnos cuando, en realidad, son actos de autonomía por su parte. Mi ego quería despotricar en contra de ella y decir que su comportamiento era «malo», «irresponsable» e «insensible» con respecto a su maestra de piano. Quería gritarle, chillar, persuadirla y hacer todo lo posible para convencerla de continuar. ¿Por qué? De niña yo amaba tocar el piano y siempre quise que mi hija fuera una buena pianista, mejor que yo. Cuando Maia decidió dejar de tocar, me partió el corazón o, mejor dicho, el ego. Me tomé su decisión como algo personal y me entristeció literalmente. Mi ego intentaba convencerme de que una «buena» madre no le permitiría a su hija estar al mando en situaciones tan importantes y dejar algo cuando lo desease. Una «buena» madre tendría el control de la situación y demandaría a su hija que cumpliera con sus responsabilidades de ser una «buena» estudiante de piano. Estoy muy agradecida de haber tenido suficiente práctica en la crianza consciente para entonces como para poder ignorar las manipulaciones de mi ego.

La razón por la que pude resistirme a las maquinaciones de mi ego fue porque sabía que había algo en juego que era más importante que mi ego. Era la habilidad de Maia de escuchar y encarnar su propia verdad sobre su relación con el piano. Si bien su claridad se confrontaba con mi ego, me di cuenta de que era mucho más importante para su desarrollo que ella honrara su verdad en este tema. Si la hubiese criado dentro del paradigma tradicional, habría desatado mis críticas, etiquetando su decisión como «terrible» e «irresponsable». Indudablemente, le habría dicho que era «mala» y la hubiese hecho sentirse culpable. Pero no lo hice. Sabía que la única razón por la que quería considerar esta decisión como «mala» era porque me hacía sentir que mi identidad egoica como madre era «mala».

Pongo las palabras «buena» y «mala» entre comillas para mostrar que, en definitiva, están vacías de valor intrínseco y suelen usarse para conferir un estándar o valor al «otro» que proviene del condicionamiento de quien usa esas palabras. Están diseñadas para dar crédito y poder a la persona que las pronuncia. Sin embargo, por sí mismas las palabras están carentes de poder o significado, ya que existen en un contexto que suele estar condicionado por las percepciones del usuario.

Gracias a la crianza consciente, yo sabía que era lo contrario. El hecho de que Maia pudiera escuchar sus sentimientos profundos sobre el piano y se sintiera empoderada para expresar esos sentimientos con claridad fue beneficioso para su desarrollo. Ser capaz de escuchar tus deseos internos y manifestarlos en tu vida es definitivamente el eje para vivir una vida auténtica y empoderada.

Este es el mensaje más profundo que quiero dejarte: no necesitamos juzgar a nuestros hijos por ningún motivo, ni bueno ni malo. Son exactamente iguales, todo el tiempo: son humanos. Claro, a veces, sus elecciones pueden beneficiar o perjudicar su vida, pero nada más. Como padres, necesitamos preguntarnos: «¿Esta elección les permite a mis hijos sentirse libres o atrapados?». Si es la primera opción, la elección es beneficiosa para su vida; si es la última, tal vez, puede ser perjudicial de alguna manera.

En el caso de Maia, debido a que se sintió liberada después de tomar esta decisión, fue claramente un beneficio para su vida, y por esta razón debía ser respaldada y celebrada. Tenía que ver con cómo se sentía ella, no yo. Era ella quien debía lidiar con las consecuencias de su decisión, no yo. Si podía aceptar esas consecuencias y tenía la edad y la madurez suficiente para comprender lo que podría implicar, ¿quién era yo para evitar que tomara su decisión? La decisión de Maia de dejar las clases de piano fue difícil para mi ego, pero buena para su alma, porque le permitía honrar su propia verdad. Al fin y al cabo, eso es lo que importa: ¿Qué es bueno para el alma de nuestros hijos?

Ahora, ¿qué habría sucedido si Maia hubiese sido más pequeña? ¿Me habría sentido de la misma manera? En parte, sí. ¿Sabes por qué? Incluso los niños pequeños tienen la habilidad de escuchar y personificar su verdad. Solo son más impulsivos. Dado que los niños pequeños suelen tomar decisiones más precipitadas, una buena estrategia es decirles: «Soy consciente de que quieres dejar de tocar el piano. Quiero que hagas lo que es mejor para ti, pero decidámoslo en tres meses, porque ya nos hemos comprometido con el maestro. Si en tres meses te sientes de la misma manera, podemos hablar al respecto». De esta forma, podemos honrar sus deseos mientras evaluamos la situación de una manera más profunda con el paso del tiempo. Este es un ejemplo de cómo acompañar a tu hijo en lugar de guiarlo con el ego.

¿Esto significa que debemos permitir que los niños de cuatro años controlen el hogar? Claro que no. Pero significa que participamos consciente y activamente en el diálogo en torno a sus deseos intrínsecos y negociamos las decisiones teniéndolos en consideración. Abrimos la comunicación para permitirles escuchar su propio conocimiento y negociamos opciones con esto en mente. Esto lleva a que nuestros hijos se sientan comprendidos y honrados por su propia voluntad, voz y liderazgo.

La mayoría de nuestras etiquetas sobre las otras personas de nuestra vida, incluidos nuestros hijos, provienen del condicionamiento que tenemos y de cómo su comportamiento coincide con él. Cuanto mayor sea la discordancia entre su comportamiento y nuestro condicionamiento, peores serán los etiquetas. Debido a que no reconocemos que nuestro condicionamiento está en juego, ponemos la presión de las etiquetas completamente sobre nuestros hijos. Si los etiquetamos como «buenos», sienten la responsabilidad de cargar con nuestra felicidad, y sienten miedo de que los etiquetemos como «malos» si no continúan haciéndonos sentir orgullosos. Sin querer, hacemos que sientan que son intrínsecamente «malos» si se comportan de una manera distinta a las opciones que les ofrecemos. Estos niños basarán sus elecciones de vida en cómo hacen sentir a los demás y no en su propio barómetro interior... Y sentirán vergüenza y miedo a desilusionar a los demás. ¡Cuánta presión sobre nuestros hijos!

Lo que necesitamos decirles a nuestros hijos, adaptado a su nivel de madurez, es: «Esta es tu decisión. Si te hace sentir bien y puedes afrontar las consecuencias, entonces tienes mi apoyo. Si te hace sentir mal, puedo ayudarte a tomar otra decisión». Si el hijo es pequeño, el padre o madre puede decir: «Veo que no te gusta tocar el piano ahora. Te acompañaré a tu próxima clase y podemos ver cómo te sientes en ese momento. Si sigue sin gustarte, podemos pensar juntos una solución. Vamos a intentarlo unas cuantas veces y veamos cómo te sientes. Te escucharé y te ayudaré a decidir el próximo paso». En los dos escenarios, los niños sienten que están acompañados, que respetamos sus sentimientos y que confían en que sus padres los tendrán en cuenta con respeto y seriedad. Estos niños se sienten conectados y empoderados para escuchar su voz interna en lugar de avergonzarse por sentirse de alguna manera en particular. ¿Ves cómo podemos evitar por completo juzgarlos y así permitirles tomar sus decisiones sobre su relación con ellos mismos? Esto es lo que nos enseña a hacer la crianza consciente.

Puede que te preguntes: «¿Y qué pasa si nuestros hijos se drogan o cometen un acto ilegal? ¿No es eso malo?». La respuesta comienza con una pregunta fundamental. ¿Estamos etiquetando el comportamiento desde una reacción egoica o porque el comportamiento es verdaderamente perjudicial para el alma de nuestros hijos? Sin una comprensión consciente de esta diferencia fundamental, no podemos responder esta pregunta sin sabiduría. Si nuestros hijos consumen drogas o cometen algún acto ilícito, podemos estar muy seguros de que eso los lastimará. No podemos estar cien por cien seguros, porque, en algunos casos, un individuo se vuelve más fuerte y resiliente luego de tomar esas decisiones de vida. Por ejemplo, conozco un adolescente que se alcoholizó por completo en una fiesta, lo que después lo llevó a tener un rechazo hacia el alcohol, porque vivió en primera persona los efectos. Luego, se convirtió en una especie de mentor aficionado para sus amigos que estaban luchando contra la adicción. Este es un ejemplo de cómo una «mala» decisión puede acabar convirtiéndose en una «buena» decisión.

El hecho es que no podemos etiquetar algo o a alguien como «malo» sin comprender el contexto ni brindar las herramientas de cambio. Inevitablemente, estas herramientas implican nuestra comprensión, empatía y compasión, y sin ellas podemos crear desconexión y miedo. Este tema se comentará en detalle a medida que avancemos en el libro.

En conclusión, las críticas y las etiquetas crean separación entre nosotros y los demás, especialmente con nuestros hijos. Por esta razón, debemos ser extremadamente cautelosos antes de lanzar estas críticas. Nuestros hijos se merecen el espacio para crecer y desarrollarse sin el peso de nuestras etiquetas y necesitan que les brindemos la libertad de cometer errores, con la confianza de que los consideramos infinita e inconmensurablemente valiosos en todo momento. Aunque, a veces, no estemos de acuerdo con sus decisiones o comportamientos, necesitamos transmitir a nuestros hijos que no juzgamos quiénes son ellos en esencia. Nuestra conexión con su esencia nunca puede vacilar, sin importar lo que suceda en la superficie.

Cuando nuestros hijos sienten este nivel de confianza por nuestra parte, pueden recordar su valor todo el tiempo. Esto es cierto incluso cuando atravesamos momentos de confusión o conflicto. Ver el valor infinito de nuestros hijos es un punto de inflexión para ellos. Les permite recordar que su sentido de valía es constante, a pesar de los cambios de la vida en la superficie. ¿No es este un regalo que les quieres dejar a tus hijos? Bueno, para eso necesitarás poner en práctica la eliminación de tus críticas y etiquetas. ¿Crees ya puedes hacerlo? Practiquemos.

MANOS A LA OBRA

La vida es esencialmente neutral. No es «buena» ni «mala». Simplemente es algo que se produce mediante infinitas causas y efectos. Un tigre que se come un ciervo no se considera «bueno» o «malo», simplemente es la naturaleza. De la misma manera sucede en la vida; todo es el resultado natural de una interminable cadena de causas y efectos. Escoger algo de esta cadena para etiquetarlo como «bueno» o «malo» es sencillamente insensato.

Vamos a practicar la neutralidad. Pero lo primero que hay que hacer es admitir que los humanos somos críticos empedernidos. Juzgamos el clima, el tráfico, los rostros, los cuerpos, la ropa, los zapatos, los hogares… la lista es infinita. Poco nos damos cuenta de que nuestras críticas son proyecciones de nuestro condicionamiento, punto. No reflejan la realidad en su pureza. Las críticas son siempre subjetivas.

Una de las mejores prácticas de este paso para nuestro trabajo es realizar una desintoxicación de etiquetas y críticas durante una semana. Nos ayuda a estar alerta y consciente de las veces que etiquetamos y criticamos cuando hablamos o pensamos. Aunque ambas cosas son difíciles de hacer, atraparte teniendo pensamientos críticos es obviamente más desafiante. Déjame advertirte que, si piensas que no eres una persona que juzga, este ejercicio te sorprenderá. Cuando hice mi primera desintoxicación de críticas, me di cuenta de lo criticona que era. Casi no podía pasar una hora sin pensar o hablar a través del filtro de la crítica. Parecía que mi patrón básico mental era categorizar constantemente las cosas en «buenas» o «malas». Fue fascinante y un poco incómodo ver lo crítica que era. Otro hecho que descubrí gracias a este ejercicio: lo crítica que era conmigo misma. Incluso me criticaba por ser crítica.

El punto de este ejercicio no es despotricar contra nosotros mismos y avergonzarnos con más críticas. El punto es simplemente tomar consciencia. Ser consciente siempre es el primer paso de la transformación. Sin consciencia en nuestros pensamientos y creencias, estaremos en el limbo para siempre. Por eso, en esta sección nos enfocamos mucho en nuestra claridad. Solo cuando seamos claros sobre nuestros patrones internos de pensamiento podremos comenzar a tomar decisiones más conscientes. Hasta ese momento, seremos robots que disparan en la oscuridad, esperando que cada flecha llegue a un lugar positivo, pero sin tener nunca un verdadero sentido de dirección de nuestros esfuerzos.

Toma tu diario e intenta apuntar todas las críticas que haces en la próxima hora o el próximo día. Al final del día, lee tus notas con consciencia y compasión. Intenta no juzgar lo que has escrito ni juzgarte a ti. Simplemente lee como un observador imperturbable. Si sigues atento a tus críticas, comenzarás a dejarlas de lado más rápidamente. Te volverás cada vez más consciente cuando aparezcan en tu patrón mental y podrás eliminarlas cada vez más rápidamente.

Este es un ejemplo de una lista de críticas:

Es muy irrespetuosa y desconsiderada por hacerme esperar en la puerta de la escuela.
Es perezoso y nunca me ayuda a lavar los platos.
Me miente y no le importan mis sentimientos.

Cuando leemos nuestra lista por la noche, tenemos la oportunidad de reflexionar y tomar consciencia de nuestros prejuicios y condicionamientos. ¿Estas personas son realmente de la manera en que creo? ¿Son realmente de la manera en que los juzgo o sucede algo dentro de ellos o conmigo que contribuye a su comportamiento? Este simple giro hacia nuestro interior nos permite conectarnos con las experiencias de otras personas como seres humanos, en lugar de verlos simplemente como actores de nuestra propia película.

La verdad es que jamás podremos llegar a una zona de cero críticas. Lo máximo que podemos pedirnos es ser conscientes de nuestro propio condicionamiento para no proyectar nuestras críticas en otras personas, especialmente en nuestros hijos. Al hacernos cargo de nuestras críticas, comenzamos a separarnos de nuestras proyecciones en nuestros hijos, permitiéndoles solucionar sus problemas y errores sin el peso adicional de intentar complacernos. Tener una actitud de neutralidad con nuestros hijos les da un sentido de espacio y libertad para experimentar diferentes decisiones de vida sin miedo a las etiquetas parentales. Solo podemos tener este enfoque neutro cuando hemos cultivado la compasión y la paciencia con nosotros mismos. La voz crítica que usamos con los demás es, en realidad, un reflejo directo de la voz crítica con la que nos hablamos. Cuando nos damos cuenta de esta relación, todo cambia.

Por lo tanto, querido padre o madre, te desafío a verte con una mirada neutral. En lugar de avergonzarte y culparte por esto o aquello, intenta inclinarte por un espacio nuevo en el que te tranquilices con estas palabras:

Soy un ser humano falible e imperfecto. No es un déficit, sino simplemente una realidad del ser humano. Cuando caigo y fallo, no soy «malo», solo soy un humano natural. Lo mismo sucede con mis hijos. En lugar de etiquetarlos de una manera u otra, me comprometo a observarlos en su realidad tal cual es, sin emitir un juicio. Cuando les doy el regalo de la observación sin crítica, les demuestro confianza en su habilidad de corregirse a ellos mismos y manifestar su propio conocimiento. Este es un regalo de gran valor para mí y para mis hijos.

Sin lugar a dudas, las personas con las que sientes mayor comodidad son aquellas con las que sientes la confianza de ser tú mismo, aquellas que no te juzgan ni te etiquetan. Lo mismo sucede con nuestros hijos. Entonces, la pregunta que debes hacerte es: ¿Quiero ser un puerto seguro para mis hijos, en el que pueden ser ellos mismos, o quiero ser alguien a quien teman? Tu respuesta determina tu voluntad de cambiar la crítica por la compasión. Estoy segura de que te dirigirás hacia la neutralidad y la consciencia.

Has terminado la primera etapa del mapa de la crianza consciente. ¿Cómo te sientes?

Si te has agobiado, entonces es momento de darte un descanso de unos días antes de avanzar. Durante estos días, puedes usar las nuevas gafas de la consciencia que has estado desarrollando. Intenta observarte con tus hijos, anota lo que sucede. Estas reflexiones son vitales para permitir que los conceptos de los que hemos hablado se filtren en tu ser y se vuelvan intuitivos.

La crianza consciente propone una manera de ser que es contraintuitiva y claramente contracultural. Se opone a lo que la cultura nos ha inculcado durante generaciones. Por esta razón, puedes sentir que el proceso es solitario, extraño y alienante al comienzo, y es posible que te encuentres protestando o resistiéndote. Es natural. Ten paciencia. Date tiempo y espacio para que estas nuevas maneras de ser se propaguen dentro de ti. Si emerge la culpa, también es natural. Comprende que esa culpa es una manera de quedarnos en el autodesprecio y el dolor. Nótalo, escribe sobre el tema y déjalo ir.

Tal vez no sientas agobio y quieras avanzar. En ese caso, te sugiero que te tomes un momento para escribir tus lecciones aprendidas y los momentos de revelación más importantes hasta ahora. Permítete reflexionar y asimilarlo todo. Cuando lo hayas hecho, podemos continuar.

Estamos a punto de profundizar en quién eres y cómo has llegado al lugar en el que estás. La próxima etapa te lleva a tu niñez y cómo ha influenciado profundamente tu manera de criar. Aunque es una etapa desafiante, también es el corazón del libro, ya que, cuando veas cómo llegaste a ser quien eres, te liberarás para tomar nuevas decisiones y cambiar tu relación con tus hijos de una manera totalmente transformadora.

ETAPA DOS

De los patrones disfuncionales a la elección consciente

Estoy cansado de dar tumbos contigo, hijo mío.
Me duele no poder llegar a tu corazón
y seguir fallando el tiro.
No sé qué estoy haciendo mal.
Solo quiero hacerlo bien,
pero algo se interpone en mi camino
y está creando un abismo tan ancho entre nosotros,
tan doloroso y profundo, que nos lastima a ambos.
Mi mayor deseo es eliminar nuestra separación
y crear un vínculo tan profundo
que nos quite el aliento.

A Dave, uno de mis pacientes, le resultó particularmente difícil ver el patrón disfuncional en el que estaba atrapado con su hijo, Scott, de diecisiete años, que era el jugador de béisbol estrella de su instituto. Como director ejecutivo de cuarenta y siete años en una compañía de tecnología, Dave era extremadamente exitoso y competente. Una de sus actividades favoritas era jugar al béisbol, y siempre fue voluntario en los partidos de su hijo cuando este era un niño. Cuando el entrenador de Scott enfermó y el equipo necesitó un sustituto temporal, Dave fue el único que se ofreció con alegría a hacerlo. Entonces fue cuando las cosas empezaron a empeorar.

Después de que Dave comenzara a ser el entrenador, todo explotó entre padre e hijo. Peleaban y se evitaban a diario. La cosa llegó a tal extremo que Scott amenazó con dejar de jugar al béisbol si su padre no renunciaba como entrenador. Dave sentía que Scott se comportaba como un mocoso, ya que todos los jugadores disfrutaban de aprender con su nuevo entrenador. Scott sentía que Dave daba órdenes a todo el mundo —especialmente a él— y se sentía avergonzado. Se sentía humillado por su padre.

Cuando vinieron a mi oficina, la tensión se podía cortar con un cuchillo. Padre e hijo no podrían haber estado más emocionalmente distantes. Animé a Scott a compartir sus sentimientos. Dijo esto: «Mi padre no entiende lo dominante que es. Cree que es el mejor y que lo sabe todo. Me ladra órdenes y me hace sentir muy mal por los errores que cometo. Me encantaba jugar al béisbol, pero ahora lo odio con todas mis fuerzas. Se ha convertido en un campamento militar donde él es el dictador. También era así cuando era un niño y me ayudaba con la escuela. ¡Odiaba que fuera tan condescendiente y grosero!».

Scott apenas había terminado de hablar cuando Dave lo interrumpió: «¡No es verdad! ¡Por supuesto que no! Cuéntale a la Dra. Shefali tu gran error del otro día. En la cancha no soy tu padre, soy tu entrenador. Es mi trabajo señalarte tus errores. Te presto mucha atención porque me importas. ¡A nadie más le hubiera importado eso!». Me tomó por sorpresa la reactividad emocional de Dave. Podía ver por qué a Scott le estaba resultando difícil comunicarse con su padre. Dave continuó despotricando: «Lo hago porque te amo. Por eso dedico tiempo a ser el entrenador de tu equipo. Si no fuera por ti, hijo, ¡no me molestaría!».

Podía ver que a Dave le resultaba difícil esta situación. Por un lado, amaba a su hijo y sacrificaba su tiempo por amor. Sin embargo, como hacen muchos padres, Dave no podía ver que su estrategia fallaba. Sus intenciones eran correctas, pero su método era completamente erróneo. En lugar de recibir la implicación de su padre como amor y apoyo, Scott la percibía como maltrato. Los cables no podrían estar más cruzados.

Estoy segura de que has sentido frustración alguna vez cuando, sin importar lo buenas que fueran tus intenciones, tus hijos interpretaron tus acciones como si vinieran del mismísimo diablo. Es completamente desquiciante, ¿verdad? La razón por la que sucede esta desconexión es que, sin nuestro saber consciente, estamos funcionando mediante algún tipo de control egoico y nuestros hijos se oponen a él. Se sienten manipulados y se defienden de algún modo u otro.

Los padres suelen pensar: «Pero estoy haciendo X o Y por el bien de mis hijos. No se dan cuenta de que sus decisiones del presente afectarán su vida en el futuro, pero yo sí. Necesito hacérselo saber». O como pensaba Dave: «Debo ayudar a mi hijo a convertirse en un mejor jugador y haré todo lo posible para que lo logre». Cuando, como padres, albergamos la intención de «entrenar» a nuestros hijos para que sean «mejores» de lo que son en el presente, no nos damos cuenta de lo degradante y debilitante que esto puede resultar para ellos. Fallamos en darnos cuenta de que nuestro deseo de «mejorarlos» para el futuro suele provenir de nuestros miedos y sentido de escasez en el presente. En nuestro deseo de mejorar las cosas en un futuro que tal vez nunca llegue, terminamos empeorando la situación —mucho más— en el presente.

Llamé a Dave para una sesión individual a la semana siguiente. Intenté explicarle el punto de vista de Scott, pero Dave no lo aceptaba: «Scott es un protestón y un gritón. Siempre encuentra algo negativo. Estoy harto de consentir sus protestas. Será mejor que mejore su predisposición o lo expulsarán del equipo por su mala actitud. Lo único que intento hacer es ayudarlo, ¡y se comporta como un mocoso!». Dave estaba furioso y no podía siquiera comenzar a darse cuenta de que estaba equivocado, y mucho menos de que estaba dañando gravemente el sentido de autoestima de su hijo.

Dave estaba rodeado de una espesa niebla parental. Había perdido el hilo de su misión como padre. En lugar de acompañar a su hijo como un guía benévolo, Dave se había puesto en el lugar del protagonista. No es raro que algo eclipse por completo la compasión y el corazón de los padres. Es como si se hubiese apoderado de nosotros una fuerza extraterrestre tan poderosa y seductora que no tenemos control sobre ella. ¿Sabes qué es? Es todo nuestro bagaje de la infancia. Explicaré más al respecto a medida que avancemos.

Le contesté a Dave: «Tu hijo se siente desplazado y controlado por ti. ¿No te incorporaste al equipo para ofrecer tu apoyo? ¿No te das cuenta de que tu método tiene como resultado lo opuesto y crea una gran desconexión entre tú y tu hijo?».

No pude siquiera continuar antes de que Dave interrumpiera. «¡Cómo puedes decir algo así! Estoy brindando mi apoyo. Scott es simplemente un desagradecido y se cree con derecho a todo. Hubiese dado mi brazo izquierdo para que mi padre me hubiese demostrado una décima parte del apoyo que le doy. ¡Hubiera dado mi vida por tener un padre que se preocupara como lo hago yo! ¡Hago tanto por Scott!».

¡Ahí estaba! La herida de la infancia.

Dave creía que estaba siendo un padre cariñoso por darle a su hijo lo que él nunca había recibido de su padre. Dave estaba proyectando sus propias heridas del pasado en Scott y creando su imagen de lo que él creía que debería ser un padre. El comportamiento de Dave estaba enraizado en su propio dolor del pasado y no tenía nada que ver con lo que Scott quería o necesitaba. Dave estaba cumpliendo sus expectativas y descuidando las de su hijo en el proceso.

Tuve que encontrar una manera amable de hacer que Dave se mirara al espejo. «Estás intentando reparar tu pasado, Dave. Esto es lo que deseabas de tu padre. Como nunca lo recibiste, ahora intentas asegurarte que Scott no se sienta de la misma manera que tú. Pero tu hijo no se siente de esta manera. Estás proyectando tus necesidades en él. Tu propia necesidad de solucionar tus problemas del pasado es lo que te mueve. Así, estás arruinando la relación con tu hijo».

Durante semanas, Dave tuvo dificultades con esta nueva percepción. No podía ver cómo estaba intentando controlar a su hijo. Todo lo que veía Dave era una «buena» intención. Después de muchas exploraciones de su pasado, Dave comenzó a mencionar su dolor de la infancia. Reveló que había crecido con un padre irresponsable que jamás le prestaba atención. Como resultado, Dave creció sediento por la validación de su padre. Trabajó duro en la escuela y en la cancha, por lo que se convirtió en el estudiante y el atleta estrella. Ni estos logros hicieron que su padre fuera a alguno de los partidos de Dave. Éxito tras éxito, Dave soñaba con que su padre pudiera ver finalmente su valor.

Eso nunca sucedió. Hasta el día de hoy, tienen una relación tensa. Finalmente, Dave admitió: «Ni siquiera me había dado cuenta de que sentía tanto dolor con respecto a mi padre y mi niñez. Pensé que estaba bien. No pude darme cuenta de lo mal que había estado actuando hasta que mencionaste todo esto. No puedo creer cómo he tratado a mi hijo. Esto era exactamente lo que estaba tratando de evitar».

Dave comenzó a ver que su propia falta de autoestima controlaba su deseo de entrenar a su hijo. Quería darle a su hijo lo que él nunca había tenido y ser el «buen» padre que él había deseado tener. Cuando no recibió la validación de su hijo, comenzó a sentir su dolor interno. En cuanto se sintió «menos», su ego rugió como un tigre y reaccionó. Al igual que en su infancia, Dave intentó ser el mejor. En este caso, intentó ser el mejor entrenador a toda costa, incluso a expensas del bienestar de su hijo. Pronto, Dave comenzó a actuar como un niño fuera de control. Solo después de explorar sus patrones pudo comenzar a tomar consciencia del dolor de su niñez. Finalmente, pudo ver sus propias proyecciones sobre su hijo y cómo estaban creando una grave disfunción en su relación.

Cuando le mostré a Dave sus patrones, fue capaz de observar cuándo surgían en la relación con su hijo. Al lograrlo, pudo cortarlos y la relación con su hijo mejoró inmediatamente. Al cabo de un año, había cambiado sus patrones definitivamente y había alcanzado otro nivel de consciencia como padre. Cada vez que Dave daba un pequeño paso, Scott respondía tan dispuesto como una flor al sol. Esta es la belleza de nuestros hijos. No quieren estar aislados, pero se aíslan cuando se sienten seguros.

La resistencia inicial de Dave no es poco común. La mayoría de nosotros vivimos en piloto automático, avanzando en la vida de forma robótica, emocionalmente reactivos e impulsivos. Creemos que estamos reaccionando conscientemente al presente cuando, en realidad, reaccionamos a los momentos de nuestra infancia. Sin embargo, podemos alejarnos de la crianza inconsciente y conectar con nuestros hijos de una manera más armónica cuando podemos detenernos en medio de una reacción y preguntarnos: «¿De dónde proviene este sentimiento? ¿Es de mi pasado o del presente?».

Al igual que Dave era inconsciente del impacto que su emocionalidad desenfrenada tenía en su hijo, la mayoría de los padres no pueden darse cuenta de que su pasado impacta en sus hijos. Hasta que no tomemos consciencia de los patrones de nuestra infancia, no podremos criar a nuestros hijos conscientemente. Nosotros no estaremos tomando nuestras decisiones; nuestro pasado lo hará por nosotros. En esta etapa del mapa de la crianza, tomarás consciencia sobre cuántos comportamientos y reacciones del presente provienen del pasado en lugar del presente. A medida que esta consciencia se desarrolla en tu interior, podrás tomar decisiones nuevas, claras y conscientes basadas en el momento presente y no en el pasado.

Hay muchas oportunidades para tener revelaciones durante esta etapa. Descubrirás tus patrones y diagnosticarás tu estilo de crianza cuando estalles emocionalmente. ¿Te gusta gritar? ¿Negociar? ¿Complacer? ¿No te gustaría descubrirlo? Solo cuando tomes consciencia de tus patrones típicos comenzarás a liberarte de ellos. De una manera concreta y simple, aprenderás a liberarte de los ciclos disfuncionales, al igual que Dave. Completa los siguientes pasos con curiosidad y alegría. El fin no es sentir culpa o vergüenza, sino despertar tu interés e inspirarte a reconocer tus patrones y comenzar a cambiarlos.

Paso siete:

Descubre tus dos yoes

¿Cómo pretendo conectar contigo, hijo mío,
cuando estoy tan desconectado de mí mismo?
Casi no me conozco.
Casi no comprendo mi propia esencia.
Solo cuando pueda recuperar mi autenticidad,
podré desear honrar la tuya.
Solo cuando se curen mis heridas internas
podré conectar totalmente contigo
y podrás elevarte como debes.
Todo comienza con la redención de mi alma.

Nos guste o no vernos como seres psicológicos, la verdad es que nuestra psicología nos moldea profundamente. Y la única etapa fundamental que moldea nuestra psicología más que cualquier otra es la infancia. Aunque la psicología me resulte fascinante, soy consciente de que no es así para muchos. Por esta razón, haré que esta sección, que está profundamente relacionada con esta ciencia, sea lo más interesante y accesible posible. Recuerda, el objetivo de este libro es que te comprendas mejor con el fin de que puedas tomar más decisiones conscientes en la relación con tus hijos. Para lograrlo, es clave que tengas un poco de consciencia de tu psicología. Comencemos por el principio.

La infancia es el factor de cambio definitivo. No solo es el plan de acción para todas nuestras futuras relaciones, sino que es el momento en el que lo aprendemos todo sobre nosotros y cómo somos en el mundo. En la infancia, comienza a suceder algo muy importante que muchos de nosotros no entendemos del todo. Comenzamos a estar condicionados. Nuestros padres y nuestra cultura nos empiezan a lavar el cerebro, sin nuestra comprensión consciente ni nuestro consentimiento. Déjame explicarte más.

Cuando nacemos, no estamos «condicionados» psicológicamente: estamos «vacíos» de reglas, valores, creencias y tradiciones parentales y culturales. Somos la manifestación más pura de nuestra esencia psicológica. Simplemente, estamos presentes en este momento, y luego en el siguiente y en el otro. Nos mostramos como somos, la expresión más hermosa del alma humana. Esta es la razón por la que los niños suelen considerarse «puros».

Por supuesto, no somos pizarras completamente en blanco. Cada uno de nosotros tiene su sabor único. Tenemos una base genética y un temperamento emocional que es indiscutible. Algunos nacemos tranquilos y serenos; otros, exaltados y gritando. A menudo, a los padres les gusta decir cosas como: «Ah, ¡eres así desde el primer día!». Lo que quieren decir es que nuestro temperamento singular aparece desde el comienzo, y suele dejar huella en nuestra existencia diaria.

A pesar de la particularidad de nuestra genética y temperamento, como niños humanos, todos tenemos el mismo deseo emocional intrínseco.

¿Sabes cuál es? Es el deseo de ser reconocidos y validados por quienes somos. Ser honrados por ser «nosotros mismos» es el mayor deseo de los seres humanos. Sin embargo, no es nuestro destino. Cuando nos encontramos con los adultos de nuestra vida, nos afectaron sus maneras de ser. Nos vimos obligados a pensar, sentir y actuar de maneras que coincidieran con sus realidades. No pudimos desarrollarnos a nuestra manera.

Para que cada uno de nosotros hubiera sido celebrado por su identidad auténtica, nuestros padres hubiesen tenido que adaptarse a nosotros. Desgraciadamente, la mayoría de los padres no fueron lo suficientemente conscientes para adaptarse de manera constante. En lugar de dejar florecer nuestra identidad auténtica, nos criaron para que desarrolláramos otra identidad, condicionada por sus fantasías y sus expectativas. Este es el *statu quo* actual. Los padres proyectan sus deseos, expectativas y fantasías en sus hijos desde el primer momento. Lo hacemos inconscientemente, y se ha convertido en un aspecto fundamental del rol parental. Piensa en las conversaciones que tenemos con nuestros hijos y cómo fabulamos sobre su futuro. Creemos que debemos moldear su futuro, y el primer paso es determinar quiénes serán en el mundo. Por supuesto, el problema es que probablemente haya una diferencia entre quiénes queremos que sean y quiénes son. De esta manera, las condiciones que posibilitan la desconexión con nuestros hijos comienzan a establecerse a tempranísima edad. Estas condiciones no suelen estar relacionadas con la naturaleza intrínseca de nuestros hijos, sino con nuestros deseos, esperanzas y proyecciones.

Incluso antes de que salir del vientre de tu madre, casi todo está predeterminado para ti: tus tradiciones familiares, tu religión, tus valores y ¡cómo ser de tu género! Ahora, tal vez digas: «Claro que mis padres hicieron eso... ¡No tuvieron otra opción! Eso es lo que hacen los padres». Lo refuto con esta respuesta: siempre podemos elegir cómo criar a nuestros hijos. Podemos mantener la forma en la que nos criaron o podemos elegir una nueva forma de hacerlo que se libere del pasado y se atreva a adaptarse al momento presente. Un padre que elige la última opción podría decir: «Elijo criar a mi hijo sin imposiciones culturales ni creencias ciegas. Elijo primero conectar conscientemente con mi hijo, para comprender su temperamento, antes de planificar en detalle cada área de su vida». Salvo algunos aspectos prácticos básicos, como ponerles un nombre a sus hijos, los padres conscientes conocen las prescripciones subconscientes que suscriben y utilizan para controlar a sus hijos.

Nuestros padres no solo nos adoctrinaron con largas listas de instrucciones sobre cómo vivir nuestras vidas, incluyendo a quién adorar y, cuando llegase el momento, con quién casarnos, sino que también determinaron las consecuencias de que no siguiéramos esas instrucciones. Desafiar el dogma paternal era impensable, incluso blasfemo. Su amor iba acompañado de condiciones claras: haz mi voluntad o acepta mi rechazo. Nuestros padres no necesitaban explicar esas condiciones. Simplemente las sentimos. Aprendimos a hacer todo lo que estaba a nuestro alcance para evitar la dolorosa consecuencia de perder el amor de nuestros padres.

No se puede culpar a nadie de este proceso. También nuestros padres fueron víctimas de un destino similar. Sufrieron la misma abducción de su verdadera identidad en la infancia. Así gira la rueda de la inconsciencia a medida que se establecen patrones generacionales. Cada una de las generaciones anteriores sella el destino para la siguiente. Una y otra vez, el dolor de los patrones y las heridas emocionales que no han sanado se mueven como olas en el océano de la humanidad, arrastrando a muchos con sus corrientes y contracorrientes letales. Ten la seguridad de que ahora estás en el buen camino para terminar este ciclo.

Los niños saben intuitivamente que es mejor seguir el programa de sus padres o, de lo contrario, sufrirán las consecuencias. Saben que es mucho más importante ser lo que quieren sus padres que aventurarse e intentar ser ellos mismos. Si quieren recibir la aprobación de sus padres, deben ser «buenos». Y saben que ser «buenos» significa reprimir su identidad. Implícitamente, los niños saben que están envueltos en un programa de trueque e intercambio en el que recibir amor es igual a renunciar a su propia identidad. Con los años, se construyen estas expectativas. Lo que alguna vez fue la luz de la identidad de los niños brilla cada vez menos.

Este proceso nos sucede a todos de algún modo. En lugar de recibir la libertad para desarrollar nuestra identidad auténtica, nos obligaron

—a través del programa implícito— a abandonar las manifestaciones auténticas de nuestro ser. A medida que este yo interior se fue silenciando, nos convertimos poco a poco en una copia de las costumbres de nuestros padres. Enmascaramos nuestro verdadero yo y finalmente lo enterramos, con la esperanza de que nuestras nuevas personalidades nos proporcionaran una sensación de valor y significado.

Piensa en esta seria realidad: en lugar de sentirnos valiosos y empoderados como realmente somos, nos hacen sentir como extraterrestres en nuestra propia vida. Nos otorgan la ciudadanía solo si personificamos las costumbres y tradiciones de la cultura dominante, en este caso, la de nuestros padres. Si nos negamos, nos deportan. Entonces, en lugar de experimentar esto, enterramos nuestra alma en las profundidades para que no se vea a simple vista.

En lugar de que celebrasen nuestra verdadera identidad, cada uno de nosotros se quedó con un reemplazo inseguro y necesitado: un pseudo yo hambriento de valor, aprobación y validación de nuestros padres. A esta parte hambrienta a menudo se la conoce como el niño interior. Este es el primer yo al que hago referencia en este capítulo.

Aquí hay un hecho profundo para reflexionar:

Se supone que no debemos tener un niño interior lleno de miedos y «agujeros» internos, por decirlo de alguna manera. Se supone que debemos sentirnos llenos, completos y valiosos. Nos sentiríamos de esta manera si hubiesen celebrado nuestra identidad auténtica y nos hubiesen criado unos padres que celebraran sus propias identidades auténticas. Desarrollamos este niño interior miedoso porque nos criaron padres inconscientes en una cultura inconsciente.

¡Imagínate! Todas nuestras inseguridades y falta de mérito actuales no deberían existir. Por desgracia, en lugar de ser celebrados por nuestra identidad y aceptados exactamente como somos, hemos sido invalidados y partidos en pedazos, y ahora tenemos muchos agujeros. Nuestros agujeros crecieron cada vez más, dependiendo de cuán insatisfechas estuvieran nuestras necesidades internas. Esos agujeros crearon nuestro niño interno, plagado de falta de valía y miedos: nuestro primer yo.

Monica, durante su sesión terapéutica conmigo, recordó cómo su niña interior debió haberse desarrollado hacía tiempo, en la infancia. «Solía ser una niña muy sociable y extrovertida. Recuerdo querer jugar con mis hermanos y mis vecinos todo el tiempo. Estaba llena de alegría de vivir. Era una niña un poco regordeta. Me di cuenta de ello porque mi mamá siempre me decía que hiciera ejercicio o comiera menos pastel. Odiaba hacer ejercicio, ¡y amaba el pastel! Debía tener alrededor de seis años cuando mi vida comenzó a cambiar. Acababa de empezar el preescolar. Mi mamá comenzó a tratarme diferente. Comenzó a restringirme las calorías y me llevó a la nutricionista. No lo hacía de una manera sutil o encubierta. ¡No! Por el contrario, se lo contó a todo el mundo, repitiendo todo el día: "¡Monica tiene un problema de peso!". Incluso me dijo que, si no tenía cuidado, no me invitarían a ninguna fiesta de cumpleaños de la escuela. Sentí que hubo un cambio de la noche a la mañana. Dejé de comer y me obsesioné con mi aspecto físico. No había cumplido los siete años. También dejé de ser una niña extrovertida y graciosa, y me convertí en una niña tímida e insegura. Me volvía retraída y callada, como si eso me protegiera de ser rechazada. Para ser sincera, ¡me odiaba a mí misma!».

Monica no es distinta al resto de nosotros. La severidad de la desconexión puede variar, pero el resultado se presenta psicológicamente de la misma manera. Como la mayoría, comenzó su vida con una luz interna brillante que perdió su intensidad durante sus primeros años debido a un ataque de inseguridad y dudas. En lugar de celebrar su esencia, su madre obligó a Monica a enfocarse obsesivamente en su apariencia exterior, tanto que se olvidó de que tenía una esencia. Su forma externa se convirtió en todo su enfoque.

Cuando perdemos contacto con nuestra identidad en la infancia, todo se estropea. Ahora, en lugar de funcionar con nuestro valor intrínseco, funcionamos con nuestro odio intrínseco. Entonces, ¿qué hacemos? Creamos una identidad falsa para lidiar con nuestra falta interior de valía. Encarnamos esta identidad falsa para adquirir amor, validación y apoyo. Este es nuestro segundo yo, nuestro ego impostor, la esencia de una colección de todas las máscaras que utilizamos para satisfacer nuestro deseo innato de ser vistos como seres íntegros, completos y dignos.

En el caso de Monica, usaba la máscara de una chica tímida y solitaria. Esto le permitía sentirse segura dentro de su coraza, por lo que no tenía que enfrentar su miedo al rechazo. La máscara que utilizamos depende de nuestro temperamento y las circunstancias únicas de nuestra infancia. Algunos de nosotros nos volvemos comediantes; otros, depresivos retraídos, y otras, divas. Luego, hay algunos que creamos una personalidad de que todo nos importa un bledo porque sentimos que es inútil perseguir la validación de nuestros padres.

Estas máscaras representan nuestros intentos desesperados de hacer dos cosas: (1) proteger a nuestro niño interior de más invalidación paternal y, (2) si es posible, crear maneras artificiales de «comprar» amor, validación y mérito. Estas estrategias suelen ser poco respetuosas con nuestra verdadera esencia e implican algún tipo de manipulación a nosotros mismos o a otras personas. En poco tiempo, toda nuestra existencia pasa a basarse en estas máscaras, y nuestro verdadero yo original se desvanece para convertirse en un recuerdo lejano.

Veamos un ejemplo de cómo la dinámica de los dos yoes —el niño interior y el ego impostor— comienzan a enraizarse en la niñez:

1. Una madre quiere que su hijo aprenda a tocar el violín. La madre es música y sueña con que su hijo se convierta en músico. El niño no desea aprender a tocar ese instrumento ni cualquier otro en este momento. Es más atlético que musical, pero, debido a que la madre siempre soñó con que su hijo fuera músico, la madre se antepone a la voluntad de su hijo y lo obliga a tocar el violín.

2. El niño quiere expresar sus sentimientos auténticos de no querer tocar un instrumento musical. Cada vez que manifiesta sus sentimientos, la madre se enoja. El niño siente miedo del enfado de su madre.

3. El niño se enfrenta a una elección difícil: luchar por lo que desea o suprimir sus verdaderos sentimientos. Aunque quiere expresar su identidad auténtica, sabe que el precio a pagar es alto. Comienza a apartarse de su identidad real.

4. Aparece el ego impostor para proteger al niño del dolor del rechazo materno. El niño usa la máscara del niño «bueno», obediente y agradable y le dice a la madre: «Me encanta tocar el violín». Con esto, el niño obtiene el elogio y la validación que tanto deseaba de su madre.

5. Con el tiempo, el niño comienza a usar cada vez más máscaras con el fin de obtener la aprobación de la madre, agregando los títulos de superexitoso y complaciente. Cuanto más aplaude la madre al hijo, más fuerte crece la falsa identidad. Solo después de muchos años, este yo se resquebrajará bajo la presión de la simulación, y se le dará a la persona la oportunidad de sanar.

Este ejemplo de las clases de violín parece ser trivial, incluso intras-
cendente (y, si no fuera un evento puntual, podría haberlo sido). Sin
embargo, este tipo de separación de la identidad verdadera se manifiesta una y otra vez en nuestra vida, hasta que logramos alejar esta parte
de nosotros de la consciencia.

Darnos cuenta de estas intercepciones internas en nuestra autenticidad es vital si vamos a desarrollar nuestra identidad nueva y empoderada, no solo para nosotros, sino también para nuestros hijos. A medida
que reclamamos nuestra libertad auténtica, liberamos a nuestros hijos
para que también lo hagan.

MANOS A LA OBRA

Tu identidad auténtica te está esperando para que la recuperes. Para que
comiences el proceso de descubrimiento y recuperación, necesitas activar
viejos recuerdos de la infancia. Hagamos este ejercicio. Cierra los ojos y
deja que tu mente recorra algunos recuerdos dolorosos de tu niñez, entre
los dos y los diez años. Cuando tengas un recuerdo, escríbelo.

Asegúrate de apuntar no solo el suceso, sino también los sentimientos que tuviste.

¿Cómo te hizo sentir ese suceso?

¿Cómo reaccionaron tus padres?

¿Te dieron un espacio seguro para expresarte?

**¿Te apoyaron y validaron o te hicieron sentir vergüenza y
rechazo?**

Si no te validaron ni te apoyaron, probablemente suprimiste y ne-
gaste tus sentimientos. Luego, esos sentimientos comenzaron a bloquear tu identidad auténtica.

Conocer a tu niño interior es un paso importante en tu camino
hacia el empoderamiento. Conozcamos a tu niño interior en profundidad mediante este ejercicio. Tal vez le quieras otorgar un nombre o un
color. Tal vez quieras dibujar cómo se sintió. Encuentra alguna manera

de conmemorar a este ser como una imagen o entidad. Es importante hacerlo para que puedas observar a tu niño interior, reconocerlo y llamarlo de una manera que te permita hacer referencia a él en tiempo real. Una práctica adicional que he desarrollado durante décadas para sintonizar con mi niña interior es cerrar los ojos y preguntarme:

> **¿Cuál es mi sentimiento interior en este momento? ¿Siento miedo o calma?**
>
> **¿Mi respuesta proviene de un estado de carencia o de abundancia?**

Una vez hice un experimento en el que me desafié a reaccionar ante situaciones solo cuando mi respuesta fuera un sí a la calma y la abundancia. Si la respuesta era no, elegía no reaccionar hasta que mi estado interior cambiara. Literalmente, no hablé mucho durante los primeros siete a diez días de este experimento, porque descubrí que la mayoría de mis reacciones estaban habitualmente condicionadas por el miedo y la falta. Hacernos estas preguntas nos permite reconocer lo mucho que hemos estado viviendo con el miedo, la duda y la escasez de nuestro niño interior. Recuerda: cada vez que estás en tu niño interior, es probable que actives tu ego impostor para compensar sus miedos e inseguridades.

¿Puedes comprometerte a mirar hacia adentro y hacerte las dos preguntas anteriores en las próximas 24 horas? Aquí hay algunas preguntas adicionales que pueden ayudarte en este proceso de descubrimiento:

> **¿Necesito validación y aprobación ahora mismo?**
>
> **¿Tengo miedo al rechazo y al abandono?**
>
> **¿Tengo miedo al conflicto y a que me vean como malo?**
>
> **¿Cuáles son exactamente mis miedos ahora mismo?**

Es imperativo estar en contacto con nuestros miedos internos, porque nuestro niño interior nos habla a través de ellos. Su lenguaje está basado en el miedo: «¡No digas esto o ya verás!» o «Pensarán que eres una mala persona, no des tu opinión», etcétera. Si bien un poco de cautela es natural, los miedos del niño interior son paralizantes. Nos desvían de una posición de empoderamiento auténtico y nos colocan en un lugar inauténtico de una gran pobreza interior: los territorios del ego.

Te animo a escribir estas seis preguntas en tarjetas y colocarlas donde puedas verlas durante el día. A medida que sintonices con tu voz interior, tal vez te sorprendas de lo que descubres. Tal vez te desconcierte la forma en que la escasez y el miedo se infiltran en tus creencias y reacciones, como fue en mi caso. Si te encuentras con esta condición dentro de ti, no entres en pánico; simplemente estás poniéndote en contacto con la voz y las necesidades de tu niño interior.

Voy a ser sincera contigo. Es muy difícil prestar atención a los susurros enterrados de tu niño interior. Esta parte de nosotros está tan oculta que apenas podemos escuchar su voz. Dada esta dificultad, ¿de qué otra manera podemos comenzar este viaje de sanación? Un sitio más fácil para comenzar es en un nivel más obvio: el de nuestras reacciones. Este es el nivel del ego impostor. ¿Por qué es el lugar más fácil? La razón es que observar el ego es fácil. Suele causar caos, conflicto, separación y disfunción. Actúa y explota. Como resultado, las reacciones de nuestro ego son más fáciles de identificar que los sentimientos sutiles y profundamente reprimidos de nuestro niño interior.

El siguiente paso de tu mapa de crianza te ayudará a identificar tu ego impostor y descubrir las maneras en que ha estado generando conflictos con tus hijos. Cuando tomes consciencia de tu ego impostor, puedes comenzar a romper los patrones disfuncionales que crea y cambiar toda la relación con tus hijos.

Paso ocho:

Atrapa tu ego

¿Quién soy debajo de mis cientos de máscaras?
¿Soy esto o aquello, todo o nada?
He abandonado todo lo que soy en realidad.
En mi búsqueda desesperada, perdí el rumbo.
Por mi necesidad de certeza, terminé equivocándome.
Con toda mi bravuconería, en realidad me protegía del miedo
y lo cargaba todo en ti, hijo mío.
Ahora es el momento de mirar detrás de mis máscaras
y descubrir quién soy realmente
para permitirte que tú me muestres quién eres.

Usamos nuestras máscaras del ego cuando sentimos miedo o inseguridad. Debido a que no estamos en contacto con los temores de nuestro niño interior, solo podemos observar nuestras reacciones externas, las del ego. ¿Sabías que estás usando la máscara del ego cada vez que presentas los siguientes comportamientos?

Gritar, chillar o maldecir a tu hijo.
Autoculparte o autocriticarte.
Apartarte ante el rechazo o el miedo.
Aislarte o cerrarte.

Mediante los comportamientos disfuncionales, podemos identificar nuestro ego y comenzar a comprender lo que estamos intentando proteger. La reactividad externa es siempre el sitio más fácil para comenzar. Por este motivo, siempre les digo a mis pacientes: «Comencemos por las reacciones de tu ego, ¡ya que son fáciles de identificar!».

Antes de avanzar, déjame hablar contigo. ¿Crees que el ego es el villano? Es probable que pienses eso. Aunque es fácil enojarse con el ego por generar tanto conflicto en nuestras vidas, necesitamos comprender que no es el culpable. De nuevo, el objetivo no es culparte a ti o a otra persona, sino comprender por qué ha aparecido tu ego y por qué actúa de la manera en que lo hace.

Necesito reiterarte que hay una razón por la que existe el ego: la protección. ¿Qué está protegiendo? A nuestro niño interior asustado. Nadie lo cuidó durante nuestra infancia. Debido a que el ego fue creado durante nuestra niñez como un método de supervivencia, tiene mecanismos que son primitivos, inmaduros e infantiles; entre ellos, gritos, adicciones, autolesiones y sabotaje. No aprendimos las estrategias adultas para solucionar las cosas, solo técnicas infantiles. Desgraciadamente, estas técnicas jamás funcionan. Cada vez que las utilizamos, empeoramos la situación. Los miedos del niño interior crecen cada vez más. La única forma de salir de esta ciénaga es entrando, haciendo este trabajo interno, el que te estoy enseñando. Durante este proceso, aprenderás a cuidar a tu niño interior de maneras empoderadas y transformadoras.

¿Has oído hablar sobre la respuesta de tu cuerpo ante el estrés: luchar, huir o paralizarte? De acuerdo a estas opciones, he construido cinco categorías de ego parental para que identifiques tu ego impostor. Estas cinco categorías son: Luchadores, Reparadores, Aparentadores, Estáticos y Evasivos. Por supuesto, los he creado con la plena consciencia de que nuestras psiques son infinitamente complejas y de que nadie usa una sola máscara egoica durante toda su vida. Estas son categorías que he recopilado de las experiencias anecdóticas de los pacientes a lo largo del tiempo, y tienen como objetivo aumentar la consciencia sobre uno mismo; no están verificadas empíricamente ni probadas científicamente. Tienen el objetivo de brindarte imágenes de reacciones comunes para que puedas identificar con facilidad aquellas que coincidan con tu estilo único de reacción. Sin embargo, ten presente que la manera en que nos mostramos en una relación puede ser completamente diferente a cómo nos mostramos en otra. Y podemos ser un poco de todas las categorías al mismo tiempo, o podemos pertenecer a una durante una parte de nuestra vida y luego cambiar. Comprender nuestras categorías egoicas solo tiene como objetivo la comprensión, no la culpa o la vergüenza. Solo tomamos consciencia de cómo reaccionamos cuando nos provocan.

Al leer estas categorías, ten un espíritu curioso y aventurero. Estás a punto de descubrir nuevas partes de tu personalidad y de la de otras personas de tu vida. Aborda este viaje con la mente abierta y curiosa, como si estuvieras diagnosticándote: «¡Ah, soy un Luchador!» o «¡Sí, soy un Evasivo!». Si comienzas a leer una categoría y consideras que no resuena contigo, te animo a seguir leyendo de todos modos, ya que nunca sabes cómo puede generar comprensión sobre alguien cercano a ti o sobre una relación pasada. Recuerda, cada uno de nosotros usa una máscara del ego... O muchas. No hay motivo para sentirnos avergonzados o asustados. Descubrir e identificar tus máscaras del ego únicas es un gran paso para romper tus ciclos de reacción y alcanzar el fortalecimiento de la relación con tus hijos y la conexión con ellos.

Si alguna de las siguientes máscaras te resulta conocida, puede que la estés usando o que hayas visto que otros la llevaban durante tu niñez. Te animo a conectar con los sentimientos debajo de estas máscaras y hallar una manera de explorarlas mediante cualquier proceso o expresión creativa que resuene contigo, como la escritura, la meditación o el dibujo.

LOS LUCHADORES

Cuando tu hijo te provoca, ¿te encuentras levantando la voz y dando órdenes? ¿Amenazas, castigas, gritas o maldices? Si es así, puede que seas un Luchador. Veamos si esta categoría encaja contigo.

¿Quiénes son los Luchadores? En resumen, son las personas enojadas y controladoras. El mayor arsenal emocional de los Luchadores para controlar sus miedos es el enfado. Cuando su niño interior siente miedo, se ponen la máscara del ego. Los Luchadores usan su enojo para controlar a los demás. Gritan, chillan, castigan y menosprecian. Todo este comportamiento los hace sentir poderosos. Desde la infancia, han aprendido que, para ser escuchados y validados, necesitan usar esta máscara de controlador furioso. Aquellos que tienen un temperamento más masculino y dominante adoptan estas máscaras con más facilidad.

Los Luchadores tienen estas creencias:

Me siento digno cuando tengo a todos bajo control.
El enfado es la manera en la que obtengo poder y dominio sobre los demás.

¿Crees que reaccionas de esta forma en momentos de estrés? ¿Te encuentras alzando la voz, pataleando o ejerciendo fuerza o control sobre los demás para sentirte importante? Si es así, probablemente seas un Luchador.

Muchos Luchadores crecen junto a otros Luchadores durante su infancia. Tal vez has observado que uno o tus dos padres usan estrategias de Luchador contigo o con tus hermanos, y has aprendido por ósmosis que estas técnicas dan poder e importancia. Si ese era el comportamiento que veías a tu alrededor, es bastante normal que relaciones la dominación de otros con la valía y el poder.

¿Te resulta conocido? La categoría de Luchador tiene distintos subtipos. A medida que leas, puedes reflexionar sobre si utilizas alguna de las siguientes estrategias. Nuevamente, son simplemente guías y no categorías definitorias. Como he mencionado antes, la mayoría de nosotros somos un poco de cada una.

El Obligador

Cuando tu hijo o hija te hace reaccionar, ¿sientes que a veces dices o piensas cosas como «¡Porque lo digo yo!» o «¡En esta casa, se hace lo que yo digo, y si no te gusta, ahí tienes la puerta!». Si es así, es probable que estés usando la máscara del Obligador.

Esta máscara es utilizada por el padre o la madre que prospera teniendo carta blanca para ejercer su poder en el hogar (un pequeño tirano, por decirlo de algún modo). Aunque están emocional y físicamente ausentes la mayor parte del tiempo, estos padres aparecen en la escena cuando hay que imponer la ley y el orden, asegurándose de que se cumplan las reglas y las normas. Los Obligadores suelen desconectarse emocionalmente de las necesidades de los demás, ya que están ocupados con sus vidas y sus logros. Piensan en «blanco» o «negro» y prefieren tener razón en lugar de estar conectados.

Creen en lo siguiente:

Las reglas importan más que los sentimientos.
Los niños deben obedecer a sus padres cueste lo que cueste.
Los niños deben ser castigados si desobedecen.
Cumple las condiciones de los padres o vete.

Los niños que crecen con un Obligador aprenden a desconectarse cuando ese padre o madre está presente o fingen ser angelicales. Les aterra manifestar su identidad porque lo único que le importa al ego de esos padres es «que cumplas las reglas o te vayas». Esta máscara parental es extremadamente controladora y dominante. Para sobrevivir, los niños de un padre o madre de este tipo suelen aislarse y emprender el vuelo a una temprana edad, a menudo para su propio daño y perjuicio. Así podría sonar un Obligador: «Esta es la última vez que no cumples mis reglas. Eres un ser humano vergonzoso. Estás castigado durante dos semanas. ¡Necesitas aprender una lección para que jamás vuelvas a pensar en desobedecerme de nuevo!».

Si utilizas esta máscara o conoces a alguien que la use, vale la pena mirar detrás de la máscara para encontrar los sentimientos que esconde y buscar la manera de explorarlos en profundidad.

El Explosivo

Cuando tu hijo o hija te hace reaccionar, ¿pierdes la cabeza y gritas con todas tus fuerzas? ¿Te sientes bien durante un momento y luego pierdes cualquier atisbo de control, tal vez rompiendo cosas o lanzándolas contra la pared? Si es así, puedes estar usando la máscara del Explosivo.

Esta máscara utiliza ataques de ira para obtener lo que quiere. Aunque los ataques puedes ser escasos y espaciados, son suficientes para hacer que el hogar tiemble. Estos padres van de cero a cien en pocos segundos. No expresan sus emociones, sino que las detonan. ¡Cuánto asustan estos padres! Desregulados e impredecibles, no son capaces de procesar verbalmente sus emociones con madurez. Es como si pensaran que nadie los escuchará a menos que exploten. Al inspirar miedo en los demás, estas personas se sienten empoderadas y valiosas.

Estos padres creen que:

Los padres necesitan mostrar dominación y control supremo.
Los niños aprenden mediante el miedo.
Crear miedo mediante el castigo y la furia tiene buenos resultados.
Los niños deben ser sumisos con sus padres.
Los padres jamás deben tener un trato amistoso con sus hijos.

Los niños que crecen con este tipo de persona viven en la sombra de la turbulencia y la humillación. Se sienten obligados a obedecer y ser serviles o pagar un gran precio emocional. Se acostumbran a caminar de puntillas, ya que no saben cuándo se activará la máscara. Viven con una ansiedad constante ante la posibilidad de que pase algo malo y que los tome por sorpresa. Este no es un sentimiento cómodo para un niño. Gasta mucha energía en intentar complacer excesivamente para que este padre no explote.

Así podría sonar un Explosivo: «¡Me tienes harto! ¡Harto, harto, harto! No quiero escuchar ni una palabra. Si dices algo, golpearé la pared. ¡Estáis todos locos! ¡Estoy cansado de todos!».

Si utilizas esta máscara o conoces a alguien que la use, vale la pena que mires detrás de la máscara para encontrar los sentimientos que esconde y buscar la manera de explorarlos en profundidad.

El Abogado

Cuando tu hijo o hija te hace reaccionar, ¿te encuentras discutiendo con ellos constantemente? ¿Intentas tener la última palabra en vuestras conversaciones? ¿Es importante para ti ganar las discusiones o expresar tu punto de vista? Si es así, tal vez usas la máscara del Abogado.

Esta máscara es la de un abogado extremadamente implacable y cerebral que piensa que la vida es una interminable batalla judicial. Es un padre que ama debatir y discutir intelectualmente para despedazar a su oponente. El Abogado hace miles de preguntas todo el tiempo, como un detective, controlando la conversación y obligando al oponente a responder. Ganar el debate es de suma importancia para el Abogado, que no sabe perder con elegancia. Para dominar a los demás, usa técnicas turbias y miente, engaña y difama. No hay límites en las cosas que hará este tipo de persona para ganar una batalla. No se dan cuenta de que están constantemente perdiendo la guerra.

Creen que:

La vida es un juego de ganadores y perdedores, y necesito ser el ganador.

No puedo equivocarme, y te lo demostraré.

Es más importante tener razón que estar conectado.

Las personas son objetos en este juego. Los niños son peones que se utilizan para ganar.

La manera de obtener valía es manipular a los demás a un nivel mental.

Las discusiones y los debates son más efectivos que el diálogo.

Los niños que crecen en contacto con esta máscara se sienten como si fueran pecadores y criminales a merced de un juez o jurado. Convivir con este tipo de padres les hacen sentir que no tienen valor.

Creen que son culpables hasta que se demuestre su inocencia, y no al revés. Es muy difícil sentirse importante y poderoso cuando se está cerca de un Abogado, y una manera de sobrellevarlo es cerrándose y aislándose.

Así podría sonar un Abogado: «Es una pregunta que se responde con sí o no. No me des una razón, solo responde: sí o no. Dijiste X, pero ahora estás diciendo Y. Te contradices y eres irracional. Tus respuestas son ilógicas. ¿Mentiste o no mentiste cuando dijiste X? Claro que mentías».

Si utilizas esta máscara o conoces a alguien que la use, vale la pena que mires detrás de ella para encontrar los sentimientos que esconde y busques la manera de explorarlos en profundidad.

El Crítico

Cuando tu hijo o hija te hace reaccionar, ¿lo criticas? ¿Analizas cada microelemento de sus acciones? ¿Tiendes a centrarte en lo malo y lo negativo? Si es así, puede que tu máscara sea la del Crítico.

¿Alguna vez has estado cerca de alguien cuyo pasatiempo favorito fuese criticarlo todo, desde la pintura de la pared hasta la iluminación de la habitación? Bueno, estas personas utilizan la máscara del Crítico. Les resulta tan incómodo seguir la corriente en una situación que necesitan crear adversidad y discordia dondequiera que vayan. Ganan importancia y poder generando negatividad en cualquier situación y alterando el flujo de las cosas. Aquellos que usan esta máscara sienten que hacer comentarios los hace más importantes.

Los padres Críticos creen lo siguiente:

Mi opinión importa mucho, y los demás deberían escucharla.

Nada es lo suficientemente bueno tal cual es; todo se puede mejorar.

Aceptar la realidad o a los demás tal cual son es simplemente demasiado débil y pasivo.

Criticar a los demás me hace sentir mejor conmigo mismo.

Los niños que crecen con padres críticos desarrollan una autoestima abismalmente baja. Como les dicen constantemente que no son lo suficientemente buenos, están llenos de una sensación de desesperanza e inutilidad. Sienten que la vida es una batalla constante en la que no pueden sentirse valiosos ni ganar. Siempre hay algo más para hacer o incorporar. Se sienten frustrados y desamparados.

Así podría sonar un Crítico: «¿Por qué nunca haces las cosas bien? ¡Has hecho un absoluto desastre! Esto es terrible. ¿Has planeado cómo lo vas a resolver? ¿Estás seguro de que es un buen plan? No creo que sea el mejor. Yo lo haría de otra manera».

Si utilizas esta máscara o conoces a alguien que la use, vale la pena que mires detrás de ella para encontrar los sentimientos que esconde y busques la manera de explorarlos en profundidad.

El Pasivo-agresivo

Cuando tu hijo o hija te hace reaccionar, ¿recurres a maneras engañosas e indirectas de comunicar tu descontento? ¿Te cuesta expresarte con claridad y de una manera directa? Si es así, puede que estés usando la máscara del Pasivo-agresivo.

Esta máscara es más siniestra, ya que no se presenta como el resto de las máscaras. Es más sutil. Su misil emocional no explota, como sucede con las otras máscaras del Luchador. En lugar de eso, esta máscara se basa en una retirada pasivo-agresiva. Sin embargo, el resultado es el mismo: el control y la manipulación. Aquellos que utilizan la máscara del Pasivo-agresivo usan la atención, o la falta de ella, para controlar a las personas más cercanas. Si estos padres sienten que sus hijos no cumplen sus condiciones, los privan de su atención y les tienden una trampa para que fallen.

Los padres Pasivo-agresivos creen que:

Tengo el control y lo usaré para enseñarles una
lección a los demás.
Esconderé mi amor y afecto para enseñarles a
obedecerme.
Quiero «demostrar» a los demás quién tiene razón.
Aprenderán por mi ausencia.
Al final, ganaré.

Los hijos que crecen con un padre que usa esta máscara se sienten traicionados y abandonados durante sus momentos de necesidad, especialmente si lo que necesitan es algo que este padre no aprueba o en lo que no cree. Pagan el precio por alejarse del plan paternal y animarse a experimentar con su autenticidad. El precio es el aislamiento y la negligencia paternal. Como resultado, estos hijos son reacios a ir a contracorriente y a discutir las condiciones de sus padres. Saben que las consecuencias serían demasiado dolorosas. Se enfrentan a dos opciones: seguir su voz interior o seguir a sus padres. Suelen sucumbir ante la segunda opción, para disgusto de su verdadera identidad.

Así podría sonar un Pasivo-agresivo: «Ya no me importa lo que hagas. No me involucres. No me llames cuando te desmorones. Arréglatelas solo. No voy a preocuparme más por esta tontería».

Si utilizas esta máscara o conoces a alguien que la use, vale la pena que mires detrás de ella para encontrar los sentimientos que esconde y busques la manera de explorarlos en profundidad.

LOS REPARADORES

Cuando tu hijo o hija te hace reaccionar, ¿te envuelve un gran pánico y nerviosismo interior? ¿Sientes como si necesitaras salvar a todos de un barco que se hunde? ¿Siempre estás tratando de arreglar las cosas para sentirte en control? Si es así, podrías ser un Reparador.

¿Cómo son los Reparadores? Son personas que se esfuerzan demasiado. La principal respuesta emocional que utilizan para controlar sus miedos es rescatar a todo el mundo y resolver todos sus problemas. Los Reparadores se preocupan por todo, son muy nerviosos e inseguros y su objetivo principal es ser considerados «buenas» personas. A diferencia de los Luchadores, los Reparadores temen al conflicto. Recurren a complacer, consentir, mimar, resolver y salvar para mitigar sus tempestades internas y comprar amor y sensación de mérito. Desde la infancia, han aprendido que, para ser escuchados y validados, deben usar esta máscara de los que hacen y complacen de más. Aquellos que tienen un temperamento más sumiso y femenino adoptan estas máscaras con más facilidad.

Los Reparadores tienen estas creencias:

Me siento digno cuando los otros me ven como una buena persona.
Complacer y rescatar a los demás es mi vehículo para obtener poder.
Me aman más cuando resuelvo los problemas de otras personas.

Necesito que me necesiten, porque me ayuda a sentirme importante.

Muchos Reparadores, al igual que los Luchadores, crecen observando este modelo en su hogar o, tal vez, aprendieron a seguir este camino porque no tuvieron otra opción. Mientras que los Luchadores quieren controlar las acciones de los demás para sentirse bien consigo mismos, los Reparadores quieren controlar las percepciones que los demás tienen de ellos para que los consideren buenos. Tienen tanto miedo a ser rechazados o considerados «malos» que hacen todo lo posible para controlar la percepción que los demás tienen de ellos.

¿Te resulta conocido? A medida que leas sobre los siguientes subtipos del Reparador, reflexiona sobre si utilizas alguna de las siguientes estrategias.

El Facilitador

Cuando tus hijos te provocan, ¿te apresuras a tomar el control de sus vidas y hacer las cosas por ellos, aunque tus hijos sean completamente capaces de hacerlas por su cuenta? ¿Consideras que tus hijos te necesitan y que son incapaces de hacerse cargo de sus cosas? Si es así, puede que estés usando la máscara del Facilitador.

En lenguaje psicológico, el término «facilitar» no tiene una connotación positiva. En realidad, significa «invalidar». Estos padres debilitan la capacidad de sus hijos de hacer cosas por su cuenta. Los Facilitadores son los clásicos rescatadores y hacen de más. Hacen tanto por los demás que literalmente absorben la voluntad de las personas a las que ayudan. Estos padres pueden parecer adorables en la superficie, pero su plan subconsciente es letal e incapacitante, especialmente para sus hijos. Manipulan a las personas para que se vuelvan dependientes, y entonces el Facilitador se puede sentir como la «buena» persona que llega al rescate. Los Facilitadores necesitan que los demás les pidan su opinión o ayuda para sentirse competentes e importantes.

Los Facilitadores ganan importancia cuando otras personas se fusionan con ellos y los necesitan. Se insertan en la vida de los demás incluso cuando no hay una necesidad o demanda real para que lo hagan. De esta forma, poco a poco consiguen que el otro sea superdependiente de su presencia e influencia.

Los Facilitadores tienen estas creencias:

Mi valía está definida por cuánto me necesitan los demás.

Cuando los demás dependen de mí para tomar todas las decisiones, siento que tengo el control.

Es más fácil involucrarse y resolver las situaciones que ver cómo los demás se esfuerzan o fallan.

Controlar la vida de otras personas me da una sensación de control sobre mi propia vida.

Los hijos que crecen con este tipo de padres pueden sentirse de muchas maneras, desde creer que tienen derecho a recibir cualquier tipo de rescate hasta experimentar apatía e impotencia en su toma de decisiones. Suelen acostumbrarse a ser pasivos y dejar que el Facilitador haga el trabajo por ellos. Debido a que estos hijos no saben lo que significa tomar riesgos y sufrir las consecuencias, suelen desarrollar una sensación de incompetencia e inseguridad.

En algún punto, estos hijos también pueden sentirse resentidos con su padre Facilitador. Intuitivamente, saben que la ayuda viene acompañada de control y manipulación. Eso los enoja y los frustra, pero no saben cómo expresarlo. Muy en su interior, se sienten impotentes y ansiosos, porque rara vez han tenido la oportunidad de practicar la tolerancia a la frustración y el desarrollo de la resiliencia. Tener un padre que intervenga en cualquier momento suena como un lujo, pero tiene consecuencias ocultas a largo plazo que son, en definitiva, perjudiciales para la autonomía y el empoderamiento del hijo.

Así podría sonar un Facilitador: «Déjame hacerlo por ti. Ahora tengo tiempo y me haría feliz ayudarte. Solo déjamelo a mí, yo lo resuelvo. Puedes descansar mientras lo hago».

La parte tramposa de esta máscara es que los Facilitadores suenan muy dulces. Pero puedes identificar a este impostor escurridizo cuando hacen lo siguiente:

Ayudan sin que se lo pidan.
Interfieren en la vida de las personas sin ser invitadas.
No le dan a los demás el derecho a negarse.
Creen que saben lo que es mejor y que su ayuda es la respuesta.
No colaboran; toman el control de la situación.
Se ponen de mal humor y dejan de estar pendientes de la otra persona cuando rechazan su ayuda.

¿Este patrón te resulta conocido? Tal vez es la máscara que usas o que observaste en alguien durante tu infancia. Conéctate con los sentimientos debajo de esta máscara y encuentra la manera de explorarla mediante cualquier proceso o expresión creativa que resuene contigo, como la escritura, la meditación o el dibujo.

El Superhéroe

Cuando tu hijo o hija te hace reaccionar, ¿tu instinto toma el control? ¿Te gusta sentir que tienes la última palabra y que tú mandas? Si te identificas con esta descripción, tal vez estás usando la máscara del Superhéroe.

El Superhéroe es la persona que lo sabe todo, lo hace todo y apaga todos los incendios. A diferencia del Facilitador, que es como una abeja obrera, el Superhéroe es la abeja reina, con la conducta y los aires de alguien que necesita tener siempre la última palabra. A diferencia del Facilitador, que se involucra en los pequeños detalles de la vida de los demás, el Superhéroe no se preocupa hasta que es necesario tomar una gran decisión o se ha producido una calamidad o una crisis. Entonces aparecen los Superhéroes y toman el mando de todo el asunto. Son implacables, incansables y honestos. Ignoran todos los esfuerzos que han hecho los demás hasta ese momento y los arrastran con su poder, influencia y competencia. Los Superhéroes son los que desarmarán todos los preparativos de una fiesta a último momento y llamarán a un equipo nuevo para que lo haga a su manera. Los familiares del Superhéroe no suelen finalizar sus planes hasta que los aprueben los Superhéroes, porque todos saben que hay que obtener el consentimiento de este padre o madre antes de tomar las decisiones finales o que se concreten los planes.

A menudo, los Superhéroes son personas con una buena posición social, influencia y poder. Mientras que otros pueden participar en la rutina diaria de la vida, el Superhéroe tiene el poder real de marcar la diferencia. Por ejemplo, si un padre está ayudando a su hijo a estudiar para los exámenes finales, participando de su rutina diaria, es el Superhéroe el que interviene a último momento y contrata un profesor particular que realmente suponga una diferencia. Los Superhéroes crean dependencia de una manera que es sutilmente diferente a los Facilitadores. Mientras que los primeros tienen la ilusión de controlar las nimiedades diarias, en el análisis final no se atreven a hacer nada sin el permiso, consentimiento y aprobación del Superhéroe.

Los Superhéroes tienen las siguientes creencias:

Soy la máxima autoridad de esta casa, y sin mí nada funciona.
Mi decisión tiene la mayoría de votos, y los demás deben seguir mis reglas.
Sé que puedo hacerlo mejor, y los demás deben arrodillarse ante mi competencia.
Soy un genio y necesito que los demás lo reconozcan.

A los hijos que crecen con este tipo de ego parental se les suele impedir tener el control de su vida, incluso como adultos. Tienen una sensación molesta de que necesitan buscar la aprobación y el permiso del todopoderoso de su vida, su padre o madre Superhéroe. También son conscientes de que estos padres son muy competentes, por lo que son un arma de doble filo. Por una parte, respetan su autoridad competente, pero por otra, se sienten paralizados, desautorizados e, incluso, resentidos por la presencia y el poder del Superhéroe. Los hijos de este tipo de padres suelen sentirse incompetentes e inseguros, incapaces de depender por completo de su propia autoridad y liderazgo internos. Se sienten eclipsados por la presencia inquietante y gigantesca de este Superhéroe.

Así podría sonar un Superhéroe: «Sabes que nunca cometo errores, y sé exactamente lo que hay que hacer aquí. Te dije que no lo estabas haciendo bien, pero no me escuchaste. No sé cuándo vas a comprender que no lo sabes todo y que debes escucharme. Yo sé de lo que te hablo. Soy mucho más inteligente y exitoso que tú. ¡Déjame ocuparme del desorden que has provocado!».

Si utilizas esta máscara o conoces a alguien que la use, vale la pena que mires detrás de ella para encontrar los sentimientos que esconde y busques la manera de explorarlos en profundidad.

El Nervioso

Cuando tu hijo o hija te hace reaccionar, ¿tu mente imagina automáticamente las peores catástrofes posibles? ¿Eres una persona que se imagina el peor de los casos? Si es así, puede que estés usando la máscara del Nervioso.

Estos padres son los que usan la máscara de un profeta de la fatalidad y la oscuridad extremadamente obsesivo: un pesimista. El Nervioso controla el entorno al ocuparse en exceso de las pequeñeces. Si un hijo estornuda, estos padres imaginan que tiene bronquitis o neumonía. Si el hijo saca un 9, es el fin del mundo. Son los que tienen el paraguas listo, la fiambrera preparada y la nevera llena de comida. Desgraciadamente, estos padres no funcionan desde una mentalidad interior de abundancia, sino desde un sentido de gran falta y escasez. Intentan predecir, prevenir y prepararse para cada potencial calamidad. Son los que compran diez repuestos para que jamás se acaben. Son aquellos a los que solemos llamar «padres helicóptero», que sobrevuelan constantemente sobre sus hijos, preocupándose por todo. Siempre están ordenando, haciendo listas y planificando cosas con seis meses de antelación.

Tienen las siguientes creencias:

Soy el único que puede prepararse para las calamidades.
Si no soy cauteloso, todo se desmoronará.
La vida necesita un control excesivo constante.
Debo estar alerta todo el tiempo para que todo esté bajo control.

Los hijos que crecen rodeados de este tipo de energía no solo pueden absorber la enorme ansiedad que genera, sino que también se vuelven extremadamente apáticos. Como no hay lugar para dos personas demasiado ansiosas, los hijos suelen renunciar a su autonomía. Esperan que el padre o la madre esté merodeando a su alrededor para resolverlo todo, de modo que se desconectan de su propia autonomía y poder.

Aunque esta máscara se asemeja de modo espeluznante a la del Facilitador, su manifestación es diferente. Un Facilitador obtiene una sensación de importancia involucrándose en la vida de los demás. El Nervioso tiene un pensamiento más ansioso y una energía obsesiva que cae en patrones de pensamiento laberínticos. Estar rodeado de la energía abrumadora de la máscara del Nervioso es agotador y abrumador. Es más fácil aislarse y escabullirse entre las sombras. Los hijos de este tipo de padres suelen absorber la energía nerviosa y ellos también se vuelven ansiosos.

Así podría sonar el Nervioso: «¡Esto es terrible! ¡No puedo creer que esto nos esté pasando! ¿Cómo nos recuperaremos? Todo se desmorona, nada funciona bien. Si no hago cambios importantes, nada funcionará».

Si utilizas esta máscara o conoces a alguien que la use, vale la pena que mires detrás de ella para encontrar los sentimientos que esconde y busques la manera de explorarlos en profundidad.

El Animador

¿Las lágrimas o el enojo de tus hijos son lo que más te hace reaccionar? ¿Quieres eliminar sus sentimientos negativos para que vuelvan a ser felices? Si es así, puede que estés usando la máscara del Animador.

A esta máscara recurren aquellos que no pueden tolerar las emociones «tristes» o «malas». La falta de felicidad de los demás los entristece y los inquieta. Al principio, los Animadores parecen alegres, pero, después de convivir un tiempo con ellos, rápidamente te das cuenta de que son evasivos y controladores en extremo. Están tan obsesionados con alegrar a todos y mostrar una sonrisa al mundo que desestiman, invalidan y evitan cualquier emoción que sugiera tristeza o que consideren negativa. Alientan y animan constantemente a los demás para que se sientan de la manera en que el Animador cree que deben sentirse.

Los Animadores creen lo siguiente:

La tristeza es mala.
Soy responsable de animarlos a todos.
Cuando alegro a los demás, me siento feliz.
No me gusta tener emociones tristes, por eso las ignoro.
Los sentimientos intensos son malos y temibles.
Nadie me amará a menos que esté feliz.

Los hijos criados por padres Animadores se dan cuenta intuitivamente de que necesitan suprimir sus sentimientos más negativos. Se vuelven reacios a ese tipo de emociones y no las consideran normales, sino un signo de maldad o debilidad. Estos hijos se resisten a ser infelices hasta tal punto que no estar felices los pone más tristes. Están tan obsesionados con los sentimientos felices que contaminan sus experiencias del presente con esta obsesión y desperdician sus vivencias y sentimientos.

Los Animadores pueden sonar así: «¿Por qué estás triste? ¡No estés triste! ¿Qué dirá la gente? ¡No hay por qué sentirse triste! Debes estar feliz con tu vida. No seas desagradecido ni desperdicies tu vida con la tristeza. No es justo para mí que estés triste, cuando hacemos tanto por ti y te damos tanto».

Si utilizas esta máscara o conoces a alguien que la use, vale la pena que mires detrás de ella para encontrar los sentimientos que esconde y busques la manera de explorarlos en profundidad.

El Cajero automático

Cuando tu hijo o hija te hace reaccionar, ¿buscas maneras de evitar situaciones con dinero? ¿Te distraes a ti y a tus hijos con compras cuando tienes un mal momento, o demuestras tu amor con regalos? Si es así, puede que estés usando la máscara del Cajero automático.

Normalmente, esta máscara es usada por padres exitosos que identifican su valía con su riqueza. Como resultado, están acostumbrados a «comprar» el amor y la lealtad de las personas importantes de su vida. Por lo general, los padres Cajero automático no están muy presentes ni sintonizados con sus hijos y evitan la conexión real con compras y adquisiciones. Su amor está condicionado con el dinero y el poder. Esta máscara ayuda a los padres a sentirse importantes y valiosos, porque saben que tienen el poder del dinero y, por lo tanto, el poder máximo. Su amor suele ser condicional, repleto del sentimiento «sí-entonces»: «Si obedeces, entonces te daré dinero. Pero, si no lo haces, no».

Los padres Cajero automático tienen estas creencias:

El dinero mueve el mundo.
El dinero y el éxito son la fuente de mi identidad y valía.
Las personas me amarán si les doy dinero.
Nunca me lastimarán si controlo a las personas con el poder del dinero.

Los hijos que crecen con este tipo de padres aprenden a jugar el juego del amor condicional. Se dan cuenta de que su padre o madre se compromete y obtiene su sentido de identidad a partir de ser el cajero automático. Los hijos «usan» a estos padres para comprar lo que necesitan. A medida que toman consciencia de que la relación parental es superficial y transaccional, aprenden a comportarse de la misma manera. A un nivel más profundo, están resentidos porque dependen de estos padres de una manera muy superficial, aunque los hijos saben que no tienen otra opción. También sienten dolor por ser cosificados y por el hecho de que sus padres ganen autoestima gracias al control del dinero en lugar de por una conexión profunda con sus hijos.

Un padre o madre Cajero automático puede sonar así: «Siempre estoy sacándote de problemas y brindándote mucho apoyo financiero. Debes ser agradecido. ¿Te das cuenta de lo mucho que obtienes de mí? ¡Otros niños no tienen tanta suerte! Mis padres nunca me dieron nada. Debes trabajar duro y enorgullecerme».

Si utilizas esta máscara o conoces a alguien que la use, vale la pena que mires detrás de ella para encontrar los sentimientos que escondes y busques la manera de explorarlos en profundidad.

LOS APARENTADORES

Cuando tu hijo o hija te hace reaccionar, ¿lo primero que piensas es «¿Qué va a pensar la gente?» o tal vez «¿Cómo se ve esto desde fuera?»? ¿Estás siempre pendiente de las percepciones de las personas? Si es así, puede ser que estés usando la máscara del Aparentador.

La principal respuesta emocional que utilizan los Aparentadores para controlar sus miedos es acaparar la atención. Los Aparentadores son fanáticos de la publicidad y ladrones de atención. Por dentro, se sienten desesperadamente inseguros, y prosperan como parásitos con la atención y los elogios de los demás. Básicamente, todo gira a su alrededor. Intentan crear la apariencia externa perfecta «curando» la vida perfecta: ellos y sus hijos usan las prendas de vestir más modernas y viven en los vecindarios más elegantes.

Los Aparentadores son fanfarrones por excelencia, y buscan la adulación y la validación. Manipulan las situaciones —y a sus hijos— para colocarse en el centro de la escena con el fin de atraer todas las miradas. Sus hogares, sus pertenencias y (por supuesto) sus hijos (a quienes consideran posesiones) son carne de cañón para el deseo insaciable de ser considerados especiales.

Los Aparentadores tienen estas creencias:

La manera en que me ven los demás es cómo yo me veo.
La percepción pública es de importancia suprema.
Mi valor proviene de mi lugar en los círculos sociales.

¿Crees que podrías ser tú a veces? ¿Te obsesiona lo que piensan los demás? ¿Basas tu sentido de identidad en la aprobación de los demás? ¿Pasas horas obsesionándote con lo que las personas dicen o piensan sobre ti? Si es así, puede que estés usando esta máscara del ego.

Muchos Aparentadores han crecido observando esta forma de ser en sus hogares; otros pueden haber aprendido a adoptar esta máscara debido a traumas o situaciones de la vida. Los Aparentadores, como los Reparadores, quieren controlar la percepción de los demás. Pero, además, están desesperados por recibir atención y elogios de otras personas. A diferencia de los Reparadores, los Aparentadores no intentan ayudar a los demás; son demasiado egocéntricos. Simplemente, quieren recibir de manera pasiva toda la validación posible. Es un callejón sin salida. Todo gira alrededor de una persona: el Aparentador.

El Aparentador también tiene subtipos. A medida que leas, piensa si utilizas alguna de las estrategias que se describen a continuación.

El Actor

¿Organizas tu vida para que parezca perfecta en público, tomando fotos y subiéndolas a las redes sociales? ¿Buscas la validación y los comentarios de los demás? ¿Necesitas elogios y atención constantemente? Si es así, podrías estar usando la máscara del Actor.

Los Actores organizan su vida según la forma en que lucen las cosas para el mundo externo; todo sobre ellos —especialmente sus hijos— está constantemente en exhibición. Esta exhibición es la manera en que los Actores consiguen sentirse importantes. Sumamente desconectados de su voz y su valor intrínseco, los Actores viven un drama intensificado, corriendo de un programa de talentos o un concurso de popularidad a otro.

Tienen estas creencias:

La manera en que otras personas me perciben es de gran importancia para mí.
Soy tan digno como los demás me consideren.
Para mí, es importante superarme a mí mismo en comparación con los demás.
La vida es un espectáculo, y yo quiero ser la estrella.

Frecuentemente, los hijos de estos padres son exhibidos y usados como peones para atraer la atención que tanto desean sus padres. A menudo, estos niños son cosificados desde una temprana edad y son obligados a actuar en el espectáculo de sus padres. Las vidas de estos niños están regidas por la documentación y la conmemoración, para que los demás los adulen. Para estar al día con la vida de los Jones, los padres llevan a sus hijos a pasear por toda la ciudad como parte de su séquito. Sienten la presión de ser los «hijos de las estrellas» y, normalmente, hacen una de estas dos cosas: resistirse ante el gran estrés o ceder antes de finalmente salir corriendo y rebelarse.

Estos hijos comprenden instintivamente que no los ven por quiénes son, sino que existen para cumplir una función vital del sentido de identidad de su padre o madre. Los crían padres narcisistas que los usan como parte de una ceremonia de entrega de premios. Los verdaderos sentimientos y experiencias de los hijos no son importantes; solo interesan los premios. Estos hijos saben que cumplen una función y que no son vistos como seres humanos por derecho propio, y se sienten atrapados.

Así podría sonar un padre Actor: «¡Las apariencias importan! Debes impresionar a todos con tu imagen y comportamiento. No te permitas ser promedio u ordinario. Mantén siempre la imagen perfecta, porque las personas te juzgarán. La manera en que te perciban las personas es cómo te percibirás a ti mismo».

Si utilizas esta máscara o conoces a alguien que la use, vale la pena que mires detrás de ella para encontrar los sentimientos que esconde y busques la manera de explorarlos en profundidad.

El Negociador

¿Negocias acuerdos «si-entonces» con tus hijos, siempre buscando el mejor «trato» o resultado para ti? ¿Ves las relaciones como acuerdos de negocios, intentando llegar a la cima? Si es así, puede que estés usando la máscara del Negociador.

Los padres Negociadores establecen relaciones basadas en lo que reciben a cambio. Lo más importante es la retribución, es decir, «¿Y yo qué gano?». Su generosidad siempre tiene un plan oculto para recibir algo a cambio. Son extremadamente condicionales, amarrando a otros con obligación y culpa. Los Negociadores tienen tanto miedo de estar conectados desde un lugar sincero, por miedo a terminar heridos, que se aseguran de recibir algo al principio y nunca tener que experimentar la vulnerabilidad de sacrificarse por otra persona. Los Negociadores tienen las siguientes creencias:

> **Si no obtengo nada de esta relación, no daré nada.**
> **Las relaciones son dolorosas, por eso solo me involucraré si obtengo algo significativo a cambio.**
> **Solo me siento seguro cuando estoy en una negociación.**

Los hijos de este tipo de padres suelen tener miedo de romper lo que perciben como un contrato entre ellos y sus padres. Es como si comprendieran de manera implícita que tienen la obligación de cumplir su parte del acuerdo. Si no lo hacen, recibirán desaprobación, invalidación y ostracismo absoluto. Estos hijos sienten como si les debieran más que lealtad y amor a sus padres, les deben su estilo y sus elecciones de vida. Se sienten observados y controlados en exceso. Su habilidad de ir por la vida con libertad y alegría está reprimida.

Así podría sonar un padre Negociador: «Te he cuidado y me he sacrificado por ti toda mi vida. Cargo el peso de tus decisiones y pago por ellas. Debes cumplir con tu parte del trato y darme lo que necesito a cambio. Me debes mucho. Quiero que me tengas en cuenta en todas tus decisiones de vida. Es lo mínimo que puedes hacer por mí».

Si utilizas esta máscara o conoces a alguien que la use, vale la pena que mires detrás de ella para encontrar los sentimientos que esconde y busques la manera de explorarlos en profundidad.

La Estrella

Cuando tus hijos te hacen reaccionar, ¿te enfocas en ti y en lo que te sucede en lugar de en lo que les sucede a tus hijos? ¿Tiendes a dirigir la atención hacia tu vida y tus problemas en lugar de dirigirla hacia los suyos? Si es así, probablemente estés usando la máscara de la Estrella.

La Estrella es la diva de la familia, y todos lo saben. Las Estrellas tienen un talento natural para el drama e histrionismo para llamar de inmediato la atención de los demás. Tienen personalidades exuberantes y están acostumbradas a la adoración de los demás. Cuando no reciben la atención a la que están acostumbradas, revolucionan sus emociones para volver a atraer a los demás al drama. Suelen lograrlo al provocar agitación y caos en situaciones diarias, con mucho ruido y pocas nueces. Harían cualquier cosa para recibir la atención que tanto desean: exagerar, confabular y catastrofizar situaciones hasta el extremo. Si necesitan actuar como víctimas, lo harán. La atención es tan importante para ellos que, a menudo, se ponen nerviosos para captar la de los demás. De naturaleza frágil y sensible, estos padres generan drama al convertirse inconscientemente en la presa de otros. La atención los hace sentir importantes.

Los padres Estrella tienen estas creencias:

Obtengo mi valía de la cantidad de atención que recibo de los demás.

Mis sentimientos son tan importantes que todos deben prestarles atención.

El rechazo, real o percibido, me desmoronará.

Me siento inseguro e indigno a menos que esté recibiendo atención de los demás.

Sus hijos están entrenados desde una temprana edad para sintonizar con las necesidades de este tipo de padre. Su radar está dirigido al padre o la madre en lugar de a ellos mismos. Sus necesidades son más importantes que las propias. Han comprado el cuento de que deben lidiar con las emociones de su padre o madre, y no tanto con las suyas. Normalmente, suprimen su vida interior para estar presentes para sus padres, y así no convertirse en una carga demasiado pesada para ellos. Estos niños se vuelven solitarios, obedientes y «buenos», sacrificando su mundo interior por el de sus padres.

Así podría sonar un padre Estrella: «Tengo muchas necesidades que requieren atención. ¿Ves todo lo que tengo que hacer en un día? ¡Me ocupo de tanto! Mi vida es muy difícil, y me suceden muchas cosas.

Nunca podrías comprender cómo me siento al ser yo. Tengo un millón de responsabilidades, y necesito ayuda. No puedo creer que no pueda contar contigo cuando te necesito. Debes estar disponible todo el tiempo y ayudarme con mi vida, porque tengo demasiadas cosas entre manos».

Si utilizas esta máscara o conoces a alguien que la use, vale la pena que mires detrás de ella para encontrar los sentimientos que esconde y busques la manera de explorarlos en profundidad.

El Niño

Cuando tu hijo o hija te hace reaccionar, ¿la responsabilidad de estar presente como padre o madre te abruma? ¿Sientes que es demasiado? ¿Sientes el peso de todas las cosas que suceden en tu vida? Si es así, probablemente estés usando la máscara del Niño.

La máscara del Niño es utilizada por padres que abandonan sus responsabilidades y esperan ser criados por sus hijos. Estos padres tienen un aire constante de impotencia y fragilidad, lo que obliga a sus hijos a intervenir como líderes y padres. Se quedan en la cama mucho tiempo, son desorganizados y descuidados, se olvidan de pagar las facturas a tiempo, no acuden a sus compromisos o citas y evitan hacerse cargo de las situaciones. Por decirlo sencillamente, ¡son un desastre! Su comportamiento general de incompetencia e ineptitud crea un vacío a su alrededor y otra persona debe involucrarse y rellenarlo para salvar a todos de una catástrofe. Estos padres jamás han crecido y demuestran inmadurez a la hora de tomar decisiones. Suelen presentar promiscuidad y abuso de sustancias, como si fueran adolescentes imprudentes. Ver a estos padres es como ver a un niño de siete años conduciendo: está a punto de tener un accidente.

Estas son las creencias del padre Niño:

Tengo derecho a que me cuiden.
No debería ser responsable; otros pueden tomar el control.
Prefiero divertirme y disfrutar de la vida en lugar de abrumarme con cosas aburridas.

No necesito madurar.
Quiero que los demás me organicen la vida.

Los hijos de este tipo de padres maduran demasiado deprisa. Les imponen roles de cuidadores y padres antes de que estén preparados emocionalmente para aceptar esas cargas. Renuncian a su infancia para gestionar la irresponsabilidad de las decisiones de sus padres. Sienten las presiones de esta enorme lucha y se rinden ante ese peso. A menudo, se deprimen o se suicidan debido al cansancio provocado por todos esos cuidados. No se sienten nutridos ni cuidados, sino avasallados por las necesidades emocionales de sus padres, en detrimento y negligencia de las suyas. Estos hijos no tienen permitido ser niños y sufren las consecuencias al llegar a la edad adulta.

Así podría sonar un padre Niño: «La vida es tan difícil... No puedo con ella. No puedo encargarme de las cuentas. No quiero tener un trabajo aburrido. Odio tener todas estas responsabilidades. ¿Por qué no puedes crecer y hacerte cargo de tu propia vida? ¿Por qué tengo que hacerlo todo por ti? Necesito ayuda en casa. No puedo hacerlo todo yo».

Si utilizas esta máscara o conoces a alguien que la use, vale la pena que mires detrás de ella para encontrar los sentimientos que esconde y busques la manera de explorarlos en profundidad.

LOS ESTÁTICOS

Cuando tu hijo o hija te provoca, ¿deseas poder escaparte de todo? ¿El estrés y el conflicto en tu relación con tus hijos te hacen querer desaparecer? Si te sientes de esta manera, probablemente estés usando la máscara del Estático.

¿Quiénes son los Estáticos? Son los «padres no-padres». Están presentes, pero no están presentes de verdad. La principal estrategia emocional que utilizan los Estáticos para controlar sus ansiedades es evitar las relaciones íntimas a toda costa. Evaden la confrontación y la conexión real como si fueran la peste. La idea de ser padres y tener hijos les atrae, pero no el verdadero trabajo de estar presentes emocionalmente para sus hijos.

Las emociones humanas son aterradoras para los Estáticos. Buscan la seguridad y el refugio levantando muros alrededor de sus corazones. Quieren conectar, pero sienten pavor ante la posibilidad de terminar traumatizados, por lo que han aprendido a desconectarse. Son los clásicos padres de sofá que no quieren que la vida de sus hijos altere su rutina. La reticencia de los Estáticos a involucrarse o participar es evidente. Dan la impresión de ser indiferentes y fríos con todos a su alrededor, especialmente con sus hijos.

Los Estáticos tienen estas creencias:

Si me involucro emocionalmente con otros, me dolerá.
El conflicto es doloroso y podría llevar al abandono.

¿Crees que a veces eres así? ¿No te involucras emocionalmente con los demás porque tienes miedo al rechazo o a la traición? ¿Crees que las emociones son complicadas y molestas? ¿Te rechazaron tantas veces durante tu infancia que ahora te encierras tras un muro para evitar sentir ese dolor otra vez?

Muchos Estáticos experimentaron algún trauma en la niñez, lo que les enseñó que es más seguro mantenerse a una distancia prudencial del embrollo de las relaciones. Probablemente, los hirieron y traicionaron tanto que les resulta más fácil construir muros que relaciones. Anhelan conectar, pero están demasiado heridos para quitarse la máscara del Estático, lo que les permitiría nutrir los vínculos emocionales profundos de su vida.

A medida que leas sobre los siguientes subtipos del Estático, reflexiona si utilizas alguna de las siguientes máscaras del ego para ayudarte a lidiar con las dificultades de la crianza y de la vida.

El «A medias»

Cuando tu hijo o hija te hace reaccionar, ¿te invade una sensación de agobio al lidiar con sus sentimientos? ¿Te absorbe la necesidad de estar a solas, como si el estrés te superara? Puede que estés usando la máscara del padre «A medias».

Esta máscara es utilizada por padres que están presentes, pero no involucrados en los detalles de la vida de sus hijos. Participan, aunque a regañadientes, y no les interesa aportar valor. Hay que arrastrarlos y convencerlos de que se involucren. Es como si estuvieran haciendo un favor al brindar su presencia. No se meten en el lodo de las cosas para evitar ensuciarse. Dejan a sus hijos con niñeras y otros cuidadores. Se mantienen a una gran distancia emocional de los demás y observan la escena desde lejos. Cuando se involucran, es «A medias» casi hasta el punto de que los demás desearían que estos padres no estuvieran presentes. Pueden ofrecer ayuda, pero luego hacen el trabajo de manera tan incompetente o con tal indiferencia que están casi seguros de que no les volverán a pedir ayuda.

Los padres «A medias» tienen las siguientes creencias:

Las relaciones implican vulnerabilidad, y no quiero ser vulnerable.

Tengo miedo de conectar con otras personas.

Rechazo y me alejo antes de que otros puedan hacerlo conmigo.
Es más seguro mirar desde la distancia que involucrarme.

Los hijos de estos padres sienten como si fuesen una carga. Están confundidos y se preguntan por qué no son lo suficientemente importantes para recibir la atención y el cuidado que tanto desean. Se sienten rechazados y desatendidos por sus padres hasta el punto de que pueden llegar a convertirse en grandes triunfadores y niños perfectos para recibir atención y aprobación.

Así podría sonar un padre «A medias» «¿Por qué debo quedarme hasta el final de la función? ¿Por qué no puedo llegar para el final? Es muy larga y aburrida. Además, no hay dónde aparcar y tendré que caminar casi dos kilómetros. No me gusta ver esas obras. Prefiero verte después. ¿Para qué molestarse?».

Si utilizas esta máscara o conoces a alguien que la use, vale la pena que mires detrás de ella para encontrar los sentimientos que esconde y busques la manera de explorarlos en profundidad.

El Ausente

¿La mera presencia o recuerdo de tus hijos te hace reaccionar? ¿No te interesa participar en sus vidas? Si es así, puedes estar usando la máscara del Ausente.

Este tipo de padre es solo un peso muerto para la familia, estoico y ausente emocionalmente. En resumidas cuentas, estos padres no están presentes. No muestran interés emocional en su familia ni en su cuidado. Aunque ocupan espacio físico, no se entregan emocionalmente. Están allí, pero a un paso de no estar del todo. Sin embargo, debido a que están físicamente en el hogar, absorben los recursos y afectan la energía de los que los rodean. Normalmente, los Ausentes presionan a sus parejas o a los hijos mayores para que compensen su negativa a desempeñar cualquier papel. Los Ausentes quieren ser miembros de la familia sin contribuir en ella.

Los Ausentes tienen las siguientes creencias:

No necesito darle nada a los demás, solo obtener cosas de ellos.

Soy incapaz de colaborar con los demás y no estoy dispuesto a intentarlo.

Tengo miedo a fallar y demostrar mi vulnerabilidad.

Nadie se preocupa por mí, ¿por qué debería preocuparme por ellos?

No soy digno de participar en relaciones de alguna manera significativa.

Los hijos de los Ausentes pueden tomarse la falta de cuidado de estos padres de manera personal y preguntarse por qué no se involucran más. Estos hijos pueden crear la narrativa de que la razón es que no son lo suficientemente buenos. Dependiendo de su temperamento, pueden sentir una sensación dominante de vacío interno y aprender a desconectarse emocionalmente. O pueden esforzarse mucho para obtener la atención de los padres siendo extremadamente buenos o extremadamente malos. De cualquier modo, se pierden una oportunidad valiosa de sentirse conectados cuando no hay respuesta por parte de los padres.

Un padre Ausente no dice ni hace mucho, por lo que es difícil imaginar cómo suenan. Esta es la energía que emanan los padres Ausentes: «Aquí nada es digno de mi interés, recursos o tiempo. Aquí todo es un desperdicio de energía. No encajo con estas personas. Ojalá no estuviera aquí. Soy una persona independiente».

Si utilizas esta máscara o conoces a alguien que la use, vale la pena que mires detrás de ella para encontrar los sentimientos que esconde y busques la manera de explorarlos en profundidad.

LOS EVASIVOS

Los Evasivos ni siquiera están lo suficientemente presentes como para que sus hijos los hagan reaccionar. Desaparecen del todo. La principal estrategia emocional que utilizan los Evasivos para controlar sus miedos es abandonar el barco. Descartan, se escabullen, huyen y corren. Su *modus operandi* es escapar de la presión y la responsabilidad. Es fácil hablar mal de estos padres por su falta de participación, pero debemos comprender que son víctimas del trauma. Su inhabilidad para vincularse y conectar proviene de las heridas de la infancia, no de intenciones malignas. No justifico su comportamiento, pero comprendo que esta mentalidad de «coge el dinero y corre» se origina en la percepción profundamente enraizada de que están tan vacíos por dentro que nadie los necesita.

Los Evasivos tienen estas creencias:

No tengo nada para contribuir o darle a nadie. No existo.
Nada me importa, y yo no le importo a nadie.

¿Así eres tú de vez en cuando? ¿Te sientes con tan poco valor que huyes de las relaciones y situaciones porque crees genuinamente que no tienes nada que aportar? ¿Te alejas de los compromisos íntimos porque temes sufrir el rechazo y el trauma que sufriste en tu niñez?

Los Evasivos han aprendido mediante la experiencia que comprometerse con otras personas puede traerles trauma y abandono. Por este motivo, es más seguro alejarse de todos los enredos emocionales. Puedes reflexionar sobre si alguna vez has usado esta máscara del ego.

El Yoyó

Los Yoyó están constantemente en movimiento. Cualquier tipo de compromiso los aterroriza. Estos padres van y vienen cuando les da la gana; no hay ritmo ni razón para su presencia ni ausencia. Se niegan a comprometerse con los planes, y si planifican algo probablemente lleguen tarde o no aparezcan. Jamás sabrás si harán acto de presencia. Cuando aparecen, suelen actuar como si no pasara nada, y luego desaparecen durante meses o incluso años. A menudo, los Yoyó son sumamente fóbicos al compromiso y reacios a la dependencia. No pueden soportar que las personas esperen algo de ellos, y por eso cortan cualquier lazo consistente.

Este miedo a la dependencia parece muy egoísta, y en cierto punto lo es. Sin embargo, está alimentado por el miedo a ser una decepción para los demás y que los abandonen en consecuencia.

Los padres Yoyó tienen las siguientes creencias:

No te involucres con los demás o saldrás herido.
Abandona antes de que te abandonen a ti.
No tengo nada para dar a nadie.
Nadie me quiere en su vida.
Las personas no son confiables y te abandonarán.
Es muy arriesgado depender de los demás.
Si los demás dependen de mí, se decepcionarán.
No soy digno de dar o recibir amor.

Los hijos de estos padres se sienten abandonados y traicionados, y suelen sentirse confundidos por la naturaleza impredecible de la relación. Pueden gastar una gran parte de su energía y recursos esperando y deseando que esos padres aparezcan en sus vidas y se toman su ausencia personalmente. Estos hijos pueden preguntarse por qué no son lo suficientemente buenos para que sus padres pasen tiempo con ellos, lo que los hace sentir muy inseguros.

Los padres Yoyó rara vez están presentes, pero cuando lo están emanan esta energía: «No tengo tiempo de estar aquí. Tengo toda una vida en otro sitio que necesita mi atención. No puedo enredarme con tus problemas. Soy un viajero de la vida que necesitar ser libre e ir y venir cuando quiera».

Si utilizas esta máscara o conoces a alguien que la use, vale la pena que mires detrás de ella para encontrar los sentimientos que esconde y busques la manera de explorarlos en profundidad.

El Abandonador

Los Abandonadores son justamente lo que su nombre sugiere: no están presentes. Y punto. Son individuos traumatizados que abandonan por completo todas las responsabilidades parentales y pueden desaparecer durante años. Sería casi mejor para sus hijos pensar que los Abandonadores están muertos, porque así ese abandono no se sentiría como algo tan personal.

Estos padres suelen sufrir una combinación de algún tipo de trastorno psicológico clínico y una adicción a sustancias. Esta situación tiene como resultado una persona mal preparada para manejar las responsabilidades y las presiones de la crianza. Estos padres simplemente no pueden sobrellevarlas. Además, no creen que estén causándole dolor a nadie al ausentarse. Se sienten tan poco dignos por dentro que no son capaces de comprender la posibilidad de que alguien se sienta afectado por su ausencia.

Los padres Abandonadores tienen estas creencias:

Conectar con otras personas es traumático.
No soy importante ni valioso.
No tengo nada que aportar.
Mi presencia no mejora la vida de nadie.
Los demás están mejor sin mí.

Los hijos de estos padres suelen sentirse despiadadamente abandonados, descartados y olvidados. A menos que una narrativa convincente les dé a estos hijos un significado que atribuir a su abandono, es posible que se lo tomen como algo personal y crean que se debe a que no son lo suficientemente buenos. El abandono y la narrativa de «no ser buenos» se mantendrá durante toda su vida. Necesitarán trabajar mucho para sanar y no transmitir esa creencia a sus propios hijos.

Aunque los Abandonadores no están presentes, y por lo tanto no pueden decir mucho, su ausencia lo dice todo. Esto es lo que su ausencia les dice a sus hijos: «No eres lo suficientemente importante para mí como para que me dedique a sanar mis heridas. No eres lo suficientemente importante para mí como para que cambie mi comportamiento. Estoy demasiado dañado para atender tus desórdenes y dificultades. Ya tengo suficientes problemas y dolor en mi vida y apenas puedo mantenerme a flote. Necesito cuidarme. No puedo cuidarte a ti».

Si utilizas esta máscara o conoces a alguien que la use, vale la pena que mires detrás de ella para encontrar los sentimientos que esconde y busques la manera de explorarlos en profundidad.

Ya hemos cubierto lo que creo que son las principales máscaras del ego. Es probable que muchas de las características de estas máscaras resuenen contigo y, tal vez, hayas podido «diagnosticarte» a ti o a tus seres queridos. Es importarte ver que podemos usar diferentes máscaras, dependiendo de la situación. A veces, podríamos usar la máscara del Evasivo; otras, del Reparador. Incluso, a veces, podemos usar varias máscaras en serie, por ejemplo, empezamos con la máscara del Reparador, luego nos ponemos la máscara del Luchador y, finalmente, la cambiamos por la del Estático.

Trisha, una paciente, recientemente me dijo: «Primero entro en pánico. Corro al rescate. Complazco en exceso. Lo hago todo por mi hijo. Le pongo los zapatos, le hago la cama, lo peino. Todo para que no haga un berrinche. Pero, cuando sigue discutiendo y se resiste, empiezo a hervir de furia. Me siento inútil y frustrada. En un abrir y cerrar de ojos, estoy gritando a todo volumen. Luego, me avergüenzo tanto de lo que he hecho, que me aíslo y dejo de hablar. Es un ciclo demencial, y no sé cómo romperlo».

Trisha no es la única que tiene una sensación de caos interno. La mayoría de personas usamos diferentes máscaras en diferentes situaciones con distintas personas. Tomar consciencia de esta tendencia es una herramienta poderosa en el proceso de despertar. Recuerda, somos seres fluidos que no pueden ser encasillados. Las categorías que he descrito proporcionan un marco de referencia útil, pero no tienen el propósito de atarnos o encasillarnos. Están para proporcionar conocimiento y guía.

Cada una de estas máscaras del ego genera ciclos de comunicación predecibles con nuestros hijos que pueden causar dolor, estrés y conflicto. Solo cuando podamos detectar nuestros egos impostores únicos podremos descubrir los patrones habituales que creamos con nuestros hijos. Llamo a estos patrones negativos «ciclos disfuncionales». Seguimos dando vueltas en estos ciclos y no nos damos cuenta de que estamos metidos en uno. ¿Seguimos adelante para profundizar y descubrir tus patrones y ciclos característicos?

Antes de pasar a la próxima fase, tómate un momento para ponerte en contacto contigo. ¿Cómo te sientes con toda esta información? Tal vez, detectas por primera vez el ego dentro de ti y también el de los demás. Esta consciencia puede sentirse apabullante, incluso intimidante. Tomar consciencia de nuestras dinámicas internas jamás es un proceso sencillo, pero es vital si queremos romper los ciclos disfuncionales y crear una mayor conexión en nuestras vidas.

MANOS A LA OBRA

La razón por la que he descrito nuestras máscaras del ego en categorías tan claras y sencillas es para ayudarte a distinguirlas en tu vida, ya sea en ti mismo o en los demás. Si te atrapan los sentimientos negativos sobre esta parte de tu identidad, recuerda estos puntos fundamentales:

Tus máscaras impostoras no son malas.
Tus máscaras te han salvado y protegido del dolor.

**Identificar tu ego no te hace una mala persona; te hace
humano.
Tomar consciencia de tus máscaras es un paso clave para
romper viejos patrones.**

¿Cuál es el estilo de máscara que más predomina en ti? ¿Cuál es el segundo? Tal vez, has reconocido los estilos de las máscaras que usan tus padres o tus seres queridos. La tabla de la siguiente página puede ayudarte a organizar tus pensamientos.

Ha llegado el momento de conocer tus sentimientos. ¿Qué brota de ti? Tal vez sientas vergüenza y culpa por tu pasado, o estés enfadado con alguien. Esto puede despertar otro ciclo de reacciones del ego. Si puedes recordar que el ego sale a la luz como un medio de supervivencia, tal vez puedas demostrar compasión y empatía hacia ti y los demás.

Para poner este nuevo conocimiento en práctica, es importante comenzar identificando estas máscaras en el momento en que aparecen. Saber cuándo estás en modo máscara es esencial para comenzar a romper ciclos. Déjame advertirte que puede suceder algo más en esta etapa del proceso: la regresión del ego. Lo explico:

Cuando nuestro ego siente que estamos a punto de desmantelarlo, entra en escena con más fuerza mediante el autosabotaje y nos devuelve a viejos estados de ánimo disfuncionales. No puedo ni comenzar a describir cuántas veces les ha sucedido esta regresión a mis pacientes.

Cuando mi paciente Brandon estaba a punto de dar un gran paso en su adicción al juego y había comenzado a sanar las heridas de su infancia en terapia, ¡pum! Un día dejó de venir. Dieron igual la cantidad de veces que intenté contactar con él. No contestó mis llamadas ni mis mensajes. Inmediatamente, supe lo que había sucedido. Había tenido una regresión. Su ego había entrado en pánico y había puesto un freno en su psique, arrastrándolo a los viejos patrones para quedarse en el mismo lugar de siempre. Estaba muy cerca de liberarse, pero lo aterrorizaba estar sano. Nuestra psique es compleja, ¿verdad?

Relación	Máscara primaria	Máscara secundaria	Recuerdos	Sentimientos
Mamá	Luchadora	Evasiva	Tenía alrededor de 8 años y mi madre me gritó por haber roto un hermoso plato de porcelana. Pensó que lo había hecho a propósito. Me dijo que era un perdedor. Después de eso, no me habló durante días.	Quería desaparecer. Odiaba estos períodos largos de silencio. Me aterraban.
Papá				
Hermanos				
Yo				

Más de un año y medio después, Brandon finalmente regresó a mi consulta. Decaído, pidió disculpas por su ausencia. Le dije que no había nada que disculpar. Contó que, durante ese tiempo, su adicción volvió con fuerza, y había tenido su peor recaída. Solo cuando su esposa descubrió que se había endeudado por cientos de miles de dólares y lo amenazó con divorciarse, decidió llamarme. Sentí compasión por Brandon. Debido a su trauma del pasado, comprendí que elegir la salud por encima de la destrucción era extraño para él. Nos acostumbramos tanto a nuestros patrones que no importa lo enfermos que estemos, los sentimos más conocidos que los nuevos. Es más cómodo no cambiar y ser disfuncionales que avanzar en un terreno nuevo de la consciencia y la sabiduría.

A Brandon le tomó un año más de terapia descubrir cómo había creado un patrón de escasez y carencia en su vida desde la infancia. En su terapia conmigo, descubrió que había habido innumerables veces en las que le había faltado el dinero y, cuando lo tenía, eso lo incomodaba tanto que se lo gastaba todo a la vez. Este patrón de escasez aguda había generado una relación complicada con el dinero en su vida. Este patrón sentó las bases de su hábito de apostar, ya que le permitía permanecer en la eterna incertidumbre y la falta de dinero. Cuando Brandon comenzó a relacionarlo todo y a ver cómo su pasado contribuía a su presente, pudo dar un paso para desarmar estas narrativas y reemplazarlas por otras más sanas. Su historia no es muy diferente a la de cualquiera de nosotros; todos estamos atrapados en nuestros patrones del pasado sin darnos cuenta.

Puede que sientas miedo en esta etapa. Si es así, ten paciencia. Tu ego te susurrará todo tipo de cosas: «Esto no tiene sentido», «Has estado bien hasta ahora y puedes continuar con los viejos hábitos», «Tus amigos y tu familia se enfadarán contigo por haber cambiado tanto». Quiero que sepas que estos tipos de afirmaciones son la forma en que tu ego intenta mantenerse en su lugar. Con solo ser consciente de ello, ya estás contribuyendo a liberarte de su control sobre tu vida. No necesitamos matar el ego con violencia. En lugar de eso, a medida que tu ser se afirme, podrás deshacerte de él capa por capa, paso a paso.

Paso nueve:

Afronta tus detonantes

Mis máscaras del ego me ciegan
y me atrapan en el caos
y me desconectan de mis hijos
y me hacen olvidar lo mucho que amo ser padre.
Solo cuando comienzo a verme en el espejo
y romper las cadenas con las que me encierran,
me libero finalmente
y veo la belleza que hay en mis hijos.

Cuando hayas identificado las máscaras del ego, podrás ver con precisión cómo han generado ciclos de comunicación disfuncionales que han sumido tu relación con tus hijos en el caos. Este es un paso fantástico en tu camino de crecimiento como padre o madre, porque estás a punto de ver tus patrones de cerca y en primera persona. Además, empezarás a usar herramientas para romper tus ciclos disfuncionales con tus hijos. ¿No es una promesa esperanzadora?

Cuando nuestros hijos nos hacen reaccionar, solemos actuar de una manera habitual. Estos ciclos son tan predecibles que se pueden mostrar en gráficos. Tus hijos hacen A, tú dices B, tus hijos dicen C y tú respondes D. Antes de que te des cuenta, estáis discutiendo. Es como si tú y tus hijos hubierais memorizado los movimientos de la danza y los repitierais una y otra vez. Tengo buenas noticias: por supuesto que puedes romper con estos ciclos. Solo debes saber cómo. Este paso te lo explicará. Solo cuando rompas el patrón se podrán crear nuevas dinámicas y nuevas conexiones.

Si eres un padre o una madre que no puede escapar de un ciclo disfuncional detrás de otro con tus hijos, es hora de que te tomes un momento y comiences a interrumpir tus propios patrones. Aunque no lo creas, tienes el poder de hacerlo por tu cuenta. Romper patrones viejos es el eje de este paso. Alterar tus patrones te ayudará a sintonizar con tus hijos y conectar con ellos de una manera nueva. ¿No es esta conexión todo lo que deseas para tus hijos?

Para comenzar, debemos preguntarnos: ¿cuál es la llama que desata todo este ciclo? Cada patrón disfuncional que tienes con los demás comienza con un elemento común. ¿Sabes cuál es? Es un detonante. Tradicionalmente, definimos los detonantes como algo del exterior que nos hace reaccionar. Aunque esta definición es correcta, no es todo el panorama. Analicemos qué son los detonantes y cómo funcionan.

Un detonante no comienza como un detonante. Comienza como un suceso, una situación o un enunciado. Tal vez es una fiesta de cumpleaños, el retraso de un vuelo o el comentario de alguien en una tienda. Dicho de una manera sencilla, el detonante empieza como una «cosa», y puede ser cualquier «cosa»: un plato que te sirvieron mal en un restaurante, un atasco de tráfico, la crítica de tu madre sobre tu corte de cabello. Si documentaras la reacción de cien personas frente a estas cosas, cada persona respondería de manera distinta; algunos no reaccionarían para nada. Si estas cosas fuesen detonantes verdaderos, todas las personas reaccionarían más o menos de la misma manera.

Entonces, un detonante se origina en una «cosa». La cosa en sí no se vuelve un detonante. El detonante es cómo se interpreta y metaboliza internamente. La interpretación y metabolización es la clave, el eje, para determinar si una cosa permanece así o se convierte en un detonante. Probablemente, este sea uno de los datos más importantes en tu viaje de crecimiento, y es tan fundamental que ahora necesitamos hacer una pausa para que pueda reiterar lo siguiente: lo que hace que una cosa sea un detonante no es la cosa en sí, sino cómo la metabolizamos emocionalmente. Si puedes comprender esta verdad en profundidad, tu camino para romper tus patrones negativos con tus hijos será fructífero.

Tomemos un ejemplo sencillo: quedar atrapado en un atasco de tráfico. Si es un día hermoso y no estás apurado por llegar a ningún sitio, seguramente lo vivas como un suceso neutral. Incluso podrías convertirlo en algo positivo escuchando tu pódcast favorito o al ponerte al día con las llamadas. Pero ¿qué sucede si has tenido un mal día y llegas tarde a un compromiso por la tarde? De repente, ese embotellamiento podría causar una explosión. ¿Entiendes a lo que me refiero? El efecto de este suceso depende en su totalidad de lo que te ocurre internamente. Si estás lleno de agua calma, reaccionarás de manera diferente que si estás lleno de gasolina o de un combustible aún más explosivo.

La «cosa» es solo una llama que puede crecer o extinguirse. Pero, si enciende nuestra dinamita interna o no depende de algo dentro de nosotros. ¿Qué es? Ah, es algo de lo que hemos estado hablando todo este tiempo: las máscaras del ego que te has acostumbrado a usar. ¿Nuestras máscaras están hechas de agua, de algo volátil que causa una erupción o de algo que causa aún más destrucción y que resulta en una enorme explosión?

Esta es la verdad de los detonantes. Son solo llamas. Lo que transforma estas llamas en algo destructivo es una sola cosa: nuestro ego.

Cuanto más grande sea el ego, mayor será la explosión emocional interna.

Piensa en que tu hijo o hija no te escucha. A un nivel básico, es solo una situación llamada «el niño no escucha al padre». Eso es todo. Ahora, ¿qué hace que esta situación se convierta en un detonante? La reacción del padre o la madre según su ego. ¿Lo ves? ¿Cuidan de su hijo con cariño o explotan? Todo depende del ego interior de los padres, ¿no? Cuanto más invalidados o inseguros se sientan, mayor será la fuerza y la velocidad con que aparecerá el ego. Cuanto mayor sea el ego, más incendiaria y explosiva será la reacción de los padres.

Una manera simple de representar esta idea visualmente es imaginar el mundo interior de los padres. ¿Tiene muchos o pocos huecos? ¿Está lleno de agua calma o de explosivos peligrosos? Por supuesto, cuantos menos huecos tengan y más calmados sean los padres en su interior, menor será la combustión cuando reaccionen; cuantos más huecos y explosivos internos, mayor será la combustión.

En esta ilustración, aquellas personas que tienen menos heridas internas, o «huecos», como simboliza el primer corazón, tienen una reacción egoica menor que las que tienen más huecos. En cada caso, el detonante, o la «llama», es el mismo. Sin embargo, la manera en que se acciona la «bomba interior» de cada persona es diferente: cuanto más inflamable sea, mayor será el tamaño de nuestra bomba interior y más severa será la destrucción que pueda causar.

¿Con cuál de estos corazones te identificas más? Tal vez notes que en algunas situaciones tienes la energía del agua, pero en otras tienes la capacidad de explotar. Se trata de comprenderte en términos de tu química interior para tomar los pasos conscientes que te protejan a ti y a los demás de tu propia combustión. En general, cuanto más sanados estén nuestros huecos internos, menos reactivos seremos. Tómate un momento para reflexionar sobre la última vez que sentiste provocación.

¿Cuál fue la llama o el suceso detonante?
¿Cuáles fueron tus huecos interiores? ¿Estabas lleno de
agua, gasolina o explosivos?
¿Cómo reaccionaste?

Uno de los ejemplos más emotivos de cómo nuestro mundo interior dicta la forma en que percibimos nuestra realidad exterior es la de Jake, que acudió a uno de mis seminarios. Al terminar el evento, se me acercó y rompió en llanto. Dijo: «Finalmente, he podido ver cómo he estado generando mis propias pesadillas. He estado discutiendo con mi hijo de ocho años casi todos los días durante años debido a mi propio desastre. ¡Ahora puedo verlo! Todo este tiempo, he pensado que él tenía algún problema, pero hoy me has demostrado que la razón soy yo. Yo era mi propio detonante. Él no me provocaba. Era yo, solo yo». Jake contó cómo su hijo lo hacía reaccionar hasta el extremo desde hacía años porque Max no era tan masculino ni atlético como se había imaginado que sería su hijo. Max también tenía retrasos del habla y del aprendizaje. Era muy difícil para Jake que su hijo tuviera todos estos atributos.

Aunque Jake amaba a su hijo, libraba batallas diarias con él. La última gota fue cuando le lanzó un vaso de agua a su hijo, lo arrastró de la chaqueta y lo tiró contra una pared. En ese momento, se dio cuenta de que las cosas se habían calmados y de que necesitaba ayuda inmediata. Este fue el motivo por el que se inscribió en uno de mis talleres. Después de trabajar conmigo en los detonantes de su infancia, Jake descubrió un recuerdo clave de su niñez que lo ayudó a comprender la mayoría de sus problemas con su hijo. Recordó que a los diez años lo acorralaron en un baño de la escuela y que lo intimidaban violentamente varios niños mayores que él. Le llamaban «mariquita» y se reían de él cuando lloraba. Jake había enterrado ese recuerdo, pero hasta ese día todavía cargaba con la vergüenza del miedo y de lo aterrorizado que había estado para defenderse. Se había culpado por su falta de masculinidad. De hecho, cuando regresaba a casa, su padre se burlaba de él por no defenderse y lo avergonzaba por su falta de coraje.

Desde ese día, Jake había desarrollado una máscara del ego de hipermasculinidad. Se había obligado a ser más atlético y aumentó su musculatura cuando creció, y también pasó mucho tiempo en el gimnasio. Si lo vieras hoy, jamás podrías imaginar que pudiese haber tenido problemas con su masculinidad. En cambio, su hijo, Max, no era el típico «varón masculino». Por el contrario, era más femenino, sensible y «suave». La diferencia entre lo que era Max y lo que su padre esperaba de él los adentró a los dos en el camino de un conflicto trágico.

De lo que Jake no era consciente en absoluto era de su propio trauma interior y de cómo había estado burbujeando como lava hirviendo bajo de la superficie. Había enterrado su dolor interior a tal profundidad que pensaba que no tenía ningún dolor. Desconectado de su propio trauma interior, proyectó este dolor en su hijo. Pensó que Max tenía la culpa y que debía repararlo. Los viejos traumas de la infancia de Jake yacían enterrados en las profundidades de su inconsciente, dirigiendo su comportamiento actual hacia su hijo. Intentó reparar a Max para que no tuviera que sufrir el dolor que lo había aturdido a él. Ese día, después de años de regañar y humillar a su hijo, Jake pudo mirar en las profundidades de su ser y descubrir sus heridas sin resolver. El momento crucial de su conocimiento fue fuerte. Finalmente, pudo ver el dolor de su niño interior. Había estado gritando detrás del ego de Luchador de

Jake, pero nadie le había prestado atención. El ego había ganado siempre, hasta ese día, en el que finalmente se derrumbó y el dolor del niño interior herido brotó.

Pude ver el dolor puro en los ojos de Jake cuando se dio cuenta de que había transferido toda la aflicción de su pasado a su hijo. Abracé a Jake y a su niño interior. Ambos necesitaban mucha atención y cariño. Le pedí que me prometiera que regresaría a su niño interior y le permitiría gritar todo el dolor que Jake le había reprimido durante todos esos años. Cuanto más sanara a su niño interior, más aceptaría a su hijo y le permitiría ser quien realmente era. Jake había estado proyectando en Max todo el dolor que había experimentado en su pasado. Esta es la manera en que «las personas heridas hieren a las personas». ¿Ves cómo, si no somos conscientes, podemos pasarles a nuestros hijos el dolor sin resolver de nuestra infancia? Por este motivo es tan importante el crecimiento que estás a punto de experimentar: para ti y para tus hijos.

Cuando comprendemos que una «cosa» del exterior solo nos provoca debido a los explosivos emocionales internos, llegamos a un punto de inflexión. Esto puede cambiar toda la dinámica con tus hijos. Cuanto más consciente seas de tu dolor y tus miedos internos, más cerca estarás de comprenderte en profundidad y de tener mayor conexión con tus hijos. Cuantos más explosivos o huecos internos tengas, más los proyectarás en tus hijos. Tus proyecciones crearán huecos en tus hijos, y ellos los usarán como explosivos en sus relaciones adultas. Es un ciclo que terminaremos gracias a este trabajo.

MANOS A LA OBRA

Una de las maneras más eficaces de reconocer los detonantes de nuestra vida es hacer el ejercicio llamado «Dale la vuelta». Consiste en identificar un detonante que vemos en otra persona y darle la vuelta preguntándonos: «¿Alguna vez esto me ha provocado también a mí?». Si la respuesta es sí, hemos dado el primer paso para comprender una herida más profunda en nuestro interior.

Esto es exactamente lo que le sucedió a Jake en el ejemplo que acabamos de analizar. Cuando le dio vuelta al detonante y se preguntó: «¿Alguna vez me he sentido provocado por mi lado femenino o mi falta de masculinidad del mismo modo que me provoca Max?», la respuesta fue clara.

Hay otro caso reciente que me recuerda a este proceso. Un día, Victoria vino a una sesión claramente alterada. Su hija de treinta años se había divorciado unos meses atrás y hacía poco le había confesado que su marido había abusado física y emocionalmente de ella. Victoria estaba furiosa. Quería denunciar a su yerno. También estaba frustrada con su hija por lo que percibía como un comportamiento pasivo: «Es tan débil e inmadura... Yo no la crie de esa manera. Quiero que luche y se defienda. No puedo creer que haya permitido que su esposo se haya ido de rositas con este abuso».

Pude ver que el ego de Victoria estaba verdaderamente activado. «No es tu trabajo denunciar a tu yerno. Es el de tu hija, ¿no es cierto?», le dije.

Victoria continuó su diatriba. «Estoy furiosa. Trabajé mucho para criar una hija fuerte y no puedo creer que, después de tanto esfuerzo, resultara ser así». Victoria comentó que había discutido duramente con su hija y que había terminado colgándole el teléfono, llena de frustración.

Supe que había algo en el pasado de Victoria que se había reactivado, y entonces hice el ejercicio «Dale la vuelta» con ella. Le pregunté: «¿Qué parte del comportamiento de tu hija no te gusta en ti? Sientes que es una persona pasiva y débil. ¿Hubo un momento en tu vida en el que fuiste pasiva y débil?».

Victoria contestó en un instante. «¡Sí! ¡Era exactamente así con mi primer marido, el matrimonio anterior al del padre de mi hija! Solía agredirme física y verbalmente. Tuve que denunciarlo varias veces. Siempre me pedía perdón y yo le creía, hasta que volvía a golpearme. Después de cuatro años de infierno, finalmente tuve las agallas para dejarlo. Cuando me casé por segunda vez, me aseguré de elegir a un hombre dócil y tranquilo que me adorara». La encontramos. ¿Ves lo previsiblemente que afloran nuestras viejas heridas?

La reacción intensa de Victoria contra su hija fue evocada por su pasado doloroso. Había trabajado tanto en liberarse de cualquier pasividad y debilidad con los hombres que, cuando vio que esta pasividad emergía en su hija, Victoria no pudo tolerar mirarse al espejo. La animé con dulzura: «Puede que ahora seas más fuerte, pero todavía no has sanado. Para sanar, debes perdonar esa parte de tu identidad y tratarla con compasión. Tú la mataste, la enterraste y continuaste con tu vida. Eso no es sanar. Lo sabemos porque quieres hacer lo mismo con las partes "débiles" de tu hija: matarlas, enterrarlas y continuar. Debes dejar que tu hija tome el control de la situación. Pero solo te aceptarás por tu pasado cuando reconozcas esas partes en ti y las veas con compasión y comprensión. Cuando aceptes tus partes "débiles", aceptarás a tu hija. Tendrás compasión por su dolor y sus problemas. Eso os acercará».

Las partes dentro de nosotros que rechazamos, negamos y abandonamos no desaparecen. Simplemente, quedan enterradas muy dentro de nosotros. Cuando vemos que aparecen en nuestros hijos o seres queridos, nos hacen reaccionar en extremo e intentamos hacer lo que le hicimos a las nuestras. Nuestras heridas del pasado nos inundan de tanto dolor que empleamos nuestro ego con furia. Nuestro ego aparece rápidamente en escena, rugiendo, e intenta ahogar nuestro dolor interno atacando el dolor de nuestros hijos. En lugar de conectar con su dolor y verlo por lo que es —algo separado de nosotros—, destruimos a nuestros hijos con control y degradación, y terminamos sintiéndonos invisibles e invalidados. La tragedia es que no nos damos cuenta de lo que estamos haciendo; todo sucede a un nivel inconsciente. Así de poderoso es el dolor interno sin resolver.

Paso diez:

Rompe tus ciclos disfuncionales

Avanzamos en círculos,
sin ver ninguna de las salidas.
En lugar de liberarnos de las cadenas,
nos amarran cada vez más a nuestra jaula.

En algún momento, la mayoría de los padres hemos quedado atrapados en ciclos disfuncionales de comunicación con nuestros hijos. Y es muy doloroso estar en estos ciclos. Causan estrés, tensión y conflicto. Son horribles. La razón por la que entramos en estos ciclos es que no somos conscientes de nuestros egos y de cuánto dañan las relaciones con nuestros hijos. A menos que seamos capaces de identificar nuestros patrones con claridad —los egos en acción—, y hasta que seamos capaces de hacerlo, no podremos responsabilizarnos de nuestra parte de responsabilidad en la dinámica e intentaremos culpar a nuestros hijos. Esa culpa los provoca aún más y el patrón continúa.

La pregunta clave es: ¿Quién romperá el ciclo? ¿Quién interrumpirá el patrón? ¿Serás tú? ¿Te animas a hacerte responsable de tu familia? El hermoso consuelo es que tienes el poder de ser la persona que implemente los cambios. Nuestros hijos no pueden hacerlo, porque están moldeados por nuestros egos. No pueden evitar estar en modo reactivo. Por lo tanto, la responsabilidad está en nuestras manos. Por más desalentador que suene, te animo a que aceptes este desafío con coraje, porque no solo liberará a tus hijos, sino a ti también.

Zina había estado acudiendo a mis sesiones durante más de seis meses cuando tuvo una revelación. Había estado estancada, recorriendo una y otra vez el mismo ciclo disfuncional con su hija de siete años, Angela. ¿Cuál era su ciclo? Zina era una Estática. Odiaba el conflicto y siempre intentaba aislarse. Simplemente, no podía lidiar con los problemas de su hija debido a su propio estrés postraumático, algo de lo que no era consciente. Angela, por otra parte, era una Reparadora. Quería más que nada que su madre la quisiera y hacía todo lo posible para complacer a Zina. Cuando Angela sentía que no lograba complacer a su madre, lloraba desconsoladamente y llegaba a autolesionarse. Cuanto más volátiles eran las emociones de su hija, más se aislaba Zina. Y cuanto más lo hacía, más «mala» y «bochornosa» se consideraba Angela. El ciclo no terminaba nunca.

Cuando indagué en la vida de Zina, pudo explorar la dinámica con su propia madre, en la cual había sentido pavor por sus excesos con el alcohol. Para lidiar con esta situación, Zina había aprendido a adormecerse disociándose del trauma. Había continuado este patrón en su dinámica con su hija. Cuando Angela era dependiente y demandante, Zina se sentía intimidada y asustada. No era capaz de conectar con su corazón maternal y generoso. No creía que su hija realmente pudiera necesitarla, ya que se sentía muy indigna de ser madre. Cuando Angela empezó a expresarse cada vez más, Zina se lo tomó como algo personal; como si Angela fuera a atacarla y lastimarla. Básicamente, Zina activó su estrés postraumático.

Le llevó seis meses de trabajo intenso romper su máscara Estática y poder conectar con el dolor interno. Cuando pudo hacerlo, la presa estalló. Colapsó por una pequeña niña asustada que buscaba desesperadamente el amor de su madre. Lloró y confesó: «Mi madre nunca me amó. Amaba más al alcohol que a mí. Nunca me quiso cerca. Me sentí indigna toda mi vida. No podía competir con el alcohol». Zina temblaba y se estremecía. Después de varios momentos de llanto, comenzó a mecerse hasta tranquilizarse. Le pregunté con tacto: «¿Crees que Angela se siente de la misma manera que tú, y que por eso está llorando para llamar tu atención?». ¡Zina lo entendió! Ver sus heridas internas en acción le permitió entrar en contacto con el modo en que su hija debía estar sintiéndose. Se dio cuenta de que Angela solo necesitaba una madre, al igual que Zina cuando era una niña. Su dolor y sus anhelos eran los mismos. Poco a poco, comenzó a ablandarse con Angela. Mientras derretía su máscara del Estático, comenzó a sintonizar más con las necesidades de su hija. En cuanto Angela sintió más la presencia de su madre, se volvió menos demandante. En poco tiempo, se vincularon a un nivel más profundo.

No importa la máscara que uses. Como todas las máscaras provienen de nuestro ego, están destinadas a crear patrones disfuncionales con nuestros hijos. Cada máscara del ego establece distintos ciclos de comunicación únicos con nuestros hijos. Analicemos estos ciclos para ver si alguno de ellos resuena contigo. Los examinaré de modo genérico, pero asegúrate de utilizar los ejemplos para husmear en tus patrones y ver si las enseñanzas son pertinentes para ti.

Utilizaremos el mismo suceso para cada escenario y observaremos cómo responde cada máscara. Elijamos el suceso de un niño que está siendo «maleducado» y que dice «¡Os odio!» a sus padres. Usaré este ejemplo porque es probable que casi todos los padres reaccionen un poco ante estas palabras. La mayoría las interpreta como un signo no solo de falta de respeto, sino también de ingratitud. Para los padres tradicionales, este es un gran detonante que inflama la herida interna de la insignificancia. Analicemos cómo reaccionaría cada máscara impostora en esta situación.

EL CICLO DEL LUCHADOR

Cuando los padres Luchadores oyen a sus hijos decirles «Te odio», primero interpretan esas palabras como un ataque personal. Inmediatamente, quieren responder algo como: «¿Qué has dicho? ¡Cómo te atreves a hablarme así!». Su enojo e indignación comienzan un ciclo disfuncional.

Si los Luchadores perciben la reacción de los hijos como un ataque, usan el enfado para recuperar la sensación de poder. Los Luchadores interpretan estos sucesos como algo que deben detener de inmediato. Su *modus operandi* es terminar este comportamiento mediante la vergüenza, la degradación o el castigo. Les gritan a sus hijos y los asustan hasta que obedezcan. Frente a este tipo de padre, un hijo siente que no lo validan ni lo escuchan. El hijo se cierra y se aísla.

En este ciclo, una reacción del padre genera sentimientos negativos en el hijo. Estos no desaparecen, sino que desatan una cascada de nuevos patrones negativos… Y el ciclo continúa.

EL CICLO DEL REPARADOR

Los padres Reparadores también se toman como algo personal que sus hijos les digan: «¡Te odio!». Pero, en lugar de intentar controlar el comportamiento de sus hijos, los Reparadores intentan controlar la percepción que tienen de ellos como padres. Tienen miedo de perder el amor de sus hijos, por lo que se esforzarán para recuperarlo cueste lo que cueste. Usan técnicas como las de permitir y rescatar para asegurarse de que sus hijos no los abandonen. Su *modus operandi* es detener el mal comportamiento mediante el consentimiento. Analicemos cómo se vería este ciclo.

Los hijos de los padres Reparadores se sienten desatendidos, ya que sus verdaderos sentimientos son ignorados, mientras que los padres parecen estar preocupados solo por convertir esos sentimientos de odio en amor. Los Reparadores no parecen preocuparse por el motivo por el que sus hijos se sienten de esa manera ni intentan reparar nada en profundidad. En este ciclo, la reacción de los padres también genera sentimientos negativos en sus hijos. No desaparecen, sino que desatan una cascada de nuevos patrones negativos… Y el ciclo continúa.

EL CICLO DEL APARENTADOR

Cuando oyen a sus hijos decir «¡Te odio!», todo lo que pueden pensar los padres Aparentadores es en cómo se verá la situación desde fuera. La apariencia y la imagen pública de los Aparentadores son más importantes que cualquier otra cosa. Harán cualquier cosa para evitar recibir atención negativa. Su *modus operandi* es disimular el problema para que tenga otra apariencia para el resto de las personas. Los sentimientos de los hijos son desestimados por completo, ya que los padres Aparentadores se centran solo en cómo los perciben los demás. Estos hijos se dan cuenta de que sus sentimientos no son aceptados y pueden sentirse rechazados.

Una vez más, en este ciclo, la reacción de los padres genera sentimientos negativos en los hijos. No desaparecen, sino que desatan una cascada de nuevos patrones negativos… Y el ciclo continúa.

EL CICLO DEL ESTÁTICO

Cuando oyen a sus hijos decir «¡Te odio!», los padres Estáticos también interpretan la situación como si fuera algo personal. Levantan muros de hielo para esconderse detrás de ellos. El conflicto es un gran detonante que los obliga a aislarse. Los Estáticos se paralizan y rechazan cualquier demanda de sus hijos. Su *modus operandi* es esconderse. En lugar de conectar con sus hijos y mostrar preocupación por sus emociones, estos padres prefieren ocuparse de su propia comodidad y se esconden detrás de un muro frío e insensible. Sus hijos reciben el mensaje de que sus emociones llegan a corazones helados. Esto lleva a que tengan una sensación de aislamiento y falta de valía.

En este ciclo, la reacción de los padres genera sentimientos negativos en los hijos que no solo no desaparecen, sino que desatan una cascada de nuevos patrones negativos… Y el ciclo continúa.

EL CICLO DEL EVASIVO

Los padres Evasivos interpretan el «Te odio» como algo de lo que deben huir. No se lo toman como algo personal, ya que están completamente desconectados de cualquier responsabilidad personal debido a sus traumas. Simplemente, no consideran que los problemas de sus hijos sean sus problemas. Los Evasivos huyen de las responsabilidades y de los problemas. Sus hijos se sienten invisibles y se dan cuenta de que son insignificantes para sus padres Evasivos. Estos sentimientos generan una desconfianza generalizada en los demás, junto con una sensación desgarradora de traición y abandono.

¿Detectas algo alarmante en estos ciclos? ¿Te has dado cuenta de cómo el hijo es ignorado en todos ellos? Estos ciclos son tóxicos para nuestros hijos, porque cuando estamos inmersos en ellos, terminamos desestimando por completo sus sentimientos y su forma de ver la vida. Solo nos enfocamos en cómo nos sentimos nosotros y en cómo nos podemos proteger.

El grado en el que mostramos nuestras máscaras del ego al mundo exterior es directamente proporcional a la profundidad de nuestras heridas. Cuanto mayor sea nuestro dolor interior, mayor será el arrebato exterior. Y, a una escala mayor, nuestros hijos están desamparados, son rehenes de nuestros estados de ánimo y caprichos. No pueden huir y vivir en otra ciudad. Dependen de nosotros y son presas de nuestros monstruos egoicos interiores; son prisioneros inocentes sin recursos ni vías de escape. Esta es una de las principales razones por las que debemos trabajar en nuestra sanación interior, para que no descarguemos nuestro dolor en ellos.

Es difícil para los padres admitir que podemos funcionar de manera tan inconsciente. Sin embargo, es la dura realidad. Nos criaron de manera inconsciente, por lo que no es sorprendente que pasemos nuestras heridas a nuestros hijos. Pero, cuando podemos ver claramente nuestros patrones en acciones, podemos comenzar a romperlos. Solo en ese momento comenzamos a sintonizar con nuestros hijos por quienes son y lo que sienten.

Cuando sanamos por dentro, finalmente podemos dejar de reaccionar desde nuestros huecos internos y, en su lugar, responder desde un lugar de plenitud interior. Esta plenitud nos permitirá criar al hijo que está frente a nosotros en lugar de al niño dentro de nosotros.

MANOS A LA OBRA

Es difícil romper nuestros patrones cuando estamos en medio de uno, ¿no es cierto? Es difícil identificar nuestro ego cuando estamos en él. Es difícil romper un ciclo cuando está en marcha. Nuestra única esperanza es detener el ciclo antes de que comience. Para que esto suceda, es importante reconocer cómo reacciona nuestro cuerpo cuando se ve provocado.

Nuestro cuerpo intenta darnos una señal cuando entra en estado de alarma. Hay signos y síntomas concretos, solo debemos estar atentos. Se manifiestan en nuestro cuerpo. Entonces, ¿cómo comenzamos a prestar atención? Sintonizando. ¿Con qué sintonizamos? Con el sistema de alarmas de nuestro cuerpo. ¿Mi corazón se ha acelerado? ¿Tengo palpitaciones, las palmas de las manos sudadas o el pecho pesado? ¿Me tiemblan los labios, me lloran los ojos? ¿Qué intenta decirme el cuerpo? Sintonizar con estos signos nos puede ayudar a identificar cuándo estamos a punto de explotar. De esta manera, nuestras emociones actúan como señales de que algo anda mal. Reconocer los patrones en un nivel emocional es un gran paso para liberarnos de ellos.

Para resumirlo, he categorizado nuestras marcas emocionales típicas como las «cinco A». Comprender tu identidad en estas cinco A puede centrarte en tu cuerpo y ayudar a tu ego a no reaccionar. Analicemos estas emociones:

El estilo emocional del Luchador es el ataque de ira.
El estilo emocional del Reparador es la ansiedad.
El estilo emocional del Aparentador es la adicción a la atención.
El estilo emocional del Estático es la abstracción.
El estilo emocional del Evasivo es el abandono.

¿Puedes identificar tu estilo emocional predominante? ¿Cómo expresa tu cuerpo ese estilo? Debido a que soy una Reparadora por naturaleza, mi marca emocional es la ansiedad. Reconocer los signos de la ansiedad en mi cuerpo antes de caer en picado ha sido útil para mí. Cuando siento ansiedad y estrés, mi cuerpo me habla inmediatamente. Noto que mi respiración está entrecortada y que se me llenan los ojos de lágrimas. La energía nerviosa se apodera de mí. Siento el estómago revuelto y tengo miles de pensamientos en la mente. Es obvio que estoy a punto de colapsar.

Cuando presto atención a estos signos de advertencia y hago una pausa, puedo implementar prácticas de autocuidado como la meditación y la escritura. A veces, cuando estoy en medio de una tormenta emocional, llamo a un amigo o dejo de trabajar durante unas horas para hacer ejercicio en la naturaleza. Estas cosas me ayudan a centrarme. Sin embargo, muchas veces no noto los signos (o, en realidad, los observo, pero finjo que no son para mí). Luego, activo mi modo reactivo y exploto en mi máscara Reparadora. Cuando comienza la explosión, es difícil controlarla. Es por eso que quiero ayudarte a aprender a cambiar tus patrones antes de la explosión.

Observemos el aspecto de este ciclo y cuándo puedes romperlo.

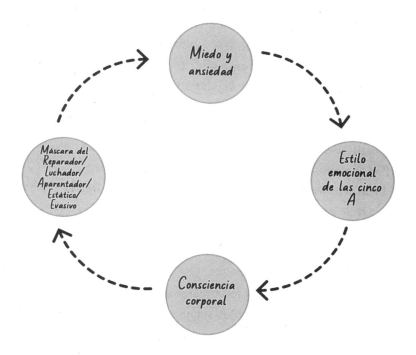

Mi paciente Becky, por ejemplo, usa la adicción a la atención cuando siente un vacío interior. Como es una persona que busca tener mejores resultados que los demás, está acostumbrada a recibir validación externa y busca atención frenéticamente. Stuart, otro paciente, siempre se abstrae. Le aterran el conflicto y el drama emocional, y entonces se aísla y se paraliza. Esta respuesta causa una gran tensión emocional en su familia. Mi amigo Jonathan usa los ataques de ira para sentirse importante y poderoso. Suele explotar y luego se aísla. (Creo que los ataques de ira son una reacción por defecto típica para muchos hombres condicionados por el uso del control y la dominación para demostrar su valía). El exesposo de Debbie se caracteriza por el clásico abandono, ya que su divorcio lo traumatizó tanto que cortó cualquier tipo de contacto con ella y se mudó a otro país.

Necesitaba mostrarle a cada uno de mis pacientes cómo reconocer sus propios patrones del ego y los de sus seres queridos y descubrir sus estilos emocionales subyacentes. Cuando tomaron consciencia de sus patrones emocionales, los ayudé a notarlos en su cuerpo. A medida que mejoraron su consciencia corporal, pude ayudarlos a tomarse una pausa y cambiar sus patrones. Por ejemplo, los Luchadores pueden notar que rechinan los dientes o aprietan la mandíbula. Los Reparadores pueden tener las palmas sudadas y el pecho agitado. Los Aparentadores pueden experimentar dificultad para respirar por el pánico, ya que sienten que otros los atrapan. Los Estáticos pueden notar palpitaciones, porque les aterra cualquier conflicto emocional. Los Evasivos pueden sentir miedo y experimentar un deseo emocional de huir.

Los llamo estilos «emocionales» y no «sentimentales» porque remarco la diferencia entre emociones y sentimientos. Las emociones son la materialización exterior de nuestros sentimientos interiores y suelen ser protectoras y estar basadas en el ego. Usamos las emociones para expresar que hay algo mal dentro de nosotros. Es nuestra señal de que algo no está marchando bien. Pero no se parecen en nada a nuestros sentimientos verdaderos. Nuestros sentimientos son justamente eso: sentimientos que debemos sentir y procesar dentro de nosotros. Por ejemplo, el desamparo es un sentimiento, pero la culpa es una reacción emocional; la vulnerabilidad es un sentimiento, pero la ira hacia alguien es una reacción emocional. El sentimiento es algo que tenemos dentro de nosotros y que podemos sentir en silencio y en privado. La reacción emocional es lo que usamos para huir del sentimiento o para expresarlo. Expresar el sentimiento no es lo mismo que sentirlo. ¿Ves la diferencia?

Solo cuando identificamos nuestras reacciones emocionales podemos comenzar a abordarlas con una presencia tranquila. Tal vez podemos calmarnos diciéndonos algo similar a: «Estoy en un tsunami emocional. Estoy a punto de reaccionar de maneras destructivas y tóxicas. Debo detener el patrón aquí. Debo comprender lo que estoy sintiendo en mi interior».

Esta pausa tiene el potencial para evitar que actúen nuestros patrones egoicos, permitiéndonos profundizar en una parte de nuestro trabajo con el niño interior. Las dos claves para sanar consisten en detectar tus reacciones emocionales antes de que se conviertan en máscaras, y luego mirar detrás de esas reacciones para ver los verdaderos sentimientos que enmascaran. El siguiente ejercicio puede ayudarte a trabajar en esto.

En el lado izquierdo de una hoja en blanco, escribe tus reacciones emocionales basadas en el ego, como en los ejemplos a continuación. En el lado derecho de la hoja, intenta descubrir los sentimientos verdaderos de tu niño interior con respecto a estos sucesos, como también se ejemplifica. Si no analizamos los sentimientos detrás de una reacción, corremos el riesgo de que nuestras emociones se desboquen. Las reacciones que quedan sin controlar nos llevan a que nuestras máscaras del ego impostor se consoliden. Cuando estas máscaras entran en juego, es difícil quitarlas, porque están establecidas en nuestras dinámicas en funcionamiento.

Por ejemplo, las cinco A podrían descubrirse de la siguiente manera:

Estilo de reacción emocional	Sentimientos verdaderos
Ataque de ira: «Te odio. No te quiero cerca».	«Lastimas mis sentimientos».
Ansiedad: «Lo arreglaré. Soy bueno. Te necesito».	«Tengo miedo de que no me ames».
Adicto a la atención: «¿Me ves? ¿Te importo?».	«Me siento vacío sin tus elogios».
Abstracción: «¡No quiero estar cerca de ti!».	«Tengo miedo de que me rechaces».
Abandono: «¡No me importas!».	«Temo que vuelvan a abandonarme».

Para recapitular, estos son los pasos que debemos seguir para cambiar los patrones emocionales destructivos y romper los ciclos de disfunción:

1. Cuando tengas emociones fuertes en el cuerpo, tómate un momento.

2. Identifica las señales físicas.

3. Ten en cuenta que, a menos que te cuides, estas emociones estallarán de alguna manera.

4. Repite para tus adentros: «¿Qué estoy sintiendo en verdad ahora mismo? ¿Qué sucede en mi interior? Antes de reaccionar, déjame tomar un momento para descubrir mis verdaderos sentimientos».

Las emociones son mensajeras que nos indican que se está formando un tsunami interior. Hablan a través de nuestro cuerpo. Si no prestamos atención a las manifestaciones emocionales de los ataques de ira, la ansiedad, la adicción a la atención, la abstracción y el abandono en nuestro cuerpo, reaccionaremos en exceso sin saber por qué. Pronto estaremos envueltos en una dura dinámica de disfunción e incomodidad con nuestros hijos, preguntándonos cómo llegamos hasta aquí. La verdad es que hay muchas pistas en el camino; simplemente no sabemos prestarles atención. Este mapa expone los pasos que te ayudarán a lograrlo.

Paso once:

Activa tu tercer yo

En medio del tsunami de mi ego,
he arruinado y destrozado mi amor
y, a su vez, te he hecho sentir vergüenza, hijo mío.
Pero, si supieras que no tiene nada que ver contigo,
entenderías que soy yo quien está herido
y que soy yo quien debe sanar
antes de aprender a criarte.

El motivo por el que tienes un niño interior temeroso es que tus padres tuvieron dificultades para respetar quién eras durante tu infancia. Cuando intentaste mostrar tu verdadero ser, encontraste rechazo y oposición.

Viviste con miedo a ese rechazo y lo evitaste. Ansiabas recibir validación.

Suzie lloró durante toda su sesión conmigo. «Mi madre confesó que deseaba no haberme tenido. Dijo que le daba vergüenza que yo fuera gorda y que no me fuera bien en la escuela. Todos los días me moría de hambre y estudiaba mucho, pero nunca le bastaba. Aunque ya tengo treinta años, todavía me odio profundamente por todas las veces que no cumplí las expectativas de mi madre».

La niña interior de Suzie estaba desesperada por recibir validación. Se culpaba por todas las veces que su madre había proyectado sus propias deficiencias en ella. No podía ver que su madre era la que tenía carencias, no ella. Suzie era una niña obediente que creía a su madre cuando le decía que se enojaba con ella por su culpa. Los niños hacen eso: creen a sus padres. Si sus padres se enojan o se decepcionan, los niños piensan automáticamente que es culpa suya. No tienen la madurez para pensar: «Ah, ¡mi mamá está proyectando su dolor en mí!». Simplemente les creen y confían en que sus comentarios son la verdad.

Para protegernos del rechazo de nuestros padres y recibir la anhelada validación, creamos las máscaras de los egos impostores. Suzie, por ejemplo, creó una máscara de persona superexitosa. Trabajó mucho durante toda su vida para recibir la validación que tanto deseaba recibir de su madre. Sin embargo, no pudo bajar de peso. De hecho, hizo lo contrario y empezó a comer de manera obsesiva, e incluso tuvo algunos atracones. Me dijo: «¿Sabes?, esta es mi manera de tener el control. Si también le diera mi cuerpo, no me quedaría nada para mí». Trabajé durante muchos meses con Suzie para que aprendiera a aceptarse y validarse. Debía forjar un nuevo sentido de identidad y dejar atrás a la persona que buscaba la aprobación de su madre desesperadamente.

Ahora, imagina lo siguiente: si hubieses tenido un padre o madre que te aceptara tal y como eres, no habrías tenido la necesidad de crear todas esas identidades falsas para recibir validación, ¿verdad? Cuando nosotros como padres no estamos en contacto con nuestros verdaderos

ACTIVA TU TERCER YO | 189

sentimientos, es inevitable que ignoremos las necesidades emocionales genuinas de nuestros hijos y que no validemos sus experiencias auténticas. Como has visto en los pasos anteriores, hacemos que todo gire en torno a nosotros.

La misión del ego es esta: proteger nuestro ser a toda costa. No le importa que lastimemos a nuestros hijos inocentes. ¿Te imaginas cómo los trataríamos si no lleváramos máscaras? ¿Te imaginas cómo seríamos como padres sin nuestras reacciones egoicas? Tu sanación te guiará en esa dirección y podrás poner en práctica lo que estás aprendiendo. Pero hay un obstáculo: el ego tiene un jefe silencioso y oculto. No actúa por su cuenta. ¿Quién le da órdenes? Como he dicho antes, es el niño interior. Mientras mantengamos enterrado y herido al niño interior, el ego estará de guardia para proteger sus sentimientos. Entonces, para sanar de verdad, debemos ir al centro de nuestros complejos: el dolor y los miedos del niño interior. Cuando lo cuidamos, automáticamente cuidamos al ego. Cuanto más atendido y protegido se sienta nuestro niño interior, más tranquilo estará el ego y retrocederá. De eso se trata este paso del mapa: sanar al niño interior.

Para sanar al niño interior, es clave comprender por qué existe en primer lugar. Existe porque no hubo un padre o madre consciente para cuidarlo y aceptarlo por quién era en realidad. Entonces, para sanarlo, debemos activar lo siguiente en nuestros adentros: un padre interior cariñoso. ¿Crees que puedes hacerlo? Te mostraré cómo criarte de nuevo y ayudarte a sanar de las maneras más transformadoras y poderosas. De eso se trata este paso: de cultivar un padre interior amoroso, el que llamo el tercer yo, o el ser intuitivo.

Cuando tu niño interior empiece a sentir la energía amorosa de tu ser intuitivo, comenzará a transformarse en profundidad. Tu niño interior se sentirá cuidado y validado. Empezará a sanar. Y, mientras lo hace, el ego ya no tendrá la necesidad de proteger al ser interior, porque ya no se sentirá rechazado o invalidado. Se sentirá comprendido y validado por ti. ¡Qué proceso tan poderoso!

Poco a poco, el ego se desvanecerá. Por supuesto, no desaparecerá de la noche a la mañana. Primero, nos pone a prueba para asegurarse de que estamos sanando de verdad. El ego es duro de roer. Al fin y al cabo, hace décadas que nos protege, así que no va a esfumarse sin poner a prueba el poder del tercer yo, o incluso sabotearlo. El ego necesita saber que estamos en buenas manos. Cuando vea el poder de este cuidadoso tercer yo, se retirará y dejará que se encargue de calmar al niño interior.

Nuestro intuitivo tercer yo es el ser que deberías haber internalizado durante la infancia, guiado por tus padres. Es un ser que calma y cuida, un ser que refleja al padre o madre que ama incondicionalmente y que te ve por quien eres. La mayoría fuimos criados por padres inconscientes que debían lidiar con sus propios problemas de ira y ansiedad. Esos padres no podían estar presentes de una manera amorosa. De hecho, la mayor parte del tiempo proyectaban su angustia y deficiencia en nosotros, así como nosotros lo hacemos con nuestros hijos. Ahora podemos verlo.

Te mostraré cómo puedes crear y cultivar esta nueva parte de ti. Puedes volver a criarte, solo necesitas tiempo y una consciencia renovada. Consolidar esta parte en nosotros requiere práctica. Tus hijos necesitan que la desarrolles para que puedas manejar la dinámica entre tu niño interior y tu ego impostor. Cuando logras manejar a tu niño interior, el ego se calma.

Los pasos que debemos tomar para calmar al ego son los mismos para todas las máscaras del ego impostor. Vamos a describirlos:

1. Tomar consciencia de la dinámica entre tus dos yoes: tu niño interior y tu ego impostor. Es clave comprender que tu ego responde al miedo de tu niño interior. Hasta ahora, tu ego ha estado activado. Ahora comienzas a entender que el ego responde al niño asustado que tienes dentro. Este conocimiento debe grabarse en tu consciencia para que empieces a sanar. La situación es distinta para cada máscara del ego: el Luchador, el Reparador, el Aparentador, el Estático y el Evasivo.

El Luchador

El Reparador

El Aparentador

El Estático

El Evasivo

Ser conscientes de que el ego siempre reacciona ante el temor del niño interior es un gran paso en el camino de la sanación. Te permite ver que la amenaza real es interna y no externa. El próximo paso es identificar ese miedo cuando nos recorre el cuerpo. La consciencia corporal es clave. ¿Recuerdas las cinco A? Identificar cómo aparecen esas emociones en tu cuerpo te permitirá hacer una pausa.

2. Hacer una pausa mediante la consciencia corporal de las cinco A. Conectar y sintonizar con el cuerpo durante el día es clave. Las emociones se manifiestan en el cuerpo, que presta atención a tu subconsciente más rápido que la mente consciente. Hacerte estas preguntas durante el día es una gran manera de mantenerte en sintonía:

¿Mi cuerpo está sintiendo las emociones de enojo o ansiedad?
¿Necesita atención o quiere escapar del momento presente?
En ese caso, ¿puedo hacer una pausa y conectar
profundamente con mi cuerpo?

¿Cómo puedo honrar mis sentimientos y atenderlos sin activar mi ego impostor?

Esta pausa es vital para nuestro desarrollo. Nos permite centrarnos en el cuerpo y elegir distintos planes de acción. Antes, nuestros egos habrían reaccionado instintivamente, pero ahora podemos pausar y discernir qué es lo que nos sucede.

Una vez que tenemos un contacto visceral con los miedos y las necesidades de nuestro niño interior, estamos listos para activar una nueva forma de ser y de desarrollar otra consciencia. Estamos listos para parir a nuestro tercer yo.

3. Activar tu ser intuitivo. La voz de este ser es tranquila, relajante y amorosa. Escucha los miedos del niño interior y lo tranquiliza. Te daré el ejemplo de Linda, una de mis pacientes, para que veas cómo funciona.

    Linda tenía dificultades crónicas para relacionarse con Tracy, su hija de diecisiete años, que quería tomarse un año sabático antes de ir a la universidad para trabajar y vivir sola. A Linda esa idea le puso los nervios de punta. Tenía miedo de que Tracy no retomara jamás el camino académico si lo abandonaba. Linda no había ido a la universidad porque sus padres no podían pagarla y ella no reunía los requisitos para solicitar préstamos estudiantiles. La posibilidad de que su hija siguiera sus pasos la aterraba. Linda había experimentado en primera persona los riesgos de no tener un título universitario y no quería que su hija pasara por la misma situación. La niña interior de Linda, la que tanto ansiaba la validación que le habría dado un título universitario y que se sentía insegura por eso, estaba teniendo un ataque de pánico. Estaba fuera de control por la inseguridad, las dudas y el miedo. Cuanto más gritaba su niña interior, más se activaba su máscara del Reparador. Linda rogaba, engañaba y suplicaba a Tracy. Le ofreció conseguirle tutores, completar las solicitudes y pagarle a Tracy la universidad que eligiera. Pero no importaba cuánto se esforzase: su hija rechazaba su ayuda. Es más, se ponía más terca. Después de unas semanas de intentar solucionar el problema, Linda activó la máscara del Luchador. Comenzó a tener berrinches todo el tiempo. Peleaba con su hija cada vez que podía, escupiéndole toda su ansiedad. Tracy se defendía. Eran batallas sin fin. Las dos estaban exhaustas y frustradas.

Cuando le mostré a Linda que, en realidad, no estaba reaccionando por Tracy, su hija «verdadera», sino por su niña interior, quedó sorprendida. Le expliqué: «Estás aterrada por lo que te sucedió a ti. Siempre creíste que eras insuficiente por no tener un título universitario. Te sentías avergonzada e insegura. Todavía tienes esos sentimientos. Tu ego los ha enmascarado durante años. Ahora que tu hija elige renunciar a algo que tú querías tanto, tu niña interior está fuera de control por el miedo y está proyectándolos en ella».

Linda estaba horrorizada. «Tienes razón. Tengo pánico porque así me sentía yo. Quizás ella no siente lo mismo. Yo no soy ella. Somos diferentes».

Luego ayudé a Linda a cultivar su tercer yo. La animé a implementar los pasos de los que estuvimos hablando. «Cada vez que sientas ansiedad en el cuerpo, presta atención. Eso significa que tu ego está a punto de activarse. Quiero que te sintonices con el cuerpo y escuches lo que intenta decirte. Ponte en contacto con la niña asustada que tienes dentro. Empieza por calmarla. Dile que está bien y a salvo. No necesita un título universitario para sentirse valiosa. Dile que Tracy también estará bien».

Le di a Linda unas afirmaciones para que las repitiera durante los momentos de pánico, entre ellas:

Estaré bien, más allá de las decisiones que tome mi hija.
No necesito que mi hija me haga sentir valiosa.
Soy una buena madre, más allá de lo que mi hija elija hacer con su vida.

Soy una persona valiosa, incluso cuando mi hija toma decisiones poco convencionales.

Linda comenzó a hacer este trabajo interno de volver a criarse, y lo hizo todos los días. Empezó por calmarse en los momentos de pánico. Tracy sintió el cambio de inmediato. Las peleas cesaron, llegó la calma y la conexión floreció. Linda comenzó a ver a Tracy como un ser individual. En lugar de pelear con su hija, ahora la apoyaba. Tracy estaba agradecida por ese apoyo y comenzó a responder de manera positiva.

Una vez que calmamos a nuestro niño interior, no solo sintonizamos con nuestros hijos «reales», sino que los dejamos vivir su vida con autonomía y libertad. Ese es el poder de este trabajo interno. El tercer yo será distinto para cada tipo de ego, como podrás ver en las ilustraciones del Luchador, el Reparador, el Aparentador, el Estático y el Evasivo en las próximas páginas.

¿Puedes ver el ánimo y la validación que trae la voz del ser intuitivo? Permite calmar los miedos y aplacar las inseguridades. Nos deja aceptar nuestros miedos internos como son, sin juzgarnos ni avergonzarnos. Es la voz que nunca internalizamos cuando éramos pequeños y que nos ha hecho falta hasta ahora.

Hablarnos con la voz del tercer yo es clave para la sanación. Si estamos constantemente alternando entre nuestro niño interior y el ego, ¿cómo podemos esperar convertirnos en la voz de la calma y la razón para nuestros hijos? Solo cuando nos volvemos a criar a nosotros mismos tenemos la esperanza de darles a los niños la crianza que merecen. Ese es el quid de la crianza consciente.

Ahora podemos empezar a conectar con nuestros sentimientos de manera consciente. Podemos vivir en un mundo interno tranquilo y centrado. Eso nos da el ancho de banda emocional para cuidar a los niños como ellos lo requieren. Al no estar cegados por nuestros miedos, podemos brindarles el consuelo que necesitan. Ya no se trata de cómo nos hacen sentir a nosotros, sino de cómo les hacemos sentir a ellos.

El Luchador

El Reparador

El Aparentador

El Estático

El Evasivo

Entendemos que los niños, al igual que nosotros, también tienen un niño interior y un ego que interactúan. Ahora podemos ponernos en contacto con las dinámicas interiores y la vida de nuestros hijos para ayudarles a lidiar con sus propios conflictos internos. Ahora, como hemos alcanzado un estado de calma y ecuanimidad, podemos presentarnos ante ellos como nos necesitan. Esta es la base de la crianza consciente.

MANOS A LA OBRA

Para activar el tercer yo se requiere mucha observación y práctica. He completado la primera de las dos tablas siguientes para darte ejemplos de esas tres identidades tuyas: el niño interior, el ego impostor y el tercer yo, el ser intuitivo. Puedes completar la tabla vacía por tu cuenta.

No hay reglas para lo que el ser intuitivo puede decirte. Puedes aplicar un enfoque creativo y flexible. Puedes incluir afirmaciones como: «¡Eres amado y valorado!». Podrías engañar un poco a tu niño interior para que se acepte al decir: «Recuerda que tu valor viene de dentro y no de tus logros». O podrías escribir una canción o un poema para recordarle a tu niño interior que la gente lo ve y lo acepta. Mostrar compasión y empatía y no juzgar son el sello distintivo de la voz del ser intuitivo.

Cuando no estás en modo reactivo, te encuentras en un estado tranquilo y ecuánime. Esa es la naturaleza del ser intuitivo. Intenta observarte durante el día a medida que alternas entre estas identidades. Sintoniza con tu cuerpo y presta atención a los mensajes emocionales que te envía. Eso te permitirá hacer una pausa y elegir una dirección nueva. Cuando lo hagas, te tranquilizarás desde dentro y sentirás que tu interior se expande. Con esta sensación de amplitud interna, tendrás el poder para dejar a un lado las reacciones egoicas y conectar con tu hijo o hija «real».

Veamos lo que dirían estas voces internas. Yo he completado un ejemplo (ver la tabla a continuación), y tú podrás completar tu propia tabla para practicar.

Una vez entendemos que debemos mirar en nuestro interior, podemos generar un efecto dominó de cambios positivos que nos permitirán romper los círculos viciosos disfuncionales. Aquí incluyo un resumen de los pasos que debemos dar para deshacer los patrones.

	Niño interior	Ego impostor	Ser intuitivo
Luchador	Soy un fracaso.	Yo te arreglaré.	Tienes miedo. Te sientes fuera de control. No hay nada que puedas controlar.
Reparador	Nadie me ama.	Yo te complaceré.	Tienes miedo. Quieres arreglarlo todo. No hay nada que reparar.
Aparentador	No siento pertenencia.	Te obligaré a quererme.	Tienes miedo. Quieres que te quieran. Te quieren tal como eres.
Estático	Soy insuficiente.	No te prestaré atención.	Tienes miedo. No quieres prestar atención a nada. No hay necesidad de ignorarlo.
Evasivo	No soy valioso.	Te dejaré.	Tienes miedo. Quieres dejarlo todo atrás. Puedes intentar quedarte.

	Niño interior	Ego impostor	Ser intuitivo
Luchador			
Reparador			
Aparentador			
Estático			
Evasivo			

Paso uno: rompamos este círculo vicioso

En la ilustración, vemos la típica situación entre una madre y una hija. La hija dice algo que la madre siente que es una falta de respeto, y entonces la madre muestra la típica reacción del ego al emplear una de las cinco máscaras. En este caso, estamos frente a la madre Luchadora. Si sigue reaccionando de esa manera, en lugar de romper el círculo vicioso, la dinámica entre ambas seguirá siendo tóxica y disfuncional.

Paso dos: mira hacia adentro

Para romper los patrones tóxicos que tenemos como padres, es fundamental que conectemos con el niño que llevamos dentro y que activa nuestro ego. En la ilustración, se puede ver a una madre haciendo una pausa y escuchando a su niña interior.

Paso tres: calma tu interior

Aquí, la madre es consciente de que debe darle a su niña interior lo que necesita y de que debe tranquilizarse. Cuando nuestro niño interior se siente cuidado, no recurre al ego para protegerse.

Paso cuatro: conecta con tus hijos «reales»

Una vez que la madre ha calmado a su niña interior, está lista para ayudar a tranquilizar a su hija «real», quien siente la conexión y la atención. Este es el camino definitivo para lograr el vínculo que ansían tanto los padres como sus hijos.

Paso cinco: el vínculo definitivo entre padres e hijos

Al mirar la ilustración, ¿qué sentimientos afloran? ¿Sabes que esto po-dría volverse realidad? Absorbe esta imagen y permítete visualizar esta relación para ti y tus hijos.

Volver a criarnos no es tarea fácil. No solo debemos deshacernos de todas las voces antiguas que nos hablan desde dentro, sino que debemos implantar otras nuevas. Literalmente, debemos aprender un nuevo len-guaje. Esto puede ser un proceso desconcertante. Podrías sentirte como si viajaras a otro país sin un mapa. Si estás atravesando este tipo de incomodidad en este momento, ten paciencia. Permítete sentir estas emociones incómodas e intenta abrazarlas con cariño. Debes entender que esos sentimientos aparecen porque todo esto es nuevo para ti. Fe-licítate por haber llegado a esta etapa del camino.

Este trabajo interno es para toda la vida. No tiene fin. El objetivo no es llegar a un destino en particular, sino seguir alumbrando nuestro in-terior para que estemos cada vez más completos. El camino para llegar a completarnos no termina nunca. Sin embargo, podemos seguir acercándonos. Llegar hasta aquí marcará una gran diferencia en tu relación con tus hijos. Al tomar consciencia de tu dinámica interna y de tu forma de calmar los miedos, estás transformando tu capacidad para conectar con tus hijos.

La próxima sección trata sobre los métodos concretos para hacer que esa conexión sea más viable y duradera en nuestra vida diaria. ¿Quieres descubrir herramientas nuevas para crear un vínculo más profundo y rico con tus hijos? Sé que ellos estarán eternamente agradecidos por este esfuerzo increíble que estás haciendo. Te felicito por tomar este camino. Hagamos una respiración profunda y sigamos.

ETAPA TRES

Del conflicto a la conexión

Cuando estoy presente con mis hijos
y los acepto por su esencia única,
ellos comienzan a florecer ante mis ojos.
Su pecho se hincha de valor,
sus pies se afirman con resiliencia,
se sienten extraordinarios por más comunes que sean.
No tienen nada que hacer, ni ningún lugar a donde ir.
Se sienten en casa justo donde están.
Están en casa consigo mismos.
El regalo de mi presencia les llega muy hondo
y les permite desplegar sus alas al máximo.
Que yo los celebre incondicionalmente vale oro.
Y esto empieza por cómo celebro mis tesoros internos.

Piensa en las personas de tu vida con las que sientes una mayor conexión. Apuesto a que la lista es corta. En ella incluirás a aquellos con los que sientes que puedes ser tú.

¿Qué significa realmente «ser uno mismo»? En mi opinión, quiere decir que sientes que te respetan y te celebran por mostrar tu verdadero ser, tu esencia. Ser tú, sea cual sea tu forma, nos da seguridad. Cuando estamos con gente que nos hace sentir así, nos sentimos valiosos y empoderados. Nos sentimos valientes y alegres. Nos sentimos como si fuéramos de oro. Es una sensación maravillosa, ¿no?

Adivina qué: eso es lo que más desean nuestros hijos. Ellos también quieren sentirse a salvo y valiosos en nuestra presencia. Quieren sentirse aceptados por quienes son. Este es el objetivo final de la crianza consciente: aceptar a tus hijos tal como son. Punto. La crianza no consiste en las notas, los talentos o los premios, sino en honrarlos incondicionalmente por quienes son.

¡Solo debes aceptar a tus hijos! Suena fácil, ¿no? ¿Cuán difícil puede ser? Bueno, para ser sinceros, es extremadamente difícil aceptar incondicionalmente a alguien. ¿Sabes por qué? Porque no nos aceptamos a nosotros mismos. No recibimos esa aceptación de nuestros padres, y de nosotros tampoco. Aceptarnos a nosotros y a otros probablemente sea una de las tareas espirituales más difíciles. Demanda mucha consciencia. ¿Por qué es tan difícil? Por todo el condicionamiento cultural que tenemos sobre cómo «deben ser» las cosas. Debido a nuestras ideas preconcebidas sobre las cosas y las personas, no podemos estar presentes con nuestros hijos.

Si vemos una rosa, queremos arrancarla. Si presenciamos un atardecer deslumbrante, queremos tomar una foto. No podemos simplemente estar con las cosas. Sentimos la necesidad de hacer algo con ellas. Estar presente con la esencia de las cosas —ya sean nuestros propios sentimientos y conflictos internos o los de otra persona— es algo que no aprendimos a hacer. En cambio, estamos preparados para reaccionar a algo. Así son las cosas en el mundo actual. Lo que sea que no aceptemos internamente, lo proyectaremos en los demás a través de una reacción egoica.

Por supuesto, toda esa reactividad proviene del vacío que siente nuestro niño interior. Debido a ese vacío interior, vemos que también hay un vacío en el mundo exterior, nuestros hijos o las situaciones que nos tocan en la vida. Por eso es tan importante completar la etapa dos antes de continuar con la etapa tres. Simplemente no podremos conectar de manera consciente con alguien hasta que hayamos conectado con nosotros mismos.

Los niños que reciben aceptación incondicional de sus padres experimentan una sensación de valor indeleble. Se sienten aceptados por quienes son en realidad. Y, como cada uno de esos seres reales están intrínsecamente completos, estos niños crecerán sintiéndose completos tal como son. Estos niños no necesitan ganarse la confianza o la aprobación de sus padres. Se sienten realizados tal como son, sin la necesidad de ganar ni una sola medalla o carrera. Se sienten vistos, escuchados y validados. El deseo principal de ser respetados y celebrados por quienes son en verdad está satisfecho. Estos niños tienen autocontrol, y son autónomos e independientes. Son un universo completo en sí mismos.

Los niños con autoestima también pueden cometer errores, quedarse sin trabajo, sacar malas notas y divorciarse. Pueden frustrarse o llorar hasta quedarse dormidos. No están exentos de la vida y las emociones. La diferencia no está en que la vida no les traerá circunstancias difíciles. La diferencia está en que podrán recurrir a sus recursos internos para lidiar con los problemas sin hundirse en la vergüenza o el odio hacia ellos mismos.

¿No te gustaría que tus hijos se sintieran así? La buena noticia es que puedes darle eso a tus hijos a partir de este momento. Solo necesitas saber cómo. Esta etapa del proceso te iluminará el camino: cómo conectar con la esencia de tus hijos y hacerlos sentir vistos por quienes son, en lugar de quienes desearías que fueran.

Conectar de manera consciente con la esencia de tus hijos es el eje de la crianza consciente. Es la estrategia principal y revolucionaria de este trabajo. Y, si bien esta estrategia puede parecer pasiva o sencilla, está lejos de serlo. Es activa y compleja. Requiere un trabajo interno. Demanda consciencia a cada momento. Te pide que seas un padre con un niño interior sano. Tu crecimiento es necesario.

Paso doce:

Aprende sobre la psique infantil

Aunque quiera moldearte y darte forma como a la arcilla,
y convertirte en una versión de mí,
y empujarte a materializar mis fantasías,
entiendo que la angustia que te genera abandonar tu ser
puede ser demasiado dolorosa para mi corazón.
Así que mi única opción es cambiarme a mí
y soltar todos los miedos y expectativas que me ciegan,
y conectar por fin con quién eres de verdad,
y así, finalmente, aprender qué es el amor verdadero.

¿Conoces a tus hijos? Y quiero decir de verdad, a nivel de su esencia, de su ser real. Al criar a nuestros hijos, nos concentramos tanto en el hacer que nos olvidamos de su ser. Ese es el ingrediente esencial que nos falta de la infancia: el ser. En realidad, es el ingrediente de la vida que nos falta, y punto.

Estamos tan ocupados haciendo, haciendo, haciendo, que nos olvidamos del objetivo real, que es conectar con nuestros hijos y nuestro propio ser. En lugar de moldear nuestro enfoque, esperamos que ellos se amolden a nosotros. Cuando practicamos esta gimnasia psicológica con ellos, nuestros hijos se pierden y se ven forzados a crear sus propias máscaras impostoras. Para minimizar la necesidad de crear versiones falsas de sí mismos, debemos generar el espacio para que sean su verdadero ser. Es nuestra responsabilidad.

Nuestros padres perdieron la oportunidad de celebrar realmente nuestra esencia. Puede que nos felicitaran por las notas de la escuela o por nuestros logros, pero quizás no nos permitieron sentirnos igual de valiosos por las cosas en las que no destacábamos. Como resultado, emprendimos la búsqueda del significado y el valor en los lugares equivocados. Por eso, el ego impostor se alza imponente y amenazador. Quizás el trabajo interno que has hecho en la etapa dos te ayudará a domar tu ego para que puedas empezar a adentrarte en un nuevo reino, el de comprender mejor el ser verdadero de tu hijo o hija. De esto se trata esta etapa: de conectar con la verdadera naturaleza de tus hijos.

Igual que nosotros, nuestros hijos vienen con su propia esencia única. Cuando no la honramos, es probable que generen versiones infantiles de los egos impostores, versiones en miniatura de las cinco máscaras: el Luchador, el Reparador, el Aparentador, el Estático y el Evasivo. Cuando uno de los padres —o el niño— activan su ego, empieza la lucha por el poder y la relevancia, que puede volverse dramática. Ambas partes, los padres y los hijos, tienen la capacidad para activar cada vez más el ego del otro. ¿Quién crees que sufrirá más? Por supuesto, los niños, ¿no? Son más jóvenes e inocentes, más confiados y dependientes. Las consecuencias que esto tiene en su psique son mucho más grandes por su corta edad. Así que somos los padres quienes tenemos la responsabilidad de hacer lo mejor para intentar domar el ego lo máximo posible. Al soltar el ego, podemos adentrarnos en nuestro corazón y conectar con nosotros mismos en mayor profundidad. Al hacerlo, es normal que también podamos conectar profundamente con nuestros hijos.

Recuerda: cuantos más egos tengamos, más tendrán nuestros hijos. Ellos necesitan tener egos para responder a los nuestros. No tienen opción. Sus egos se forman a consecuencia de los nuestros, casi como una estrategia para afrontar la situación. Si les decimos que hagan algo y nos gritan o son maleducados, podemos creer que están mostrando un comportamiento grosero o irrespetuoso. Pero, en realidad, es probable que se deba a cómo les hizo sentir algo que dijimos. Por supuesto, es rudimentario e incómodo, pero es una de sus estrategias. ¿Son maleducados o están intentando lidiar con nuestros egos? No estoy diciendo que seamos los únicos responsables de los egos de nuestros hijos. Claro que no. Al fin y al cabo, tienen cientos de otros encuentros que pueden despertar sus egos. Lo que digo es que, cuando los padres estamos atrapados en nuestros egos, los hijos quizás no tienen otra opción que activar los suyos.

Cuando Angie vino a verme, tenía casi cuarenta años. Se la veía frágil, con un cuerpo cubierto de tatuajes. Tenía el pelo fino, con algunas áreas calvas porque se lo arrancaba. Se comía las uñas hasta lastimarse. Dijo que tenía esas conductas repetitivas desde los siete años. Era evidente que estaba sufriendo. Al trabajar en su historial de traumas, quedaba claro que Angie había heredado una creencia profundamente arraigada de no ser digna. Su padre era un iracundo crónico y solía castigarla físicamente. Su madre se deprimía con frecuencia y se abstraía de la vida durante semanas. Angie no tenía a nadie que la ayudara a lidiar con sus sentimientos y dificultades. Se acordaba de que había comenzado a arrancarse el pelo cuando tenía alrededor de siete años: «Me dolía, pero me sentía bien. Era una forma de expresar al fin todo el dolor que sentía en el corazón».

Angie se arrancaba tanto el pelo que tenía que usar un sombrero para ir a la escuela. Cuanto más se lo arrancaba, más se enojaba su padre. Luego, empezó a rascarse la piel y a morderse las uñas. En la escuela, sus compañeros la evitaban y la excluían. No tenía a quién acudir. Se consideraba a sí misma como el fracaso más grande. Cuando empecé a ayudarla, puse sus comportamientos en un marco nuevo: todos, desde hacerse tatuajes y perforaciones hasta arrancarse el pelo y comerse las uñas, eran estrategias para resistir las presiones excesivas de su infancia. Le dije, con el tono más amoroso que pude: «Fuiste una niña a la que descuidaron y de la que abusaron. No tenías a nadie que te ayudara. Tus padres depositaron en ti toda su basura. No podías hablar con nadie, así que la única forma que encontraste para expresar el dolor que sentías por dentro fue con tu cuerpo. Sin dudas, esa fue tu estrategia para afrontarlo. Era tu manera de pedir ayuda».

Angie me miró conmocionada. Era como si nunca la hubieran consolado de esa manera o le hubieran mostrado amabilidad. Estaba tan acostumbrada a criticarse a sí misma que le pareció extraño recibir esa clase de cariño. Poco a poco, con el paso de los meses, pude ayudarla a ver que había sido víctima de una infancia traumática que no le había dejado otra opción que lastimarse a sí misma. Su cuerpo era una muestra de su dolor. Gritaba por cada uno de sus poros: «¡Estoy dolida! ¿Alguien me puede ayudar?». Nadie la había escuchado hasta ahora. De hecho, cuanto más expresaba su dolor, más le lanzaban un diagnóstico detrás de otro. Sus psiquiatras la encasillaban y le daban medicación como si estuviera loca. Angie me dijo: «Siempre sentí que había algo mal en mí, como si debiera estar encerrada en un psiquiátrico».

¿Ves cómo Angie estaba haciéndose cargo de las enfermedades mentales de los otros miembros de su familia? Como ellos no habían hecho el trabajo interno, depositaban toda su basura en ella. En realidad, ella estaba lo suficientemente cuerda como para decir: «Oigan, esto me está enloqueciendo, ayúdenme, ¡no soy más que una niña!». Como sus padres estaban ensimismados en su propio dolor, nadie la escuchaba. Solo mediante nuestra conexión pudo empezar a reformular las creencias que tenía sobre ella misma y crear una base nueva de valía y empoderamiento.

Muchos de nosotros hemos estado en modo de supervivencia, creando patrones de defensa para lidiar con los traumas de la infancia. El ego de nuestros padres estaba tan arraigado que aplastaba nuestro ser verdadero y lo devoraba. Lo único que nos quedaba era un dolor puro y desgarrador. Comprendernos con una mirada compasiva es clave para sanar.

Es fundamental que le demos un marco nuevo a nuestros comportamientos, que cambiemos «locura» por «superación», si queremos modificar la narrativa.

¿Y si nuestros padres hubiesen sanado su dolor y no hubiesen tenido unos egos gigantescos que masacraran nuestro verdadero ser? ¿Puedes imaginar cómo sería ser criados por padres así? Imagina sentir que eres una persona completa tal como eres. En ese estado de plenitud interna, nuestro verdadero hogar no sería una mansión ni una isla bañada por las aguas del océano, sino una morada que llevamos en nuestro interior. En este estado, seríamos nuestros propios mejores amigos, líderes y compañeros. Llevaríamos con nosotros la sensación de estar en casa, donde fuera que nos encontráramos, porque nos tendríamos a nosotros mismos en cualquier parte. Si todos estuviéramos completos por dentro, la forma que tenemos de habitar el mundo sería abismalmente distinta. Sin guerras, sin violencia, solo una interdependencia más profunda y una mayor conexión consciente.

Seré totalmente franca. Durante los primeros años de mi hija, yo estaba enfocada en las prioridades de mi ego sobre quién debía ser ella y no me daba cuenta. Cuando empecé a observar la esencia real de mi hija, cuando tenía alrededor de dos o tres años, me quedé sorprendida. Era totalmente diferente a mí cuando era niña. Yo esperaba que ella fuera una versión pequeña de mí o, aún mejor, una Buda en miniatura. ¡Pero para nada! ¿Quién era esta criatura?

No podía asimilar cómo era su ser auténtico. Yo había sido una niña tímida y complaciente, y ella era lo opuesto. Era audaz, incluso conflictiva con otros niños, y no le interesaba para nada ser complaciente con nadie, y menos conmigo. Cuando yo me mostraba suave y flexible, ella era terca y desafiante. Cuando yo me mostraba dubitativa y pasiva, ella era valiente y enérgica. Rayos, yo quería que fuera diferente. ¡Como yo! Fácil de criar, moldeable y sumisa. Ella era todo lo contrario. Era una pequeña explosiva, activa, peleadora y conflictiva. Como era tan diferente a la niña de mis fantasías —o, en realidad, como no era mi reflejo exacto—, me costó mucho aceptarla tal cual era. Todavía no había hecho mi trabajo interno.

Me esforcé mucho por incluirla en la «película Shefali», en la que pudiera dirigir sus estados de ánimo a mi conveniencia. Quería crear un molde nuevo para ella. Quería hacer una copia exacta de mí. Inevitablemente, nos peleamos y nos desconectamos bastante. Yo intentaba imponerle mis expectativas a la fuerza, y ella no lo toleraba. Cuanto más se defendía, más crecía mi ego, y el círculo vicioso continuaba. Hasta que no empecé a implementar la crianza consciente, las cosas no comenzaron a avanzar en una dirección más positiva y sana.

Mientras escribo estas palabras, sé que quizás me juzgarás. Soy consciente de que me expongo de esta manera tan transparente en estas páginas porque quiero que veas que nadie, yo incluida, está exento de caer en la seducción devoradora del ego, y que todos tenemos que hacer el trabajo interno necesario para sanar. Si proyectara una imagen de perfección estaría siendo falsa e impostora. No me interesa ese tipo de proyección. Solo podemos sanar si dejamos las heridas descubiertas. Quiero que observes lo que comparto sobre mi ego con sinceridad para que te sientas a salvo al enfrentarte al tuyo. Esta revelación transparente es la única manera de sanarnos. Hasta que no ocurra esa sanación profunda, continuaremos proyectando en nuestros hijos el dolor y la escasez que llevamos dentro.

Todavía recuerdo el momento en que mi hija abandonó su ser verdadero, cuando era una niña combativa y aventurera de tres años. Yo estaba muy enojada y la reñí por no escucharme. Alcé la voz con una actitud de superioridad. Seguí y seguí hablando hasta que, en una fracción de segundo, vi que ocurría algo desgarrador. La vi agachar la cabeza por la vergüenza y dejar caer los hombros. Todo su cuerpo se aflojó, como si fuera un globo desinflado, y el fuego de sus ojos se apagó. Inmediatamente, mi ego se detuvo en seco. Supe enseguida que me había desviado y que, si no lograba controlar mi ego, destruiría la esencia de mi hija.

Mi ego tocaba fondo una y otra vez. Ese fue otro punto de inflexión en mi vida en el que comencé a sanar mis heridas internas y a practicar la crianza consciente. La personalidad fuerte de mi hija despertaba en mí una forma totalmente nueva de ser. Tuve que hacerme la pregunta

APRENDE SOBRE LA PSIQUE INFANTIL | **219**

difícil: «¿Por qué no aceptas a tu hija tal como es?». Y entonces entendí que la razón era que yo no me aceptaba a mí misma por quien soy.

A Maia, que ahora tiene veinte años, le suelo decir: «Tú eres la razón por la que enseño sobre crianza consciente. Te atreviste a ser tú misma, aun cuando mi ego intentó aplastarte. Te mantuviste fiel a tu esencia para que yo me viera obligada a dejar de lado mi ego». Siempre estaré agradecida por haber traído a este mundo un espíritu tan valiente e indomable. Si hubiese sido diferente, quizás nunca habría aprendido sobre el poder de mi inconsciente ni me habría atrevido a transformarme.

Cuando no reconocemos la esencia auténtica de nuestros hijos, abrimos una brecha en la conexión con ellos. No podemos evitarlo cuando los miramos con los ojos del ego. No podemos entrar en nuestro corazón y conectar con quienes son sin hacer el trabajo explicado en la etapa dos. Cuando tenemos hijos, nadie nos dice que criarnos a nosotros mismos es una parte tan esencial, ¿verdad? Nos embarcamos sin tener ni idea, y, antes de que nos demos cuenta, arrojamos todos los traumas del pasado a nuestros hijos y creemos que ellos son los que están mal. Ay, qué ironía. Por eso es tan importante este mapa de crianza: para enseñarnos cómo sanar para que el ciclo de dolor no se perpetúe.

Volviendo al ejemplo de Maia, si hubiese continuado comportándome como una madre supercontroladora y dominante, no tengo dudas de que habría destruido su sentido de identidad. Si hubiese seguido considerándola una niña «mala», la habría hecho sentir avergonzada por su temperamento innato. No era su culpa ser así. Solo se mostraba como era. Mi deficiencia e inseguridad eran las que generaban el problema. No tenía nada que ver con ella.

Aneika era lo opuesto a Maia. Era la hija de un cliente que acudió a mí para pedir ayuda. Tenía la misma edad que Maia, pero no podía ser más diferente. Hablaba con suavidad y era dócil. Era seguidora, no líder. Temerosa hasta de su sombra, dejaba que sus padres y amigos le dieran órdenes y le marcaran el camino. Sus padres estaban encantados por lo «buena» que era. Aneika era «la niña de sus sueños». Obedecía al instante y escuchaba todo lo que decían sus padres. Siempre la felicitaban por ser «perfecta» y, cuanto más la alababan, más intachable quería ser. Ella no solo buscaba ser perfecta; intentaba ser sobrehumana.

Todo parecía marchar sobre ruedas hasta que empezó la secundaria. Ahí se destapó la olla. De la noche a la mañana, Aneika se convirtió en una chica «mala». Arrojó la perfección por la ventana y empezó a faltar a clases, a drogarse y a rebelarse de muchas formas. Sus padres estaban desconcertados. ¿Qué le había pasado a su hija angelical?

Le expliqué a mi paciente: «Esto pasa con los niños "buenos", sobre todo las niñas. Lo que sucede es que, como su naturaleza es ser complacientes, los padres pueden ser dominantes con sus hijos si no están en sintonía. Los niños "buenos" facilitan que los egos de los padres tomen el control. Y eso es lo que os pasó a vosotros. Creísteis que podríais darle órdenes, y así lo hicisteis hasta que ella no lo aguantó más. Un día, Aneika se quebró. Ya no podía ser la niña ideal y perfecta. Y todo se derrumbó. Pero está bien, en realidad. Lo que se cayó fue su máscara de perfeccionismo extremo».

Sin una intención consciente, los padres de Aneika devoraron su bondad innata hasta que sus egos la consumieron por completo. Su naturaleza complaciente puso primera marcha y luego segunda, hasta que un día alcanzó la velocidad máxima y se perdió a sí misma al intentar complacerlos. Buscó una perfección inmaculada que ningún ser humano puede lograr. Con el tiempo, esa carga llevó a que el perfeccionismo de su máscara del ego se rompiera. Si bien el cambio en Aneika causó dolor a sus padres, ellos debían entender que era lo que necesitaba para que su esencia sobreviviera. Si bien la relación entre ellos se veía perfecta en la superficie, en realidad lo era solo para los egos de los padres. Para la esencia de Aneika, la relación era opresiva y tóxica. En realidad, ella se adecuaba al ego de sus padres, en vez de que los padres se adecuaran a su esencia.

A la madre de Aneika le resultó difícil adaptarse a estas ideas nuevas. Estaba tan acostumbrada a tener una hija perfecta que no podía relacionarse con esa nueva Aneika. Le llevó mucho tiempo aceptar su responsabilidad en la dinámica y hacerse cargo de cómo había proyectado expectativas poco realistas en su hija. Los padres de niños «buenos» tienen dificultades para aceptar el cambio en la situación cuando sus hijos dejan de ser buenos. Los egos de esos padres están acostumbrados a salirse con la suya, y simplemente no pueden cambiar de rumbo a mitad de camino. En mi caso, la esencia fuerte de Maia no dejó que mi ego se interpusiera desde un principio. Así que (por suerte) le puso un freno a mi ego desde muy temprano. Independientemente de que los egos se mantengan a raya desde temprano o de que el ego del niño se revele de forma más lenta, como en el caso de Aneika, el hecho es que los padres debemos confrontar nuestros egos. Cuanto antes lo hagamos en la vida de nuestros hijos, por supuesto, será mejor.

Así como usamos categorías para entender nuestros egos durante la etapa dos, voy a presentar las estrategias que te pueden ayudar a entender la esencia de tu hijo o hija. Claramente, no podemos encasillar la esencia de los niños en una categoría. Nunca diría algo así. A los niños no se les puede encasillar. Sin embargo, sí entran en un continuo, y eso es lo que he esbozado en esta sección para que pienses en cómo es la esencia de tu hijo o hija. Cuanto más sintonicemos con su naturaleza real, más fuerte será la conexión que podremos crear con ellos.

Las categorías que siguen no están organizadas en un rango «de bueno a malo», sino en un espectro «de ansiedad alta a baja». Indican hasta qué punto nuestros hijos son intrínsecamente ansiosos en la base de su configuración. Algunos son muy nerviosos, otros son más tranquilos y relajados. Mira estas categorías e intenta identificar en cuál entra tu hijo o hija. Luego, pregúntate:

¿Estoy en sintonía con su temperamento y esencia auténtica?
¿Puedo darle espacio sin controlar ni dominar?
¿Puedo honrar y celebrar su ser verdadero sin juzgarlo ni humillarlo?

Esas mismas categorías se te pueden aplicar a ti o a cualquier persona. Le hablan a la naturaleza inherente y básica de cada uno de nosotros. Toda naturaleza tiene un superpoder cuando se hace una alquimia consciente. Debemos recordar que cada uno de nosotros tenemos algo que aportar, y necesitamos las condiciones adecuadas para resaltar esas fortalezas.

Todo cambió cuando finalmente empecé a aceptar la esencia de mi hija. Comencé a adaptarme a su temperamento en vez de hacer lo opuesto. En lugar de oponer resistencia a su poder y liderazgo innato, empecé a fluir con él. Vi confianza en su carácter desafiante, e independencia en su terquedad. Comencé a admirarla y a aprender de ella. ¡Empecé a disfrutarla! Hoy, a los veinte años, Maia sigue siendo impulsiva y extremadamente independiente. No le doy muchos consejos ni indicaciones. Incluso ahora, mi ego sigue protestando: «¿Por qué no es obediente y dependiente como yo?». Y me doy cuenta que eso lo dice mi máscara del Reparador, el que quiere que ella sea dependiente, y no mi ser verdadero. Por ejemplo, ahora sé cómo replantear su impulsividad como empoderamiento y su independencia como un rasgo positivo. Cuando lo hago, la respeto y la honro, en lugar de criticarla y juzgarla, cosa que mejora nuestra relación. Con mi máscara del Reparador, necesito que esté dañada y dependa de mi guía. Solo cuando estoy entera puedo dejarla ser quien es y entender que es algo que vale la pena celebrar. Cuando celebro a mi verdadero ser, puedo ver la luz que ella tiene, en lugar de verla desde las sombras de mi insuficiencia. Todo depende de mi estado interno y de si estoy proyectando mis carencias en ella o no.

¿Ves cómo creamos una dinámica disfuncional cuando no logramos sintonizar con nuestros hijos y, en cambio, proyectamos nuestras carencias en ellos? Conectar con la esencia de nuestros hijos no solo nos ayuda a ser más conscientes y facilitar una relación más consciente con ellos; también les ayuda a entenderse mejor a ellos mismos. Cuando los ayudamos a entender su ser verdadero, pueden adueñarse mejor de quienes son. De esta manera, podemos enseñarles a celebrarse y a defender su verdad mientras transitan su vida.

Al leer las siguientes categorías, entra en tu corazón en lugar de en tu mente. El objetivo de estas categorías es que las uses, sin juzgarte a ti o a tus hijos, para ayudarte a entenderlos mejor y lograr una mayor aceptación. La crianza consciente se trata de vernos a nosotros mismos y a nuestros hijos como un todo, completos y valiosos. Cuando estamos en modo de autoaceptación y celebración, podemos honrar y venerar a nuestros hijos por lo que son naturalmente, sin agregar adornos ni elogios.

Recuerda disfrutar este proceso sin poner demasiada rigidez en alguna categoría, porque, después de todo, la naturaleza humana no es rígida, ni absoluta ni categórica. Recuerda que avanzaré por las descripciones siguiendo un orden de ansiedad alta a baja. Todos somos seres fluidos, que nos movemos por el continuo en distintos puntos del camino. Así que tenlo presente al intentar identificar la esencia de tu hijo o hija.

EL EXPLOSIVO ANSIOSO

¿Crees que tus hijos pierden los estribos con facilidad o son una bomba a punto de explotar? ¿Son muy quisquillosos, irritables y nerviosos? ¿Se quejan y refunfuñan? ¿Las cosas más insignificantes los alteran? Bueno, si tus hijos son así, es posible que sean extremadamente sensibles.

Los niños muy sensibles son porosos. Esa es su belleza: pueden sentirlo todo. Pero la consecuencia es que reaccionan a muchas cosas. Esta reactividad puede hacer que los padres tengan más dificultades para lidiar con ellos. Porque esta clase de niños sienten mucho la mayor parte del tiempo y absorben la ansiedad que los rodea. ¿Qué hacen con toda esa ansiedad? Explotan. ¡Es demasiado para ellos!

Para los padres de estos niños, es un desafío convivir con ellos, porque se alteran todo el tiempo. La ropa, los olores y las palabras pueden desatar reacciones en ellos, por lo que requieren mayor atención y paciencia por parte de los padres. La sensibilidad tan aguda de estos niños hace que siempre absorban la energía de otras personas, lo que los lleva a formarse una opinión muy fuerte de otros, tanto si les agradan como si no. Eso puede hacer que sea desafiante para un padre o madre ayudar a sus hijos a negociar para mejorar sus vidas.

El llanto y el pánico son habituales en estos niños. También tienen una gran imaginación, que invoca todo tipo de futuros inquietantes que generan una ansiedad irracional. Estos niños son los que preguntan: «¿Y si pasa esto?» o «¿Y si pasa aquello?», y ninguna respuesta los satisface. Estos niños son esponjas que perciben todas las señales del entorno y reaccionan a ellas.

224 | MAPA PARA UNA CRIANZA CONSCIENTE

¿Sientes que tus hijos suelen ser así? Estar con ellos puede ser agotador, ¿cierto? Es comprensible que a veces sientas un gran agotamiento. Estos niños necesitan mucho de sus padres. Según sus propios temperamentos, los padres pueden tener una u otra reacción inconsciente: controlar o consentir excesivamente. Los padres muy controladores intentan contrarrestar a sus hijos enojándose o controlándolos, haciéndoles sentirse malos e inferiores. En general, los padres Luchadores, Estáticos o Evasivos reaccionan de esa manera. Por otro lado, los padres pueden consentir de más a sus hijos y generar un gran enredo emocional, como suelen hacer los Reparadores. Este tipo de padres —que son muy ansiosos— intentan controlar de manera excesiva la ansiedad de sus hijos tratando de resolver sus problemas. Arreglan demasiado el entorno de los niños para que no sientan tantas emociones. Como resultado de este exceso, los padres suelen estar agotados y, además, los niños se vuelven más necesitados y dependientes. Estos son los niños que siempre buscan la ayuda y los consejos de los padres, incluso cuando son adolescentes o adultos. Puede parecer una relación cercana, pero, en realidad, está demasiado fusionada.

Entonces, ¿qué es lo que necesitan estos niños? Necesitan padres centrados, firmes y tranquilos, ni un Luchador ni un Reparador. Requieren un alquimista que convierta la ansiedad de estos niños en intuición y poder. Necesitan padres conscientes que puedan ayudarlos a crear un marco nuevo para su ansiedad y a descubrir su propia dirección. Por su parte, los padres deben mantenerse estables y tranquilos en presencia de estos niños. Si un padre se vuelve reactivo, ya sea por enojo o ansiedad, puede desatar un tsunami de emociones. El único camino con estos niños es que los padres usen la energía de la calma y estabilidad como antídoto. No es fácil, pero es lo que estos niños necesitan desesperadamente.

Si tienes un hijo o hija así, puede que ya no sepas qué hacer y a veces quieras tirar la toalla. Esa gran ansiedad te puede haber agotado, y quizás sientas una gran fatiga y extenuación, como si nada de lo que haces marcase una diferencia. Entonces, ¿cómo puedes celebrar a este tipo de niños? Para lograr un cambio real, hay que transformar la sensibilidad en poder. Felicítalos por sus habilidades para sentir y procesar el entorno, pero también enséñales a mirar para adentro y encontrar las respuestas y el consuelo que necesitan. Por ejemplo, podrías decir:

Eres como una esponja reseca que absorbe todo lo que te rodea. Eres sensible y suave, y te empapas de todo lo que tienes a tu alrededor. Es difícil para ti distinguir tu estado de ánimo del de los demás y por eso tiendes a explotar. Cuando sientas nervios, cierra los ojos y repite: «Ahora estoy a salvo, estoy en casa, voy a estar bien». No eres mala persona por perder la calma. Eso es lo que les pasa a las personas que son muy sensibles. A medida que aprendas a sentirte a salvo en este mundo, sentirás más tranquilidad. Cuando te veo estallar, sé que la causa es la ansiedad o la falta de seguridad. Lo haré lo mejor que pueda para recordarte que estás a salvo en ese momento. Tu sensibilidad es un superpoder si aprendes a usarlo de esta manera. Es un radar y un GPS que te ayuda a conocer los estados de ánimo de otra persona. Pronto aprenderás a usarlo sin dejar que esa información te domine. Cuando lo logres, podrás usar esa sensibilidad en tu beneficio.

¿Ves cómo una explicación puede ayudar a estos niños a sentirse comprendidos y aceptados? Estás comunicando que ves su esencia como algo puro y de gran valor, y no como algo inconveniente y malo. Al abordar su ansiedad, estás enseñándoles algo valioso sobre su mundo interno y cómo se manifiesta su ego. Estás ayudándoles a crear una narrativa de valor y de respeto a sí mismos. Esto será muy sanador para ellos a medida que transiten el camino de la vida.

Al usar este enfoque delicado, puedes honrarlos sin tener la necesidad de controlarlos, repararlos o avergonzarlos. Puedes mostrarles que son totalmente capaces de encontrar sus propias soluciones y fortalezas.

EL EXPLORADOR HIPERACTIVO

¿Tienes hijos que no pueden quedarse quietos, que están constantemente en movimiento y nunca se quedan donde los dejas? Esos niños son de los que siempre tienen rascadas, moretones y cortes, los que siempre se meten en problemas y tienen ese brillo en los ojos que denota travesura. Entonces, es posible que tengas a unos Exploradores entre manos. Si es así, intentar controlarlos o contenerlos te provocará pesadillas. Cuanto más intentes limitarlos, más inquietos e incontrolables se volverán.

Estos niños necesitan estar en constante movimiento, explorando su mundo de manera creativa. Muchas veces, los padres, los docentes y la sociedad en general califican a esos niños de «malos» solo porque son más activos física y mentalmente. Es probable que les diagnostiquen un trastorno por déficit de atención o trastorno negativista desafiante y les hagan sentir inferiores. La verdad es que estos niños solo son diferentes. No prosperan bajo los estándares convencionales de la sociedad. Son salvajes, y necesitan que los honremos por su espíritu apasionado en lugar de menospreciarlos o humillarlos.

Apuesto a que estás leyendo esto, asintiendo con la cabeza: «Sí, ¡así era yo en mi infancia! Salvaje. ¡Intentaron domarme!». Si nos sinceramos, la mayoría de nosotros tenemos algo de energía salvaje. Sin embargo, aprendimos a enterrarla, porque veíamos lo que les sucedía a los otros niños salvajes. A partir del trato que recibieron ellos, aprendimos que ser salvaje trae problemas.

Estos niños necesitan padres que los «comprendan» y honren su forma de ser salvaje y poco convencional. Necesitan padres que los admiren por su espíritu aventurero, y no padres que los hagan sentir avergonzados. Los padres que son demasiado convencionales podrían sentirse amenazados por los niños que son así e intentar controlarlos. O quizás podrían tener miedo de la «gran» energía de sus hijos y replegarse por completo. Todo depende de cómo los padres vean a esos niños. Pueden verlos con admiración o menosprecio, según cómo estén condicionados por su propia infancia.

Estos niños necesitan con urgencia que sus padres se pongan de su parte y no los encierren dentro de estructuras tradicionales y de conformidad. Ellos progresan en espacios amplios y abiertos donde puedan ser libres y experimentar. Se sienten ahogados en hábitats convencionales. Si no les dan libertad voluntariamente, pelearán por conseguirla, con mordiscos y patadas. Esa necesidad de libertad puede traerles problemas en la escuela y con la ley. La solución para estos niños es tener padres que los reconozcan y entiendan en profundidad, pero también que los ayuden a manejar esa energía salvaje de manera constructiva. Estos niños progresan mejor en espacios de autonomía e independencia. Sus padres deben concederles un gran nivel de confianza para dejarlos florecer en sus propios términos. Si estos niños se sienten manejados y controlados en exceso, se marchitarán o protestarán con rebeldía.

Si tienes hijos así, quizás temas que se sientan marginados y que nunca encuentren la forma de llevar una vida «normal». Por miedo, quizás los catalogues como «malos» o «negligentes». La verdad es que no son ninguna de estas dos cosas. Solo son diferentes al niño promedio, convencional. Estos niños piensan y se comportan de otra manera. Necesitan un enfoque totalmente distinto al protocolo estándar de crianza. Aceptar que tus hijos no entran en la curva de campana común puede suponer una decepción o desilusión. Esta verdad te aliviará: tus hijos están perfectamente bien tal como son. El asunto es que la sociedad es demasiado restrictiva para ellos. Si la sociedad fuera más fluida e inclusiva, podría aceptar a estos niños sin hacerlos sentir excluidos o «raros».

El mejor enfoque es recordar que tu hijo o hija no es anormal, solo más llamativo. Estos niños necesitan ser aceptados incondicionalmente para que puedan aceptarse a sí mismos en un mundo que los rechazará repetidas veces. Podrías decirle a tu hijo o hija algo así:

Eres como el sol, que exuda poder y energía. Te inundan la creatividad y la aventura. ¡Explorar está en tu naturaleza! Eres diferente a otros niños. Eso es lo que te hace especial. No hay nada de qué avergonzarse o por lo que sentirse triste. Ser diferente está bien. El mundo te hará sentir mal, pero no podemos permitírselo. El mundo tiene miedo de los seres humanos como tú, que piensan de otra manera, y las personas intentarán obligarte a pensar como ellos. Debes confiar en quién eres. Te veo y te admiro por tu creatividad e imaginación. Tu manera diferente de pensar y de ser son tus superpoderes y te pueden ayudar a hacer grandes cosas en tu vida. Encontremos la forma de que ser como eres te traiga honor y seguridad.

Al adoptar este enfoque tranquilizador con tus hijos, podrás honrar sus diferencias y, a la vez, los ayudarás a considerar esas diferencias como un superpoder.

EL QUE HACE, DA Y COMPLACE DE MÁS

¿Tienes hijos que son como la mantequilla, es decir, suaves y maleables, fáciles de moldear y de darles forma? ¡Ay, tu ego está de suerte! Tus hijos son el sueño del ego de los padres: empáticos y complacientes. Estos niños son la presa ideal para la necesidad paternal de controlar y dominar. Al no mostrar oposición ni resistencia, se someten con facilidad. Toman cualquier forma que desees sin librar una batalla. Tímidos y dóciles, estos niños tienen un corazón amable y siempre están dispuestos a obedecer.

Estos niños tan sensibles y empáticos no tienen el ancho de banda interno para tolerar el dolor o la ira de los demás. El rechazo o el enojo del otro destruyen su mundo interno. No pueden lidiar con las emociones intensas y se desmoronan. Siempre y cuando no tengan que tomar riesgos o cargar con culpas, son felices siendo seguidores. Esta propensión a decir que sí los vuelve ingenuos, crédulos y una presa fácil para los depredadores. Sin embargo, estos niños como Aneika, la joven que mencioné antes que colapsó durante la secundaria, en algún punto se quiebran debido a la presión de seguir los deseos de los demás. Es una lucha para ellos aprender a seguir su voz interior y su corazón. Llega un momento en que esa separación de su ser verdadero los alcanza y los rompe en pedazos.

Estos niños necesitan que sus padres entiendan lo delicados y complacientes que son. Les corresponde a los padres vigilar sus egos y no canalizar esa docilidad inherente para su propia comodidad. Si los padres no tienen mucho cuidado, estos niños pueden pasar de dóciles a serviles, de amorosos a sacrificados, de generosos a autodestructivos, de hacendosos a trabajadores compulsivos. Estos niños tienen un conjunto de ingredientes emocionales prototípicos que los convierten en adultos codependientes, así que debemos estar muy atentos para cuidar esa bondad sin explotarlos, invalidarlos o dominarlos con nuestros egos.

Estos niños harán lo que sea para hacer felices a sus padres. Suelen trabajar y hacer demasiado. Llenan los huecos, se hacen cargo de las tareas y reciben premios por sus logros. Por naturaleza, están preparados para darlo todo de ellos mismos. Cuando se sienten recompensados por lo que dan, suelen irse al extremo y exageran con el autosacrificio y la abnegación. Como tienen tantas ganas de ayudar a los demás, muchas veces se salen de su rol y se hacen cargo de tareas y responsabilidades de los padres, lo que los hace cumplir la función de los «padres» de la casa y llevar su carga. Eso los priva de la alegría y la inocencia de su infancia. Estos niños naturalmente empáticos pueden convertirse en los terapeutas de sus padres y ayudarlos a gestionar sus emociones. De esa manera, los egos de los padres pueden usar a estos niños y perder su sentido de la orientación y el liderazgo.

Hay muchas maneras en que podemos y debemos ayudar a estos niños a mantener su esencia sin caer presa de nuestros egos o del ego de los demás. Por ejemplo, cuando estos niños nos piden una opinión —y lo hacen, mucho—, en lugar de salir corriendo a darles respuestas, podemos ayudarlos a llegar a sus propias conclusiones. Debemos darles el espacio para debatir y titubear, para que así descubran su propia verdad. Cuando estos niños empujan a sus padres a tomar el control de sus vidas y les entregan el poder, los padres deben resistir la tentación de tomarlo. Debemos frenar el deseo de dominar a nuestros hijos y trabajar para calmar nuestra sed de control. Si no lo hacemos, estos niños se acostumbrarán a ser serviles y, por ende, serán presas fáciles para que otros los dominen.

Los niños muy complacientes deben entender cómo su corazón naturalmente generoso los vuelve vulnerables en el mundo actual. Los padres pueden enseñarles a estos niños a protegerse de los depredadores y a honrar sus límites internos y externos al estar en sintonía con sus necesidades y sentirse realizados internamente. Sin alarmarlos demasiado, podemos decirles lo siguiente:

> Eres una persona extremadamente generosa, que lo único que quiere es hacer felices a los demás. Esa es tu naturaleza. Otros pueden aprovecharse de esto si no proteges mucho tu corazón. Debes entender que, a menos que te ames y te complazcas a ti primero, te descuidarás. No debes alcanzar la perfección para que otros te amen. Tienes permitido ser común y corriente, e incluso equivocarte. No tienes que complacer a los demás todo el tiempo. Conocerás a muchas personas que no son tan empáticas como tú. Eres una persona generosa y encontrarás a muchos que nunca pararán de aprovecharse de ti. Debes distinguir entre aquellos que valen la pena y los que no. Si aprendes a abrir tu corazón generoso a las personas correctas, tendrás un superpoder. La persona más importante de tu vida eres tú, recuérdalo siempre. Primero estás tú. Escucharte y honrar tu verdad es primordial.

Quizás estas palabras sean tranquilizadoras para ti como padre o madre, sobre todo si también eres del tipo de persona a quien le gusta complacer a los demás. Recuerda, estas son solo algunas ideas de lo que podrían decir los padres conscientes cuando buscan generar una mejor relación con sus hijos. Adapta estas ideas a cada situación y a las necesidades del momento. La base de estas palabras demuestra la capacidad y la voluntad de los padres de ver la esencia de los hijos desde una perspectiva de respeto y celebración. Cuando los padres pueden hacer frente a las normas culturales restrictivas y defender a sus hijos, ayudándoles a comprenderse y aceptarse más, esos niños pueden ver sus diferencias como un superpoder en lugar de una limitación.

EL SOÑADOR ERMITAÑO

¿Sueles encontrar a tu hijo o hija mirando a la nada, haciendo garabatos en un cuaderno, jugando durante horas con juguetes imaginarios o escribiendo en un diario en un rincón día tras día? ¿Tienes un hijo o hija que pasa horas a solas, tanto que te preguntas si está en casa, o que no puede estar demasiado tiempo con sus amigos porque se cansa de ellos y quiere volver a casa? ¿Tu hijo o hija evita los juegos brutos o los deportes competitivos y violentos, y prefiere no ser el centro de atención? Si es así, puede que su naturaleza sea la de una persona soñadora e introvertida.

Son niños más callados y tímidos que la mayoría. Pueden ser olvidadizos: están tan inmersos en su imaginación y en su mente tan soñadora que suelen olvidarse de lavarse los dientes o atarse los cordones. Son el prototipo de profesor distraído, y puede que se conviertan en artistas o programadores informáticos.

Estos niños suelen meterse en problemas con los docentes y los padres por olvidarse las llaves, la tarea o la mochila. Les faltan habilidades organizativas y de gestión del tiempo. Para ellos, su mundo externo es menos interesante que el interno. También pueden faltarles habilidades sociales y conversacionales. Son raros y torpes cuando están en compañía de otros, y tienden a ser solitarios y ermitaños. Tímidos y de temperamento dulce, estos niños tienden a sufrir acoso y burlas en la escuela a manos de sus compañeros más revoltosos y enérgicos. Ese trato hace que se recluyan aún más. A veces, estos niños son más estudiosos o ñoños y les gusta hacer cosas que a la mayoría de chicos de su edad no. Quizás no les gusten los deportes bruscos, beber alcohol durante la secundaria o adoptar conductas muy sexualizadas. Como resultado, se pueden sentir marginados y excluidos, lo que les hace aislarse aún más de la escena social.

Los padres con este tipo de hijos se pueden alterar con mucha facilidad si mantienen una postura convencional. He observado a hombres, puntualmente, que se enojan con sus hijos, sobre todo los varones, si son así por naturaleza. Es como si estuviésemos condicionados a creer que los varones en particular no deberían ser introvertidos o soñadores. El condicionamiento convencional es que los varones deberían ser extrovertidos: bulliciosos, atléticos y competitivos. Por eso, tener un hijo así es muy desafiante para este tipo de padre.

Estos niños necesitan ayuda y aliento para sentirse seguros tal como son, ya que el mundo les dice que deberían ser lo opuesto. Ser callado y tímido no se considera una característica positiva, y estos niños suelen verse obligados a ser más sociables de lo que les resulta auténtico. Al fin y al cabo, la cultura favorece a los más extrovertidos, relajados y simpáticos, y no a los más solitarios. Como hay una presión social y familiar por ser más seguros y valientes, muchas veces estos niños se sienten avergonzados de quienes son, y crecen con una sensación generalizada de falta de valía. Se comparan con otros niños de su edad y se dan cuenta de que no son iguales. Ese descubrimiento les trae inseguridad y los despoja de poder.

Los padres de estos niños necesitan entender intuitivamente lo difícil que debe ser para ellos mostrarse como son en la cultura dominante. Estos padres deben trabajar mucho más para ser más cuidadosos de no obligar a sus hijos a ser como la mayoría. En lugar de eso, deben ver las fortalezas únicas que poseen. Los padres deben trabajar en sus propias expectativas y entender que se pueden encontrar muchas cosas positivas en los niños que están «descentrados» o, quizás, incluso «en los márgenes». La pregunta del millón es si los padres de esos niños pueden valorar esas diferencias y encontrar lo positivo, en vez de considerarlos inferiores.

Justamente, como esos niños tienden a ser más inusuales y diferentes, los padres deben trabajar aún más para honrarlos por lo que pueden aportar. Criticarlos y compararlos con otros niños hará que se sientan más avergonzados y se aíslen. Para ayudarles a aumentar su autoestima, los padres deben alentarlos a sentirse más seguros de quienes son y valorados por su esencia.

Para estos niños, es muy importante destacar sus fortalezas, porque no reciben mucha validación externa de la sociedad, sobre todo cuando son pequeños. Los padres podrían hacerlo con estas palabras:

Eres un alma única. Tienes una imaginación y un mundo interno muy ricos. Tienes un montón de ideas y sueños. Esos son atributos hermosos. Prefieres tu propia compañía y pasar tiempo a solas, lo cual es una cualidad maravillosa. El mundo te dirá que eso es malo y que deberías preferir estar con otros, pero no es así. No dejes que la gente te imponga sus ideas sobre cómo deberías ser. Recuerda, los que son capaces de estar consigo mismos son personas fuertes. Te admiro tal como eres.

Cuando los padres no trabajan en sus propias fantasías sobre la paternidad, es fácil proyectar todas sus expectativas insatisfechas en sus hijos. Esos niños absorben intuitivamente la noción de que no están cumpliendo los estándares de sus padres y que los están decepcionando. Ayudar a nuestros hijos a encontrar sus fortalezas y talentos únicos les hace ver que son valiosos por cómo son y que no necesitan cumplir las expectativas de la sociedad sobre cómo deberían ser.

EL INCONFORMISTA REBELDE

¿Tienes hijos con una voluntad de hierro, que no obedecen tus órdenes hasta estar convencidos de que es lo que quieren hacer, que te desafían y discuten, que no le temen a tu autoridad o influencia y oponen resistencia? Estos niños son atrevidos y combativos. No les importa complacerte en lo más mínimo. ¿Te suena? Si es así, es probable que tu hijo o hija sea rebelde e inconformista.

Lo digo por experiencia, sé lo desafiantes que pueden ser estos niños. Mi hija, Maia, es así. Son los niños que dicen lo que piensan a toda costa y no miden sus palabras. Se expresan con valentía y dramatismo, y les preocupa poco cómo pueden tomárselo los demás. Estos niños son fieles a sí mismos y no les asusta ir contra corriente. Son líderes natos y revolucionarios. No siguen a las masas ni buscan encajar. Sin embargo, debido a su confianza natural, la gente suele seguirlos. Estos niños no les temen a los adultos o a la autoridad. Ven el mundo como un campo de juego y se sienten capaces de participar. Consentir a los demás no es su punto fuerte. Como consecuencia de su poder interno iconoclasta, estos niños son difíciles de criar o, en realidad, de controlar o influenciar. Como resultado, es fácil tildarlos de niños «malos» y menospreciarlos por su rigidez y terquedad.

Estos niños no se toman las críticas a la ligera o con pasividad. Si sienten que no reciben el respeto que se merecen, no se lo piensan demasiado antes de desconectarse. Para conectar con estos niños, los padres deben trabajar mucho para ganarse su confianza y respeto. Para hacerlo, primero deben respetarse y confiar en sí mismos.

Estos niños tienen una independencia y autonomía innatas. No se les puede tratar como si estuvieran cortados por el mismo patrón que el resto y decirles que obedezcan ciegamente a la autoridad. Necesitan sentirse respetados por su poder interior. Si reciben ese respeto, devuelven el favor. Sin embargo, en cuanto sientan la falta de respeto, se rebelarán, pelearán y se irán. Estos niños mantienen a sus padres en alerta y los obligan a mejorar sus técnicas. No te obligan a seguirlos en su búsqueda de autoexpresión e individualismo. O te unes a ellos o te quedas atrás.

Por más intransigentes y desafiantes que sean estos niños, son dignos de admiración. Merecen respeto por su fuerte sentido del ser y su valentía para expresarlo realmente. Una vez que los padres superen la pérdida de la capacidad de influenciarlos y controlarlos, es probable que encuentren muchos atributos increíbles en sus hijos, como fue en mi caso. Cuando dejé ir mis ideas sobre cómo debía ser Maia y me entregué a la persona que ella era (un ser fuerte y empoderado), pude dar un paso atrás y dejarle tomar las riendas de su vida.

Estos niños vienen al mundo indudablemente adueñados de sí mismos y con fuerza interior. No serán pasivos ni se dejarán guiar por otros así, sin más. Tomarán las riendas y conducirán a donde ellos quieran ir. No les importará ganarse la desaprobación de los demás. Seguir su brújula interna es más importante que la validación o los elogios de los desconocidos. Por supuesto, estos niños les pueden caer mal a sus padres y ser odiosos, sobre todo para quienes buscan servilismo y obediencia, pero debemos celebrar la fortaleza y el coraje que tienen.

Animo a los padres de estos niños a liberarse del control y las críticas. Honrar su individualidad y su fortaleza es lo más importante. Los padres pueden hacerlo al decir algo así:

Eres uno de los seres humanos más fuertes que conozco. Tu confianza en tu conocimiento interno es impresionante. Desearía tener una voluntad y un sentido del valor tan fuertes como tú. Admiro tu capacidad para escuchar tu voz interior y no dejarte influenciar por las tendencias o las opiniones de la gente. Eres capaz de defenderte y ser quien tú eres. Es probable que los demás se sientan incómodos por tu forma de expresarte tan audaz y porque ignoras sus opiniones. No pierdas esa confianza interna por lo que dicen los otros. No discutas las reglas solo por querer pelear, o te agotarás. Sin embargo, no dejes de luchar por las buenas causas. Aprende a distinguirlas. Sigue brillando.

Cuando los padres pueden liberar a sus hijos y dejar que persigan su propio destino, estos pueden comenzar a volar. Son muy maduros para su edad y su capacidad para manifestar sus sueños es superior a la capacidad que tienen los padres de ayudarlos. Estos niños llegaron al mundo para encarnar su autenticidad. No dejarán que ningún ser humano se interponga en su camino. Los padres están advertidos de que deben dar un paso atrás y dejarlos ser libres. Esa es la única manera de sobrevivir al viaje con un niño rebelde e inconformista.

¡EL RELAJADO Y DESPREOCUPADO!

¿Tus hijos son como un pequeño Buda, siempre se ríen y están de buen humor? ¿Son las personas favoritas de todo el mundo? Bueno, ¡puede que tengas hijos relajados! Estos niños siempre son dulces, amables y amorosos. Nunca pierden la calma y siempre pueden adoptar un estado de ánimo positivo. Si tus hijos son así, ¡te espera una crianza sencilla!

Es fácil estar con estos niños. No son quisquillosos, demandantes ni mandones. Tienen un temperamento divertido y alegre. La única desventaja es que, a veces, pueden ser demasiado relajados y, por ende, tienden a sentirse desmotivados y a procrastinar. Este tipo de niños pueden ser una pesadilla para los padres con personalidad exigente, que no pueden fluir con ellos y, en cambio, intentan convertirlos en seres superambiciosos.

Estos niños no corren, caminan sin prisa. Pasean por la vida sin hacer esfuerzo. No se estresan por los exámenes o las fechas de entrega y suelen esperar hasta el último minuto para hacer las cosas. Ellos saben cómo disfrutar la vida y apreciar lo bueno, pero sus padres podrían catalogarlos de pasivos y perezosos porque no los comprenden. Además, su naturaleza agradable puede parecer pasiva, lo que permite a los niños más agresivos aprovecharse de ellos. Es difícil hacer que estos niños se preocupen, lo cual es bueno. Como están tan relajados y tranquilos, los padres pueden entrar en un estado nervioso. Si sus padres no toman consciencia, podrían considerarlos deficientes y hacerlos sentir que son inferiores e indignos. Eso podría resultar en una comunicación desconectada y disfuncional entre padres e hijos.

Como estos niños suelen vivir en el presente, es difícil para ellos hacer planes a futuro. Tienden a evitar cualquier tipo de compromiso. También les resulta difícil tomarse las cosas en serio cuando «deberían» hacerlo. Por un lado, las dificultades no les afectan, por lo que tienen poca ansiedad. Pero, por el otro, es complicado que se comprometan con algo. Para disgusto de los padres, estos niños no suelen esforzarse para alcanzar su máximo potencial. Los padres deben saber que estos niños no se reafirmarán de inmediato, y deberán sacarlos de su zona de confort de manera consciente.

Estos niños tienen una admirable presencia zen y merecen ser celebrados por su belleza interior y su perspectiva sobre el mundo. Hay que respetar y honrar su naturaleza dulce y relajada por la bondad que demuestran a los demás. Siempre traen alegría a las situaciones y nunca cargan a los demás con sus aflicciones. Contaminar ese flujo sería una verdadera y atroz transgresión. A continuación, incluyo algunas palabras que pueden decir los padres a sus hijos para ayudarles a sentirse valorados:

Eres una persona a quien le sale naturalmente vivir de manera fluida y con gracia, como la naturaleza. Eres inusual y diferente. Tu esencia no es como la de los demás porque traes calma y paz a cada situación. Eres un tesoro y necesitas que te traten como tal.

Sin embargo, en este mundo loco, te dirán que no alcanzas y que debes ser de una forma u otra. No es verdad, y deberías resistir esas presiones. No cedas ante lo que causa estrés a otros. Ellos bailan a un ritmo diferente. Mantén tu propio ritmo, porque es uno que el resto de nosotros perdimos y necesitamos incorporar.

Estos niños tienen maravillas para ofrecer al mundo; solo necesitan tener permiso para ser como realmente son.

¿Ves lo que significa estar en sintonía con la esencia de tus hijos? Implica honrar la belleza de esa esencia, sin juzgar, comparar o avergonzar. Cuando entendemos profundamente a nuestros hijos, comprendemos que una gran parte de su comportamiento proviene de su naturaleza. Como están programados así, no podemos modificar mucho su comportamiento.

Estar en sintonía significa hacernos estas preguntas fundamentales e introspectivas a cada momento:

¿Quién es mi hijo en realidad?
¿Puedo entender a mi hijo sin emitir juicios?
¿Puedo alinear mis expectativas con la esencia real de mi hijo, en lugar de con quien quiero que sea?
¿Puedo ver las fortalezas de la esencia de mi hijo y celebrarlas?

Una vez que estemos dispuestos a mirar hacia dentro, podemos empezar a revisar nuestras ideas y fantasías. Debemos mirarlas a la luz de nuestra consciencia, haciéndonos continuamente estas preguntas:

¿De dónde provienen mis expectativas?
¿Vienen de mi pasado o de mi presente?
¿Surgen del miedo y la escasez o de la abundancia y la alegría?

Es esencial mantener una consciencia atenta sobre nuestras proyecciones, para que podamos dar un paso atrás y darles a nuestros hijos el espacio para decidir por sí solos. Antes de abrir la boca y vociferar órdenes, podemos preguntarnos:

¿Puedo simplemente observar a mi hijo?
¿Puedo entender de dónde proviene la actitud de mi hijo en este momento?
¿Puedo acercarme al lugar donde está mi hijo ahora?
¿Qué necesito soltar dentro de mí para hacerlo?

Una vez que permitimos a nuestros hijos ser quienes son y podemos ver el valor que tienen, florecerán naturalmente. Así como no es necesario que movamos las flores en dirección al sol, nuestros hijos se inclinarán hacia el empoderamiento y el valor propio de manera natural. Solo necesitan tener las condiciones adecuadas para progresar. Ellos tienen todos los ingredientes para obtener su valor propio, hasta que interferimos en su modo natural de hacer las cosas.

Nuestro trabajo como padres conscientes es sintonizar con la configuración básica de nuestros hijos y moldear nuestra manera de criarlos según esa infraestructura de base. Cuando lo hacemos, fluimos con la naturaleza del niño en lugar de oponer resistencia. A muchos de nosotros nos plantaron en jardines que no elegimos y nos obligaron a florecer en hábitats muy incompatibles con nuestro ser verdadero. Como resultado, debimos usar una máscara del ego tras otra para sobrevivir. Si tan solo nos hubiesen permitido ser nosotros mismos y encontrar nuestro camino, no habríamos desperdiciado años y años persiguiendo sueños que no eran realmente nuestros.

Así como los mangos crecen en la temporada indicada y con las condiciones adecuadas, sucede lo mismo con nuestra esencia y la de nuestros hijos. Cuando obligas a un mango a crecer en un hábitat que no es el natural, se muere. Es igual con nuestra alma. Muere cuando se ve obligada a ser alguien que no es. Estamos estresados y ansiosos, y también soportamos dificultades físicas. Las grietas y fisuras aparecen en todo tipo de lugares, a medida que nuestra vida empieza a romperse por la fragilidad del ser impostor. El ego es poco convincente y precario, ¿no es cierto? Solo cuando estamos arraigados en la profundidad de nuestra esencia podemos acceder al poder ilimitado y volvernos inquebrantables. Por esta razón, el objetivo de la crianza consciente es permitir que nuestros hijos conserven su esencia lo máximo posible.

Ayudar a nuestros hijos a mantenerse arraigados y alineados con su esencia es una tarea mucho más importante para un padre consciente que ayudarlos a convertirse en esquiadores o profesionales del ajedrez. La primera tarea se trata del ser; la segunda, del hacer. Si hacemos un trabajo precario en la tarea más importante, los otros esfuerzos también se tambalearán. Como seres humanos, solo cuando nuestro estado de «hacer» está alineado con nuestra esencia interior, podemos entrar en una sensación duradera de perduración interna. Como padres, cuando llegamos a esa poderosa alineación interna, primero dentro de nosotros mismos y luego con nuestros hijos, transformamos sustancialmente la manera de dirigirnos a nuestros hijos. En lugar de imponerles nuestra forma de hacer las cosas, los empoderamos para que manifiesten la suya.

En este mundo de adicción a las redes sociales, sintonizar con la esencia de nuestros hijos es extremadamente difícil por todo el ruido y las distracciones que nos rodean. Y, aun cuando logremos hacerlo a una edad temprana, pronto serán arrojados a un mundo demencial de comparación y presión social. Para no ceder ante esa presión, necesitarán mucha fuerza interna. De hecho, es muy probable que no puedan lograrlo. Por eso, los adolescentes estadounidenses (y quizás los de todo el mundo) sufren más ansiedad que nunca y son propensos a quebrarse bajo presión. Una de las razones más plausibles es que, debido a las redes sociales, están más expuestos y son más vulnerables al rechazo que en el pasado. Mientras que antes un niño quizás era rechazado por uno o dos compañeros de la escuela de vez en cuando, ahora su exposición a un posible rechazo está potenciada. La exposición no se limita a su grupo de amigos, sino que se extiende a nivel global. Las escalas de comparación son, por ende, más implacables e inalcanzables. Si bien los datos todavía no son concluyentes, es probable que el aumento de suicidios de adolescentes durante la última década esté íntimamente relacionado con el uso adictivo de las redes sociales. Por supuesto, las crisis económicas, el cambio climático, la violencia con armas de fuego y el devastador impacto mundial de la pandemia de COVID-19 tienen y continuarán trayendo consecuencias psicológicas duraderas.

¿Por qué es especialmente relevante que los padres entendamos esta invasión de las redes sociales? Significa que la capacidad para conectar con nuestros hijos e influenciar en sus vidas corre un grave peligro. Antes, puede que fuera difícil competir contra la tecnología por la atención de los niños, pero ahora el desafío es aún más complejo. Nuestros hijos se ven influenciados por algoritmos y estrategias masivas de *marketing* que están fuera de nuestro alcance. ¿Eso qué implica para los padres? Que debemos trabajar el triple para asegurarnos de estar presentes y en sintonía con nuestros hijos. Debemos prestar más atención a sus señales y sentimientos. No podemos esconder la cabeza bajo el ala de la tecnología, por así decirlo, si queremos aferrarnos a nuestros hijos. Necesitan que los protejamos de esas influencias depredadoras, sobre todo hasta que estén bien adentrados en la adolescencia. Lamentablemente, en la mayoría de las casas no sucede esto, y los niños navegan en internet sin supervisión desde la temprana edad de los tres o cuatro años. Cada vez más, los padres están usando la tecnología como sustituto de los cuidados. Los niños tienen cada vez menos interacción social con otros niños o con sus padres, y pasan menos tiempo al aire libre, ingredientes fundamentales para su bienestar. Estos déficits tienen implicaciones graves para el futuro, y no deben minimizarse ni descuidarse.

Si ser padres siempre ha sido difícil, hoy es un desafío atroz por el vórtice tecnológico en el que vivimos. Las pantallas están devorando el alma de los niños y privándolos de su derecho a la infancia. La inocencia de los niños se pierde a causa de los videojuegos y la realidad virtual. La fresca sensación de estar vivos que traen los juegos, el aire libre y las conexiones sociales en tiempo real queda relegada a una era olvidada. No podemos permitir que esto suceda. Debemos ayudar a nuestros hijos a recuperar el poder de sus infancias. Tienen su confianza puesta en nosotros.

MANOS A LA OBRA

Entrar en sintonía es un arte y requiere una práctica diaria. No es solamente un concepto bonito, sino una manera activa de habitar el mundo. Comprende una actitud de consciencia extrema sobre el estado de nuestro ser y el de los demás. Muchos padres quieren saber el «cómo» de la sintonía. ¿Qué conlleva en realidad? ¿Cómo expresarlo?

Para ayudar a responder estas preguntas, yo uso el acrónimo **PARE**: «percepción, aceptación, reciprocidad, espejo». Al usar esas técnicas y otras, podemos apoyarnos en la psicología de nuestros hijos y prestar atención a su esencia. Esta «sintonización» es una de las herramientas más poderosas de la crianza consciente, ya que nos permite adaptar y diseñar nuestra forma de criar a cada niño. Confeccionamos y ajustamos nuestra energía para acercarnos lo máximo posible a lo que necesitan de nosotros. Ese es un regalo que podemos ofrecerles y que no tiene precio.

Percepción

Cuando intentamos trabajar en la sintonización con nuestros hijos, primero debemos aprender a percibirlos. Debemos observar cómo se ponen de pie o se sientan, cómo les tiembla la voz o aprietan los dientes, cómo tensan los hombros o se muerden los labios, y mucho más. En un nivel más profundo, la percepción implica ir más despacio, tomar distancia, hacer una pausa y prestar atención a su manera física y verbal de expresar enojo, cansancio o la falta de mérito. ¿Cuáles son sus indicadores verbales y no verbales? ¿Cuáles son sus señales emocionales y físicas de angustia y ansiedad?

Nuestros hijos siempre expresan cómo se sienten. Solo debemos aprender a prestar atención a sus señales. Creemos que debemos hacerles preguntas, indagar y espiar. Para nada. La información está ahí, solo debemos liberarnos de nuestras distracciones mentales para recibirla.

Por ejemplo, si observáramos algo tan simple como la manera en que nuestros hijos se bajan del autobús escolar y entran en casa, podríamos recolectar mucha información sobre lo que necesitan de nosotros sin hacer ni una sola pregunta. ¿Tienen los hombros caídos y se arrastran hasta la puerta? ¿O llegan dando saltitos y cantando? Al prestar atención, obtenemos señales claras sobre cómo debemos comportarnos con ellos. Si realmente observamos a nuestros hijos todos los días, podremos empezar a ver patrones conductuales. Con solo ver la interacción de mi hija, Maia, con su perro, me doy cuenta de su estado de ánimo. Puedes obtener mucha información del comportamiento diario de tus hijos. ¿Cantan en la ducha? ¿Suelen ser alegres y juguetones? ¿O quieren aislarse? Percibirlos sin perseguirlos con preguntas u órdenes es un primer paso fundamental para sintonizar con ellos.

Cuando percibimos las formas de ser de nuestros hijos, no necesitamos hacerles un sinfín de preguntas. Y, seamos sinceros: la mayoría de los niños detestan que les pregunten muchas cosas. En lugar de eso, aprendemos a verlos por lo que son realmente y por sus estados emocionales. Esta es una manera poderosa y necesaria de conectar con nuestros hijos con mayor profundidad.

Aceptación

Adoptar una actitud de aceptación significa que dejamos que la vida y nuestros hijos fluyan, en lugar de sentir constantemente que debemos ajustar, manejar, arreglar y controlarlo todo. Es una postura que emana la energía de «Esperemos un poco y veamos qué pasa», en vez de «Esto va a salir mal. Tengo que controlarlo por completo».

La aceptación requiere un ingrediente clave que muchos no tenemos: paciencia. Sin dudas, yo no la tenía en mis comienzos con la maternidad. La mayoría de los padres somos muy impacientes, ya que queremos que las cosas se hagan a nuestra manera y de inmediato. Lo que no vemos es que los niños no van al mismo ritmo. Tienen uno completamente diferente, mucho más lento. Si les imponemos nuestro ritmo, les obligamos a saltarse la asimilación de su propia experiencia de vida y, en cambio, deben adaptarse a una manera artificial: la nuestra. Entrometernos y controlar las cosas de nuestros hijos no es saludable para ellos. Hace que duden de sí mismos y los priva de procesar naturalmente su propia experiencia.

El siguiente elemento clave del espíritu de aceptación es la creación de un espacio seguro. Eso significa que «aceptamos» que nuestros hijos practiquen con seguridad todo tipo de comportamientos; sí, incluso la rebeldía. Pueden dar gritos y chillidos, o mostrar insolencia y oposición. Pueden ver cómo les sienta y que no les apetezca hacerlo más. Dar espacio a nuestros hijos les permite encontrar su voz y a nosotros, entenderlos mejor. Esta idea puede sonar radical para muchos padres tradicionales: «¿¡Qué!? ¿Debo permitir que mi hijo se porte mal?». Te aseguro que no estoy diciendo que les enseñemos comportamientos negativos y rebeldes. Darles espacio significa permitirles expresarse en sus estados más crudos, de manera segura, sin castigos. Una vez que se liberen y se calmen, podemos hablarlo con ellos.

Quizás te preguntes por qué es tan importante este enfoque. Esta es la razón: cuando nuestros hijos reprimen sus expresiones naturales, las manifestarán de otra manera en su repertorio conductual. En lugar de causarles un daño indirecto, es mucho más terapéutico que los niños se expresen en un espacio seguro con nosotros, para que puedan liberar toda esa «basura». Si no, saldrá por otro lado. De nuevo, no estoy diciendo que dejemos que nuestros hijos nos pisoteen, para nada. La aprobación significa que no debemos estar en un estado de pánico y control constantemente, pues eso nos lleva a entrometernos y silenciar inconscientemente las expresiones y el procesamiento de nuestros hijos. En cambio, debemos aceptar que sean caóticos, imperfectos, comunes y crónicamente lentos, porque esa es la naturaleza de la infancia. Acéptala.

Reciprocidad

Una relación recíproca con nuestros hijos es aquella que no se da en el sentido de nosotros a ellos, sino de ellos a nosotros. La reciprocidad es la forma más alta de respeto que podemos mostrarle a otro ser. Realmente

244 | MAPA PARA UNA CRIANZA CONSCIENTE

los tratamos como queremos que ellos nos traten. Muchas veces, los padres estamos tan enfocados en ser los maestros de nuestros hijos que nos olvidamos por completo de que ellos nos enseñan más que lo que nosotros podríamos enseñarles jamás. El respeto por la naturaleza recíproca de esta relación tan poderosa es un ingrediente clave para preservar el sentido de valía personal de nuestros hijos.

Si bien todavía no saben cómo emitir cheques, hacer un presupuesto de nóminas o pagar impuestos, jamás debemos subestimar la sabiduría de los niños sobre su estado de ánimo, sin importar lo mayores o pequeños que sean. Nunca es demasiado temprano para devolver la confianza y el respeto a nuestros hijos. Así que si ellos dicen:

**«Estoy cansado, necesito más tiempo», debemos respetarlos
como lo haríamos con nosotros.**
**«No me gusta el profesor de danza», debemos respetarlos
como lo haríamos con nosotros.**
**«Ahora estoy enojado», debemos respetarlos como lo
haríamos con nosotros.**

Ya sea que las expresiones de nuestros hijos sean sobre sus preferencias, opiniones o sentimientos —y no importa lo mucho que difieran de los nuestros—, debemos respetarlos, de la misma manera que nos gustaría que ellos respetaran nuestras preferencias, opiniones y sentimientos.

Puedo escuchar tus protestas: «¡Los niños no tienen idea de qué pensar! ¡No saben nada!». Esta es mi respuesta: «Es cierto, desconocen todo lo que sabemos los adultos, pero sí entienden cómo se sienten en cada momento». Entonces, si bien no debemos reaccionar ante cada uno de sus sentimientos —ya que pasan rápido—, sin duda podemos honrar y prestar atención a los sentimientos que persistan. Si continúan, tendrán una base válida que debemos honrar y respetar.

Desde el momento en que empiezo a hablar de respetar a nuestros hijos, los padres me desafían: «¿Entonces debemos ceder a sus caprichos y fantasías?». Ellos imaginan a niños que se quedan despiertos toda la noche tomando helado y comiendo galletas, o que ya son alcohólicos a los diez años. La razón por la que los padres se escandalizan cuando hablo de respeto y reciprocidad es que les asusta ceder el control. Ven este tipo de reciprocidad mutua como una amenaza a su sentido del dominio. Por eso lo comparan con negligencia y anarquía.

La verdad es esta: la crianza consciente no es negligente. Es justo lo contrario. Se trata de entender que estos pequeños seres a los que llamamos nuestros hijos están sedientos de significado, valor y control, al igual que nosotros. Cuando los abordamos sabiendo eso, los empoderamos para participar activamente en su mundo, en lugar de que nos entreguen su bastón de mando de manera pasiva. En este enfoque no se trata de ceder a sus caprichos y fantasías; se trata de entender que nuestros hijos están en su derecho a tenerlos. Tienen una voz, y no importa lo caprichosa y fantasiosa que sea. Estoy hablando del respeto a ese derecho, no de consentir o aceptar cada capricho de nuestros hijos.

Cuando les mostramos la reciprocidad y el respeto que se merecen, ellos lo perciben. Absorben la sensación de que son parte de una relación «bidireccional», y no una «jerárquica». Asimilan la idea de que importan, porque los tratamos de esa manera.

Nuestros hijos sienten que los escuchamos y que nos importan sus necesidades, gustos y deseos. Perciben cómo les prestamos atención y los honramos. Asimilarlo les permite sentirse valorados. Comienzan a convertirse en ellos mismos y a evolucionar como participantes activos en sus propias vidas. Una vez que reconocemos sus experiencias en detalle, la relación entre padres e hijos se transforma.

Mientras que la crianza tradicional trata de la jerarquía y el dominio, la crianza consciente se basa en la reciprocidad y la circularidad. ¿Ves lo tóxico que era el paradigma anterior para nuestra infancia? Por eso debemos cambiarlo por una relación recíproca con nuestros hijos, para que se sientan tan vistos y escuchados como nosotros anhelamos sentirnos.

Espejo

La energía principal que rodea la sintonía es reflejar la esencia de los demás. Lo explicaré. Si volvemos de trabajar con la expectativa de que nuestros hijos hayan hecho sus tareas, paseado al perro y preparado un pastel, y los encontramos tirados en la cama leyendo historietas, nuestro instinto nos dice que ataquemos. Podríamos gritarles: «¡No puedo creer que seáis tan vagos! Tenéis que hacer vuestras tareas. ¡Levantaos ahora mismo!». Imagínate cómo se lo tomarían: seguramente no muy bien.

Esto es lo que significaría reflejar su energía y sintonizar con ellos: «Veo que estáis descansando. Qué bien. ¿Os sentís más relajados? ¿Creéis que ya es hora de hacer la tarea? Quizás, si empezáis ahora, podremos cenar pronto».

¿Ves la diferencia? La primera respuesta es un grito, un ladrido, una orden. La segunda respeta y honra el lugar en el que se encuentra el niño en ese momento. Ese respeto no niega que debe hacer la tarea. Lo único que hace este enfoque es «entrar en su espacio» con una energía diferente. ¿Puedes sentir lo diferentes que son los enfoques? La primera respuesta emite un juicio y culpabiliza. Entra en la dinámica con un aire de superioridad y condena. Nadie responde bien a ese enfoque, que muestra una falta de confianza en nuestros hijos. La segunda respuesta es cálida, acogedora, curiosa y respetuosa. Honra el estado emocional de nuestros hijos y muestra confianza en su capacidad para hacer lo que deben.

¿Ves lo que significa ser un espejo del estado energético de nuestros hijos? Modulamos nuestro tono y todo nuestro enfoque para alinearnos con ellos. Les mostramos que nos unimos a ellos en el punto en el que están, en lugar de condenarlos, oponer resistencia y controlarlos. Podemos darnos cuenta de nuestros estados de ánimo y ajustarlos, en lugar de intentar controlar a ciegas el ánimo de nuestros hijos.

De todas estas maneras y más, podemos recurrir a la psicología de nuestros hijos y prestar atención a su esencia. Sintonizar es una de las herramientas más poderosas de la crianza consciente, porque nos permite adaptar y diseñar nuestra forma de criar al niño que tenemos frente a nosotros. Ajustamos los matices de nuestra energía para satisfacer mejor las necesidades de nuestros hijos. Ese es uno de los regalos más valiosos que podemos ofrecerles.

Paso trece:

Identifica el ego de tus hijos

Hijo mío,
veo todas las máscaras que usas.
Veo tus ojos vidriarse tras ellas
y tu rostro entristecerse.
Te ahogan y te sofocan,
pero no ves otra salida.
Es la única opción que crees que tienes
para sobrevivir a la intemperie.
Es mi ego, sabes, el que te hizo eso,
el que te quitó la calidez de tu espíritu
y nos dejó a los dos vacíos por dentro,
en las cuevas de la falsedad.

Estoy trabajando en deshacerme de mis máscaras
para poder ver tu esencia con más claridad
y honrarte por quién eres,
para que te sientas seguro de ser tú mismo.

Todos ansiamos sentirnos honrados por quiénes somos. Nadie —es decir, ni uno solo de nosotros— quiere usar una máscara. Nadie quiere mentir, hacer trampas, robar, matar o ser rebelde y romper las reglas. Simplemente llegamos a un punto de desesperanza porque percibimos una falta de opciones. No vemos otra forma de hacer las cosas; o quizás sí, pero no nos sentimos empoderados para manifestarla.

Tomemos como ejemplo a un ladrón. ¿Realmente crees que quiere ser ladrón? ¿O está condicionado por toda una vida de desesperanza? Piensa en los padres que agreden verbalmente a sus hijos con crueldad. ¿Crees que es lo que quieren? Sé que una posible respuesta cínica y disgustada podría ser: «Siempre podemos elegir. Algunas personas son malas». Ese no es un enfoque sabio ni útil que podamos aplicar de manera generalizada, porque juzga sin entender realmente los motivos internos y la historia de los demás.

La verdadera transformación solo puede darse si comprendemos el trasfondo contextual. Por esta razón, la terapia es un medio poderoso para lograr un cambio. Nos ayuda a entender el poder de nuestras historias para traernos a donde estamos ahora. De esa manera, no quedamos atrapados en la vergüenza o la culpa. En lugar de eso, empezamos a entender el porqué y el cómo. De eso trata esta sección: de entender la historia de nuestros hijos. ¿Por qué y cómo la dinámica con tu hijo se ha desarrollado así? ¿Cuáles son las causas y los efectos que han llevado a tus hijos a actuar de esa manera? ¿Qué combinación de factores los han conducido a ese punto?

Créeme, tu hijo o hija no se despertó un día y decidió ser rebelde o desobediente. Se dieron muchas causas y efectos en la vida de ambos para que eso ocurriera. Entender la cadena infinita de causa y efecto es la clave para captar el trasfondo de la vida de nuestros hijos. Esto tiene el poder de generar compasión y empatía. Nos permite construir un puente que nos lleve a las experiencias de nuestros hijos donde antes había un abismo.

Así como las máscaras de nuestro ego se crearon en parte por la relación que tenemos con nuestros hijos, sus máscaras se generan por la relación que tienen con nosotros. Es algo natural, ¿no? Cuando perciben nuestras máscaras, automáticamente se colocan las suyas. ¿Recuerdas lo que dije antes sobre las estrategias que nuestros hijos tienen para afrontar las cosas? Sus máscaras son su manera de lidiar con la fuerza y la furia de nuestros egos. Ser conscientes de sus recursos para afrontarlos nos permite dar un paso atrás y entenderlos con más compasión. De lo contrario, reaccionamos ciegamente, lo que solidifica sus egos y genera un círculo vicioso de reacciones entre sus egos y los nuestros.

Intentemos ver cómo los patrones de nuestro ego configuran los de nuestros hijos y descubramos cómo podemos usar el tercer yo para romper el ciclo disfuncional en el que nos encontramos.

EL NIÑO LUCHADOR

Si bien cualquier niño puede usar la máscara del Luchador, los niños del tipo Explosivo ansioso, Explorador hiperactivo o Inconformista rebelde son los que generalmente usan esta máscara. Cuando se sienten rechazados o menospreciados por sus padres, se ponen a la defensiva y contraatacan. Cuando nuestros hijos se convierten en Luchadores, se activa nuestro propio instinto de protección, y es extremadamente difícil seguir siendo compasivos y amables con ellos. Pero, si entendemos que están usando una máscara, podemos adentrarnos en su esencia y guiarlos con amor hacia su corazón al decir algo así:

Veo que te he causado frustración. Entiendo que, a veces, puedo ser exasperante. Te he molestado y lo siento. Veo que te he lastimado y que te sientes invalidado y menospreciado. Lamento mucho haberte causado dolor. No es necesario que pelees conmigo para que te comprenda. Te entiendo. Ahora puedes relajarte.

Cuando los niños son muy pequeños, puedes usar una versión abreviada, como la siguiente:

¿Mamá ha hecho que te enfadaras?
¿Papá te ha asustado?
Veo que estás muy enojado conmigo. Lamento haberte
molestado. En un rato, podrás contármelo todo sobre
cuánto te he hecho enojar.

Cuando observamos que nuestros hijos están en modo Luchador y no oponemos resistencia, sino que fluimos con ellos, les permitimos sentirse validados tal como son. No les gritamos con enojo y frustración, ya que, en realidad, es lo menos productivo que podemos hacer cuando están en ese modo. En cambio, nos hacemos cargo de nuestra parte en la cocreación de sus máscaras. Entendemos que las usan para protegerse de nosotros. En vez de enojarnos con ellos por esa respuesta, nos hacemos responsables por el rol que hemos tenido.

Al igual que nuestras máscaras del ego, la máscara del Luchador de nuestros hijos se desarrolló a causa del dolor. Cuando entendemos este proceso, podemos intentar acceder a su dolor interno. Este enfoque suave y compasivo es la única forma de ayudarles a alejarse de su ego y volver a su esencia.

EL NIÑO REPARADOR

Es muy difícil que un padre no ame a un hijo Reparador. En realidad, esta máscara del ego nos es muy útil como padres. ¡Nuestros egos adoran a los niños con esa máscara! ¿Te acuerdas de Aneika? Ella era el típico ejemplo de una niña dulce y agradable que se había puesto la máscara del Reparador para que sus padres estuvieran más contentos con ella. Con el tiempo, esa máscara la agotó, pero mientras la utilizaba hizo muy feliz al ego de sus padres.

Como aprendimos del caso de Aneika, esta es la trampa que debemos evitar: si no prestamos atención a la naturaleza impostora de esa máscara, usaremos a nuestros hijos y abusaremos de ellos para satisfacer nuestras necesidades. Eso puede resultar en que los niños no respeten sus límites para ganarse nuestra aprobación, y se vuelvan presas fáciles para otras personas cuando crezcan. Por eso, debemos estar particularmente atentos a los niños Reparadores y resistir la tentación del ego de aprovecharnos de ellos para nuestra propia satisfacción.

Los que generalmente tienden a usar esta máscara son los niños Complacientes y Relajados. Estos niños están programados para ser agradables, así que resulta fácil que los padres los pisoteemos y los retorzamos con nuestras imposiciones. Justificamos nuestros actos al decir: «Bueno, ellos aceptaron» o «Ellos quisieron seguir nuestros consejos», lo que nos evita confrontar nuestras sombras.

Cuando estamos sintonizados con el temperamento inherente de nuestros hijos —sobre todo el de los niños Complacientes—, vemos mejor las máscaras que adoptan cuando están bajo presión. Este conocimiento puede evitar que deban usar máscaras. Podemos asegurarles a esos niños hiperansiosos que están bien tal como son, al decir algo como esto:

Veo que sientes ansiedad en este momento y que quieres solucionarlo entrando en un estado frenético. Quieres cuidarnos a nosotros, pero no es tu obligación. Quizás tienes miedo de que no te amemos por quién eres. Pero sí te amamos. No debes hacer más de lo que ya haces. Eres una persona perfectamente completa tal como eres. Quiero que lo recuerdes.

Cuando ayudamos a nuestros hijos a percibir sus máscaras impostoras con suavidad y sin reaccionar, les permitimos entrar lentamente en contacto con sus emociones internas sin sentirse juzgados o regañados. De nuevo, solo lo podremos lograr cuando lo hagamos desde un lugar de abundancia y valor. De lo contrario, es probable que usemos sus egos y abusemos de ellos para nuestro beneficio, lo que, a su vez, solidificará sus egos. Conocer a nuestros hijos en tal profundidad nos ayuda a sintonizar con ellos y empatizar.

EL NIÑO APARENTADOR

La máscara del Aparentador se usa cuando un niño tiene la necesidad apremiante de recibir elogios y aprobación. Un niño demasiado Complaciente puede volverse adicto a ser la superestrella para recibir atención y alabanzas. Los niños Soñadores ermitaños también pueden usar esta máscara para evitar sentirse aislados y excluidos. Estos niños pueden hacer lo imposible para que les presten atención y tener una sensación de pertenencia después de que los hayan humillado y ridiculizado por sus actitudes hurañas. El niño Inconformista rebelde también puede moverse en esa dirección, rompiendo las reglas para llamar la atención.

Esta máscara puede parecerse a la que usa el clásico payaso de la clase, el cómico, la reina o el rey del drama, o el niño rebelde y «malo». Es una máscara que busca atención a toda costa e intentará lograrlo de cualquier manera. Si escuchamos el grito interno del Aparentador, lo oiremos clamar atención: «¿Me ves? ¿Me quieres? ¿Te importo?». Cuando estamos en sintonía con esta máscara, podemos ayudar con delicadeza y compasión a que nuestros hijos la suelten si decimos algo así:

Te veo ahora y siempre. Soy consciente de lo increíble que eres. Ya no es necesario que lleves la carga de intentar captar mi atención. He descuidado tus necesidades reales, pero cambiaré mi forma de actuar para satisfacerlas mejor. Eres mi mayor prioridad, y me aseguraré de que así lo sientas.

Recurrimos a las máscaras que buscan llamar la atención cuando tenemos una desesperación subconsciente por que nos vean. Como padres, podemos hacernos cargo de nuestra parte de responsabilidad al preguntarnos cosas como estas:

¿Cómo estoy fomentando la necesidad apremiante de mi hijo de llamar la atención?

¿Estoy tan enfocado en mi vida que no presto atención a las necesidades de mi hijo?

¿Cómo puedo estar más presente para mi hijo?

Los niños Aparentadores pueden soportar el dolor de no sentirse validados o reconocidos por quiénes son. Como resultado, tienen la necesidad de usar esta máscara para obtener lo que no les dan sus padres. Sintonizar con su dolor los ayudará a quitarse la máscara del impostor para sentirse libres de ser quiénes son realmente.

LOS NIÑOS ESTÁTICOS Y EVASIVOS

En cierta medida, casi todos los niños pueden convertirse en Estáticos o Evasivos. Todo depende del nivel de trauma que estén atravesando. Si bien el Soñador ermitaño tiene más probabilidades de retraerse, estas dos máscaras impostoras están menos relacionadas con la naturaleza del niño que con la del trauma que lo aqueja. Cuanto más inconsciente y agresivamente abusivo se vuelva un padre con su hijo, o cuanto más descuide sus necesidades, más tenderá el niño a quedarse estático, disociarse y escaparse de la realidad.

Las señales de que un niño es Estático o Evasivo están en su modo de comportarse con sus padres. ¿Se apartan? ¿Se aíslan en su habitación y se esconden de ti? Estas son muestras de que están traumatizados y quieren distanciarse. Estos niños colocan armaduras muy gruesas a sus emociones para protegerse de la ira de los comportamientos inconscientes de sus padres. Cuando vemos esas máscaras, podemos ayudarles con delicadeza a emerger de su armadura a través de la compasión si les decimos algo así:

Entiendo por qué estás actuando así conmigo. Te he lastimado mucho en el pasado, y ahora no confías en nuestra relación. Sientes que no mereces amor y que no tienes valor. He contribuido a que te sientas así. Quiero cambiar. ¿Me permitirás demostrarte que cometí un error y que te mereces un trato mejor?

No era consciente de mi forma de comportarme y quiero enmendar y renovar nuestra relación porque eres muy importante para mí.

Los niños con esta máscara del ego esconden un gran dolor. Cuando miremos debajo de la armadura y veamos al niño interior tembloroso y desconfiado, quizás podremos conectar de la manera que él necesita. Es parecido a un cachorro maltratado, con miedo a seguir experimentando el rechazo y el trauma. Los padres deben cuidarlos muchísimo y tener una gran paciencia para sacarlos de la oscuridad y traerlos a la luz del amor y la alegría.

MANOS A LA OBRA

Volvamos ahora a la idea de prestar atención a nuestros hijos y las reacciones que tenemos. Esta es la práctica más importante para detectar las máscaras impostoras de los niños. Es fundamental que percibamos los matices en sus comportamientos y prestemos atención a sus emociones tácitas sin permitir que nuestro ego se active. Una cosa es saber que nuestros hijos tienen puesta su máscara, y otra mucho más difícil es no recurrir a las nuestras.

Mantener el contacto con tus sentimientos durante el día te ayudará a que las máscaras de tus hijos no te activen. Las prácticas de autocuidado como el ejercicio, la meditación, el descanso y la relajación nos ayudan a mantenernos con los pies sobre la tierra cuando los niños reaccionan. Las siguientes afirmaciones concretas me han ayudado a afirmarme cuando el ego de mi hija me activa. Cada una aborda una parte distinta de la dinámica.

¿Qué le está pasando a mi hijo?

Tiene muchos sentimientos que no puede expresar.

Tiene miedo y está usando una máscara para protegerse.

Se siente desbordado, y su comportamiento solo es una manera de recuperar la sensación de control.

¿Qué me pasa a mí?
Tengo miedo de perder el control.
Tengo miedo de ser un mal padre.
Tengo miedo de que mi hijo no me respete.

Afirmaciones para sanar a mi niño interior:
Eres valioso tal como eres. No necesitas de un ego para sentirte digno.
Tus emociones están bajo tu control y bajo el de nadie más.
El comportamiento de tu hijo no habla de tu capacidad para criar.
Tu valor no depende del estado de ánimo actual de tu hijo.

¿Qué necesita mi hijo de mí en este momento?
Necesita que esté presente y con los pies sobre la tierra.
Necesita que sea el adulto de la relación.
Necesita que no emita juicios.
Necesita que comprenda que tiene dificultades.

Estar en contacto con nuestros sentimientos es fundamental si queremos crear una relación más fuerte con nuestros hijos, porque refuerza la consciencia que tenemos de que ellos experimentan dolor interno, al igual que nosotros. Ese conocimiento es clave si queremos ser una fuerza sanadora en su vida. Ver el dolor y la humanidad a través de una lente similar a la que usamos para ver los nuestros nos permite acercarnos a nuestros hijos, sentirnos más alineados con ellos y estar más conectados. Este es el poder de tener cosas en común: genera una unión. ¿Y qué manera de lograr ese punto en común puede ser más poderosa que la de ver el dolor de los niños como un eco del nuestro?

Paso catorce:

Domina el idioma de los niños

Tus comportamientos son una cortina de humo.
Distraen, desvían y evitan
el dolor real que sientes dentro,
la raíz verdadera que esconde.
Ahí es donde mis ojos deben buscar
y mi corazón debe sentir.
Debo enfocarme en tus dolores y tus miedos,
y ahí es donde debo ayudarte a sanar.

Los niños hablan su propio idioma y no siempre se comunican de manera directa o articulada. En realidad, los adultos tampoco lo hacen. Si

la mayoría de los adultos tienen dificultades para expresar sus sentimientos internos con eficacia, imagina el esfuerzo que implica para los niños. Si tan solo hubiésemos aprendido a reconocer y expresar emociones durante la infancia, no estaríamos metidos en estos embrollos. Nos perdemos nuestras propias señales y luego arrojamos las emociones al mundo exterior, o a nosotros mismos, de muchas maneras dañinas. A veces lo hacemos con enojo o berrinches, y a veces nos retraemos o sufrimos ansiedad. Debemos tener consciencia y voluntad para aprender a descodificar los sentimientos y comunicarlos con claridad.

Una de las principales desconexiones entre la forma de actuar de los niños y la de los adultos se ve en el lenguaje lúdico. Los niños juegan, pero los adultos no. Ahí hay una gran desconexión entre su manera de procesar sus mundos y la nuestra. A la mayoría de los adultos no les gusta jugar con niños; piensan que es una pérdida de tiempo. Por supuesto, muchos adultos practican algún deporte con sus hijos, o juegan un juego de mesa estructurado, pero ¿solo jugar? Para nada. Demasiado aburrido y poco productivo. Pero aquí está la clave: jugar con la imaginación y sin estructuras es el lenguaje principal de los niños. Entonces, si los padres no podemos vincularnos con ellos mediante su primer lenguaje, imagínate la desconexión.

Los niños juegan antes de hablar, analizar, educarse o trabajar. Su idioma principal es el del juego. Eso se debe a que todavía no han desarrollado el pensamiento crítico y de la vida real. Su cerebro está evolucionando y se encuentra en un estado de existencia onírico, por lo menos hasta los siete años aproximadamente. Los niños interpretan su mundo a través de símbolos, imágenes y metáforas. No tienen palabras, etiquetas o análisis críticos para aplicar a sus experiencias. Viven una experiencia directa.

Sus primeros años son centrales, porque es el momento en el que los niños son más vulnerables y absorben las energías que los rodean. Como todavía no tienen facultades para el pensamiento analítico, son presas indefensas ante las influencias externas. Cuanta más basura les arrojen, más se contaminará su mentalidad. Cuantas menos porquerías depositemos en ellos, más libertad tendrán para mantener una conexión profunda con su propio conocimiento interno. Los primeros siete años son los más importantes para el bienestar psicológico, ya que durante esa etapa se sientan las bases emocionales del niño.

Nosotros forzamos a los niños a abandonar su lenguaje principal antes de que estén listos para que entren en nuestro mundo de juegos, reglas, niveles estructurados y competitivos, y aprendizaje instruido. A estas alturas, los niños ya están en desventaja, porque deben abandonar su lengua natural, por así decirlo, y aprender un idioma extranjero, el de los adultos. Jugar con los niños significa entrar en su mundo de imaginación y posibilidades. Implica agacharse como un perrito o deslizarse por la alfombra como una serpiente. Claro, jugar con los niños puede ser molesto, pero esa es la manera de entrar en su mundo en lugar de trasplantarlos en el nuestro.

La mayoría no entendemos cómo se comunican, piensan o actúan los niños. Interpretamos sus comportamientos a través de la mirada de un adulto y con la lente del ego. Como resultado, tenemos objetivos totalmente opuestos a los de nuestros hijos. Si pudiésemos entenderlos mejor, tendríamos una conexión superior. Eso es lo que quiero enseñarte con este paso: cómo interpretar las acciones y comportamientos de tus hijos para que puedas construir un lazo más profundo con ellos.

He perdido la cuenta de la cantidad de padres preocupados que me han consultado por el llanto de sus hijos. La mayoría de esos niños tienen menos de siete años. Lo que los padres no entienden es que los niños tienen esa forma de comunicarse: a través del llanto. Todavía no pueden usar palabras para hablar sobre sus dificultades o miedos, así que lloran. Los padres lo malinterpretan como algo anormal o poco natural.

Así que muchos padres estallamos y nos sentimos mal cuando nuestros hijos nos hablan de una manera que consideramos desagradable o indiferente. Recuerdo cuando Maia, que tenía alrededor de doce años, me dijo «¡No te soporto!» porque estaba enojada por algo. Ay, cómo me aferré a esa oración. Mi modo víctima se activó al máximo.

«¡Cómo te atreves a decir eso! ¿Por qué eres tan cruel si hago tanto por ti?». Y seguí y seguí, para que se sintiera mal.

Finalmente, me dijo: «Mamá, estaba enojada. No he querido decir eso. Lo que quería decir es que no soportaba lo que pasaba, ¡pero no a ti! ¿Por qué te lo tomas todo tan personal?».

Ese momento sacudió mi mundo y revolucionó mi enfoque. Había armado tal escándalo por sus palabras porque me sentí poco valorada y querida, e incluso sentí lástima por mí. Mi niña interior estaba totalmente activada. Cuando escuché la interpretación de mi hija sobre lo que ella había dicho, mis pensamientos cambiaron de inmediato: «Ah, no ha querido decir lo que yo he interpretado. No era su intención atacarme. No puedo entender cómo usa las palabras cuando se enfada. Debo descodificar su lenguaje de otra manera». Ahora, cuando Maia dice algo que siento como personal —incluso «¡Te odio!»—, lo interpreto como: «¡Lo odio, mamá!».

Hay un dicho que se repite en los círculos de la psicología popular: «Los niños saben cómo sacarte de tus casillas». Lo que quiere decir es que nuestros hijos saben cuáles son nuestras casillas, y que su misión maquiavélica es hacer cosas que nos saquen de ellas. Esto es una gran mentira, y dañina, porque hace que los padres estén a la defensiva con sus supuestos hijos malvados, ¡que están «al acecho»! ¿Ves la desconexión que genera esta manera de pensar?

La verdad es que nuestros hijos no saben cuáles son nuestras casillas, ni les importa. No están «al acecho». Les interesa más ser ellos mismos y descubrir cómo divertirse lo máximo posible en la vida. Entender esto es clave para distanciarnos de la idea de que nuestros hijos eligen ser manipuladores y confabulan en nuestra contra. ¿Los niños tienen la capacidad de encontrar la manera de satisfacer sus necesidades? ¡Claro! Pero eso no quiere decir que sean malos o mentirosos deliberadamente. Y, si eligen utilizar la manipulación con nosotros, tenemos la responsabilidad de preguntarnos: «¿Qué he hecho para que mis hijos sientan la necesidad de manipularme así, en lugar de pedirme directamente lo que quieren?».

Uno de los detonantes más comunes para los padres es la mentira de sus hijos. Eli era uno de esos padres. Se enfurecía con su hijo, Noah, porque le mentía sobre sus calificaciones de la universidad. Noah le hizo creer a su papá que le estaba yendo bien y que todo estaba bajo control. Cuando Eli descubrió que su hijo le había mentido y que, de hecho, a duras penas estaba aprobando los exámenes, perdió la cabeza. Vino a terapia con Noah y expresó su enojo: «Yo crie a una persona honesta, pero es el mayor mentiroso del mundo. Te has avergonzado y deshonrado a ti mismo. ¡No creo que pueda volver a confiar en ti!».

Al oír esas palabras, Noah agachó la cabeza. Estaba claro que el enojo de su padre lo afectaba mucho. Tuve que intervenir. Pregunté: «Eli, ¿puedes entender por qué te mintió tu hijo? ¿O por qué los humanos mentimos en general? ¿No crees que te mintió porque tenía miedo a decirte la verdad? Habrías perdido la cabeza. Tu hijo te mintió porque le importa lo que piensas de él. La mentira puede parecer algo malo en la superficie, pero si ahondamos un poco podremos ver que también es un símbolo positivo del deseo de una persona de no querer decepcionar a la otra o enfrentarse a su ira».

Al decir eso, Eli se quedó callado y se contuvo. Luego, dijo: «Sabes, lo gracioso es que yo le mentía a mi papá durante la secundaria. Él me dejaba en casa del profesor de violín, y yo odiaba tocar ese instrumento, pero era tan importante para mi papá que le seguí la corriente. Pero la mitad de las veces que me llevó, no entré. Me quedaba sentado en el parque, jugaba a la pelota o hablaba con mis amigos por teléfono. Lo oculté durante unos meses, pero al final el profesor le dijo a mi padre que no estaba yendo a las clases. Eso le hizo perder la cabeza. No me habló durante unos meses. No puedo decirte lo avergonzado que estaba. Quería gritarle y decirle que no era un mentiroso, pero que me daba miedo que se enojara, aunque nunca me salieron las palabras. Mi relación con él nunca fue la misma. Y ahora, mira, estoy actuando de la misma manera con mi hijo. ¿No es gracioso?».

Me alivió que Eli no tardara mucho en empatizar con su hijo y sentirse identificado con su situación. Suelo decirles esto a los padres con los que trabajo: «Si tus hijos no se sienten seguros contigo y tú los controlas demasiado, es natural que te mientan. Lo hacen para sobrevivir emocionalmente a tu decepción y tu ira. Mienten porque les importa tu reacción. Si no, no harían el esfuerzo de engañarte». A los padres les resulta difícil entender este concepto, ya que nos han hecho creer que todas las mentiras deben recibir un castigo. Este es un enfoque muy simplista que no llega al meollo de la cuestión. La verdad es que la mentira, como muchos otros comportamientos, es un síntoma y una señal de que hay algo más profundo en juego. Si nos enfocamos solamente en las conductas superficiales, perdemos de vista lo que sucede en realidad. La mentira es un ejemplo perfecto. Por fuera, esta actitud parece muy negativa. Pero, cuando miramos hacia dentro y nos preguntamos: «¿Qué está queriendo ocultar?», lo que descubrimos nos puede sorprender.

Todas tus conductas egoicas y desalineadas, y también las de tus hijos, son una MARCA (Muestran Algo Roto Circulando Adentro). Si podemos recordar esta verdad tan simple, entonces podremos hacer una pausa e ir hacia nuestro interior para encontrar la necesidad real que se esconde detrás del comportamiento. Solo debemos descodificar las palabras y acciones externas para descubrir qué sentimientos hay en el interior. Las emociones dirigen y sostienen nuestro comportamiento externo, siempre. Si podemos empezar a usarlo para descubrir nuestra MARCA, entonces podremos llegar a las causas y efectos contextuales. Esto nos permitirá experimentar compasión, comprensión y conexión, en lugar de indiferencia, rechazo o vergüenza.

A continuación incluyo algunas preguntas que podemos hacernos para ayudarnos a descodificar el comportamiento de nuestros hijos y llegar a los sentimientos reales que hay detrás:

¿Qué intenta comunicar este comportamiento?
¿Cuál es la MARCA, por qué ha aparecido, y cómo puedo ayudar a transformarla?
¿Cuál es el nivel de intensidad del dolor de mi hijo en este momento?
¿Qué recursos debo activar?

Los comportamientos no son todos iguales. Algunas MARCAS indican un primer nivel de dolor, otras alcanzan el quinto nivel. Para identificar cuál es cuál se necesita tiempo y una cuidadosa sintonía.

En la ilustración de la página siguiente, vemos cómo las palabras de los niños pueden provocar una reacción del ego de los padres, a menos que estos vayan a lo profundo para descubrir qué está sucediendo con sus hijos. Aquí, los niños dicen cosas inquietantes y provocativas para los padres, pero, como podrás ver, tienen muchos sentimientos que no pueden expresar. Entender el significado latente es la clave.

Podemos considerar el primer nivel como una ola: el comportamiento del niño es una señal que avisa al padre que algo no va bien, pero el niño siente la confianza de que sus necesidades quedarán satisfechas. El segundo nivel es como una señal de alarma: el niño está más reticente, pero todavía tiene esperanza e ilusión de que se cubrirán sus necesidades. El tercer nivel es como una llama en la que el niño está más volátil y frustrado porque se ignoran sus necesidades; la temperatura aumenta, y debemos prestar atención al dolor y los sentimientos que tiene en su interior. El cuarto nivel es más parecido a una bomba a punto de estallar, y el niño se muestra muy reacio y distante. Siente que la única manera de manejar el dolor interior es construir una gran barrera que lo separe de sus padres. Los evita e impide cualquier muestra de afecto o conexión. Su dolor es tan grande que no puede imaginar ni siquiera el rechazo más mínimo.

El quinto nivel alerta sobre un riesgo aún más grande: es la sirena de peligro. En este nivel deben encenderse todas las alarmas, ya que el niño sufre una gran angustia, hasta el punto de querer lastimarse a sí mismo o a otros. El estado interno del niño está desprovisto de cualquier conexión consigo mismo o con otros. El niño siente que su existencia no tiene importancia. Cuando las cosas llegan a este nivel, incentivo a los padres a buscar recursos y apoyo externos.

Es esencial que tomemos nuestra temperatura emocional y la de nuestros hijos para poder entender cómo acercarnos a ellos a través de una conexión y no de un conflicto. Todos los comportamientos de los niños comunican algo sobre su mundo emocional interno. Descubrirlo es la clave para lograr la conexión.

Una vez hemos entendido bien que los comportamientos de nuestros hijos son solo una máscara o un símbolo de que hay algo más profundo —una MARCA—, podemos cambiar todo nuestro enfoque. En lugar de reaccionar a conductas superficiales, ya sea la mentira o la falta de respeto, podemos ponernos las gafas de rayos X que nos da la crianza consciente y observar lo que hay detrás de esas conductas, para luego preguntar: «¿Qué le está ocurriendo realmente a mi hijo?», «¿Cuáles son sus necesidades emocionales reales, y cómo puedo satisfacerlas?».

Así como aprendimos a hacerlo con nuestros propios conflictos internos, debemos activar el ser intuitivo —el tercer yo— para ayudar a los niños a sentirse comprendidos y escuchados. Así como hicimos con nosotros en la etapa dos, ahora debemos hacernos presentes ante su dolor de una manera compasiva y conectada. En la siguiente sección, sugiero algunas cosas que podríamos decirnos para mantenernos firmes cuando los niños nos muestran alguna de las máscaras del ego. Usaré el mismo prototipo en los ejemplos de crianza que siguen para demostrar cómo podemos calmar y validar cada una de las máscaras impostoras de nuestros hijos.

LOS NIÑOS LUCHADORES

Los niños Luchadores atacan a sus padres de alguna manera para recuperar la sensación de control cuando sienten una falta de valía. Por ejemplo, podrían decirnos: «¡Te odio!». Los padres conscientes que no dejan que su niño interior los active pueden tomar la temperatura emocional de sus hijos e intentar entenderlos desde una perspectiva más profunda. Cuando lo hacen, logran que las palabras ofensivas desaparezcan sin prestarles atención. Estos padres pueden decirse a sí mismos:

> Mi hijo está usando palabras que explican el caos interior y la pérdida de control. El enojo y la frustración externas son un reflejo de una división y un vacío internos. Si mi reacción a esas palabras es la pérdida del control de mi propio juicio, generaré más caos. Mi tarea como padre/madre es entender el dolor de mi hijo y ayudarlo a aliviar la angustia interior.

LOS NIÑOS REPARADORES

Los niños Reparadores expresan su ansiedad interna y la pérdida del control «reparando cosas» cuando sienten una falta de merecimiento. Ellos se rinden ante el poder de los padres e intentan cumplir sus deseos. Al ceder ante la voluntad de los mayores, esperan aliviar sus miedos relacionados con su falta de merecimiento y ganarse la aprobación y la validación. En lugar de reaccionar a esta máscara del ego y «usar» el deseo de nuestros hijos en beneficio propio, los adultos debemos entender que están sufriendo. Los padres que pueden ver a través de la máscara de sus hijos deben recordar lo siguiente:

> Mi hijo tiene una sensación interna de rechazo o de falta de merecimiento, y por eso está actuando de forma tan complaciente y obediente. Esta no es su esencia real. Mi tarea como padre/madre es entender su dolor y ayudarlo a aliviar la angustia interna al

convencerlo de que es digno tal como es y de que no debe doblegarse ante mí para sentirse valioso.

LOS NIÑOS APARENTADORES

Los niños Aparentadores están sedientos de atención, y buscan y demandan halagos y validación cuando el miedo por la falta de merecimiento los hace reaccionar. Estos niños empiezan a comportarse mal o a exagerar sus payasadas. En lugar de reaccionar ante esta máscara del ego, los padres conscientes entienden que a sus hijos les hace falta algo en su interior, como el sentido de merecimiento, de pertenencia, de importancia. Cuando los padres van a lo profundo y descubren las necesidades reales de los niños, pueden conectar con el miedo interno pertenecerá la falta de pertenencia y asegurarles que son dignos tal como son. Estos padres pueden recordar lo siguiente:

Mi hijo está intentando ser mi centro de atención e interés. ¿Cómo puedo hacer para dárselo y que no deba recurrir a comportamientos tan extremos? Mi tarea como padre/madre es entender el dolor de mi hijo y ayudarlo a aliviar esa angustia en su interior.

LOS NIÑOS ESTÁTICOS

Los niños Estáticos se retraen y se paralizan cuando algo los provoca. Cuando los padres van a lo profundo, pueden conectar con los miedos internos de sus hijos. Los niños entran en pánico porque no se sienten amados ni dignos. En lugar de enojarse con la reacción estática de sus hijos, los padres pueden mostrar compasión y responder de una manera más consciente y humana. Pueden recordar lo siguiente:

Mi hijo se está cerrando porque se siente inseguro e invisible. Siente una pérdida de importancia y poder y, como resultado, prefiere cerrarse. Mi tarea como padre/madre es entender su dolor y ayudarlo a aliviar esa angustia interna. Debo encontrar una manera de brindar seguridad a mi hijo para que pueda salir lentamente de su aislamiento y confiar en mí otra vez.

LOS NIÑOS EVASIVOS

El niño Evasivo se disocia, se eyecta y se escapa cuando siente una falta de merecimiento. Por supuesto, esta clase de niño suele vivir en un hogar en el que experimenta muchos traumas y abusos, y, por este motivo, elige una máscara tan dura. Cuando los padres van a lo profundo para descubrir la necesidad real, pueden conectar con el miedo a no ser digno ni útil que guarda su hijo o hija en su interior. Estos padres pueden recordar este dato clave:

> Mi hijo está en un estado de angustia extrema por el trauma que vivió en su infancia. Directa o indirectamente, yo formo parte de ese trauma. Debo sanar mis propios patrones disfuncionales para poder sanar el trauma de mi hijo. Mi tarea como padre/ madre es entender su dolor y aliviar la angustia que tiene en su interior. Debo deshacer los patrones del pasado y comenzar a reconstruir la confianza y la seguridad desde los cimientos.

¿Ves lo poderoso que es desactivar tu ego y conectar con tus hijos desde un lugar emocional más profundo? Cuando somos conscientes de que todos los comportamientos superficiales de los niños son un reflejo de su situación interna, podemos vincularnos y conectarnos con ellos en mayor profundidad. En lugar de que todo gire en torno a nosotros y las reacciones que tenemos, regalamos compasión, presencia y sintonía a nuestros hijos. Una vez quitamos del camino nuestros «temas» emocionales, podemos tomar realmente la temperatura emocional a nuestros hijos y usar sus comportamientos como pistas para ayudarnos a lograr una conexión más profunda.

MANOS A LA OBRA

Pongamos en práctica lo que hemos aprendido. Si tienes hijos pequeños, intenta jugar con ellos durante periodos cortos a lo largo del día. Si tienes hijos algo mayores, prueba a interactuar con ellos a través de juegos u otras actividades divertidas. Estos momentos de vinculación servirán de mucho para profundizar en vuestra conexión.

Preguntarnos qué está sucediendo detrás del comportamiento de los niños es clave para conectar con sus sentimientos y ponernos a su nivel emocional. Hacerte las siguientes preguntas te ayudará a lograr un estado de consciencia de tu MARCA emocional y de la de tus hijos: «¿Cuál es la temperatura emocional de hoy? ¿Estoy o están estresados? ¿Ansiosos? ¿Esperanzados? ¿Entusiasmados?». Todas esas emociones subyacentes tienen la capacidad de afectar nuestro comportamiento o el de los niños. Si agregamos causas de estrés como el trabajo o los exámenes y las presiones sociales, entonces es posible que tengas un barril de pólvora emocional.

Es fundamental que nos tomemos la temperatura emocional para llevar un registro de dónde estamos nosotros y nuestros hijos internamente. Haz pausas durante el día para sintonizar con tu temperatura emocional y la de tus hijos: a primera hora, durante el almuerzo o justo antes de reencontrarte con ellos después de la escuela. «¿Qué sientes? ¿Y qué sienten ellos? ¿Qué puedes hacer para cuidar tu mundo interior o el suyo en ese momento?» Mantener la visión de rayos X activa para «ver los sentimientos» a lo largo del día te permitirá estar en contacto con lo que sucede por debajo de la superficie y estar en sintonía con tu estado emocional y el de tus hijos.

Muchas veces me recuerdo lo siguiente para evitar que los comportamientos de mi hija se apoderen de mí:

No me gusta esta conducta, pero está intentando decirme algo. ¿Qué será?
Este comportamiento me muestra lo que mi hijo siente. ¿Cuáles son esos sentimientos?

Mi hijo se comporta así conmigo porque se siente de esta manera. ¿Cómo puedo ayudar?

Las conductas de mi hijo no son un ataque en mi contra, sino un reflejo personal de su mundo interior. ¿Cómo puedo acercarme a él/ella?

¿Ves cómo estas preguntas generan una curiosidad y un deseo compasivo de ayudarles? Quizás puedes crear tu propia lista de preguntas para mantener a raya a tu ego durante los momentos reactivos con tus hijos.

Paso quince:

Haz esto en lugar de castigar

¿Por qué creo que tengo derecho a castigarte,
o a humillar, gritar, vociferar y degradarte,
o a poseerte y dominarte,
o a lastimar o vulnerar tu cuerpo soberano?
¿Por qué creo que solo aprendes a través del miedo,
o que debes obedecer mis palabras o sufrir mi rabia,
o que, si no doblego tu espíritu, tú doblegarás el mío?
¿Por qué creo en esas ideas tan tóxicas
que me llevan a pelear contigo en lugar de conectar,
que me hacen verte como mi enemigo
en vez de como mi aliado?
Debo descartar, quemar, incinerar y enterrar esas creencias

para poder empezar de nuevo, de una manera
en la que no haya un enfrentamiento entre tú y yo,
sino una alianza familiar y una conexión recíproca.
Esto ya no va de mi poder sobre ti,
sino de nuestro andar por la vida juntos,
caminando codo con codo,
los dos, pero en una misma dirección,
hacia nuestra unión como maestro y alumno.

Hay una gran sombra que se cierne sobre la crianza y que debemos disipar, y es la sombra alrededor de la idea de disciplina. He escrito un libro entero sobre ella, *Sin control: por qué castigar a tu hijo no funciona*, y te aconsejo que lo leas si quieres profundizar en este tema. Pero, para lo que nos concierne ahora, iré directa al grano. El paradigma actual acerca de la disciplina parental es extremadamente tóxico, inconsciente y, me atrevo a decir, en ocasiones delictivo. Principalmente, está basado en una actitud de castigo, y el uso de este enfoque debe erradicarse por completo. La crianza consciente no consiste en castigar a nadie, y menos a nuestros hijos. No se trata de usar el miedo, el control y la manipulación para forzar a nuestros hijos a obedecer. Hay otro camino. Podemos enseñarles de una manera que no está relacionada con la dominación.

Antes de entrar en detalles, ten en cuenta que esta sección puede traer recuerdos dolorosos porque la mayoría de nosotros fuimos criados con un enfoque tradicional de la disciplina, es decir, el castigo. A gran parte de nosotros nos han gritado, humillado, golpeado o castigado de alguna forma. Quiero que tomes consciencia de tus creencias acerca del castigo, porque tu pasado influirá en gran medida en tu manera de absorber esta sección.

Una de las primeras cosas que quiero abordar es lo prevalente y difundida que está la noción del castigo. Lo más inquietante de toda esta «industria» de disciplina parental es que es un paradigma que no ha sido controlado. Recurrimos al castigo como si estuviera avalado por el universo y fuera un decreto divino. Estoy aquí para decirte que la disciplina parental, la que hemos estado aplicando a través del castigo, es uno de los elementos más centrados en el ego que tenemos como humanidad, y que no solo afecta a nuestros hijos, sino a todos los aspectos de nuestra vida.

Básicamente, la disciplina parental tradicional consiste en sembrar miedo y amedrentar. Es cruel y cómoda, y está dominada por el ego. Al intimidar a los niños para que sientan vergüenza y miedo, los padres les enseñan que esa clase de dominación y violencia es aceptable y está avalada. Luego, esos niños se convierten en la próxima generación de hostigadores, que no ven el daño que causa dominar a otros o a la Tierra. En el centro de la actual destrucción de la Tierra está el paradigma tóxico de la disciplina parental. Y su origen se encuentra en la infancia.

La disciplina parental tradicional se enfoca en el principio de que los padres tienen el derecho libre y no regulado de «corregir» el comportamiento de sus hijos de cualquier manera que ellos consideren apropiada. Pueden castigarlos a voluntad, y se glorifica ese castigo como si fuera una «educación». Todos los padres tienen este derecho de hacer lo que les plazca con sus hijos. Piénsalo: todos los padres tienen ese derecho, sin importar su nivel de consciencia o si han curado sus heridas causadas por los traumas del pasado relacionados con la «disciplina». Es como poner un arma nuclear en las manos de una persona emocionalmente inestable. No es muy sensato, ¿verdad? Bueno, eso es lo que hemos hecho. Les hemos dado a los padres un acceso libre al cuerpo y la mente de sus hijos, sin consecuencias. Si pones este poder en las manos equivocadas, se producirá un maltrato absoluto. Tristemente, no hay nadie que proteja a nuestros hijos de nosotros mismos.

Hagamos una lista de todas las cosas que los padres creen que tienen derecho a hacer con sus hijos:

Humillarlos públicamente o en privado.
Golpearlos, abofetearlos o darles nalgadas.
Gritarles.
Castigarlos, encerrarlos.

Arrojarles cosas.
Privarlos de muestras de cariño.
Descuidarlos.
Quitarles sus pertenencias.

Nadie cuestiona los criterios de los padres ni opone resistencia a su autoridad, excepto en casos de maltrato extremo, que la mayoría de las veces se mantienen ocultos de la mirada pública. El castigo es la manera que los padres usan desde hace muchas eras para corregir el comportamiento de los niños, y continuarán haciéndolo hasta que haya otro camino para criarlos.

Como padres, hemos recibido el poder de invadir la vida de nuestros hijos y dominarlos de la manera que queramos. Nadie se atreve a detenernos; al fin y al cabo, ellos nos pertenecen y, por ende, son de nuestra propiedad. Las personas no les dicen a los padres que sus métodos son incorrectos o tóxicos por miedo a las represalias. La mayoría no se atrevería a comportarse con otros adultos de la manera en que lo hacen con sus hijos. No nos animaríamos a «castigar» a otros adultos que conocemos. ¿Sabes por qué? Porque se vengarían de alguna de estas formas:

Terminarían la relación.
Se defenderían.
Denunciarían el maltrato ante las autoridades.

Como nuestros hijos están indefensos, nos atribuimos el derecho de hacer con ellos lo que nos plazca. Entregar esa clase de poder es demasiado peligroso y, por esa misma razón, es fundamental que seamos conscientes de la dinámica de ese poder. Aquí es donde la crianza consciente entra en juego. Nos enseña que las viejas costumbres de disciplina no solo son arcaicas, sino tóxicas y disfuncionales. Generan estrés y presión en los niños y desgastan la conexión entre padres e hijos de muchas maneras. Los padres conscientes entienden que esas técnicas emergen del ego y corroen la autoestima del niño.

El paradigma antiguo de la disciplina parental está basado en el control, el miedo, la culpa y la vergüenza. No conocemos otra manera de hacerlo. Algunos podemos elegir no agredir físicamente a nuestros hijos, pero continuamos atacándolos emocionalmente. No importa la técnica que utilicemos, el punto principal es que ese tipo de disciplina se basa en el ego de los padres. Mientras no se controle ese ego, continuará desgastando la sensación de autoestima, seguridad y respeto por uno mismo.

El control, el miedo, la culpa y la vergüenza son técnicas que no nos permiten enseñarles a nuestros hijos lo que realmente esperamos que aprendan. La enseñanza verdadera no nace de la obligación y la manipulación, sino de un desarrollo orgánico del saber interior. Estas son técnicas artificiales que se utilizan para manipular y oprimir a otra persona con el fin de someterla. Por supuesto, les darán a los padres una sensación falsa y temporal de dominio y poder, pero no durará mucho. Lo que los padres no ven es que, junto con ese efecto temporal de control, llegan otros problemas conectados con la desconfiguración mental del niño. Los dictadores usan estas técnicas para lavar el cerebro de los ciudadanos y hacer que sigan sus mandatos como si fueran robots. ¿Eso es lo que quieres para tus hijos? ¿Lavarles el cerebro para que sean obedientes y serviciales? ¿O preferirías llegar a un acuerdo que nazca de su interior, en lugar de lograr una reacción a causa del miedo?

Con el tiempo, los niños oprimidos actúan de dos maneras cuando son adultos: mantienen el régimen de opresión al convertirse en sus propios opresores o buscan a otros que los opriman y subyuguen. Eso no es aprender ni enseñar. Es una agresión tóxica hacia uno mismo y hacia otros.

Muchas veces, se pregona que la disciplina bajo el paradigma tradicional es una forma de educar o que es «lo mejor» para el niño. Eso es una idea totalmente delirante y debemos señalarla por su insanidad. La disciplina tradicional es una sola cosa: un abuso. Solo cuando lleguemos a esta conclusión podremos cambiar voluntariamente nuestros patrones.

¿Quieres adoptar un conjunto nuevo de ideales y renovar tu manera de ser? ¿Imaginas no tener que usar nunca más la fuerza o la violencia con tus hijos, no tener que castigarlos, abofetearlos o darles cachetes? ¿Puedes visualizar esa nueva realidad para los padres? Sí, es posible, pero requiere que los padres nos sometamos a una transformación revolucionaria.

Uno de los primeros pasos que di en mi camino hacia la crianza consciente fue la eliminación de la violencia física o emocional sobre mi hija. No era una opción. Cuando dejó de ser una opción, comencé a descartar todo lenguaje o comportamiento que sugería un intento de violencia física o emocional. Si bien no lo lograba a la perfección —admito que, a veces, perdía los estribos y le gritaba a mi hija—, me esforcé por disminuir esa manera tóxica de ser en el menor tiempo posible. No lo hice a fuerza de vergüenza y culpa, sino trabajando en mis propias heridas internas, como te he mostrado en el transcurso de este libro. A medida que pasaba el tiempo y mi consciencia se expandía, fui evitando esas técnicas tóxicas cada vez mejor, y mi conexión con mi hija creció exponencialmente.

Entonces, ¿cómo podemos criar a nuestros hijos sin recurrir al control, la dominación y la culpa? Hay una manera: la crianza consciente. El principio más importante de este tipo de crianza es la conexión, ante todo. A mis pacientes suelo darles este poderoso recordatorio: conexión antes que corrección.

Conexión antes que corrección: este es un principio fundacional de la crianza consciente. Hemos ido apilando los bloques para sentar esa base a lo largo de este libro. Cuando nos preguntamos: «¿Cómo puedo conectar con lo que sienten mis hijos ahora?», toda nuestra energía cambia de la dominación a la colaboración. Mantenernos enfocados en este principio es clave para profundizar la conexión con nuestros hijos. Para desmenuzarlo aún más y ponerlo en práctica, uso la sigla NLC: «negociación, límites, consecuencias». Cuando seguimos estos tres pilares de la crianza consciente, no solo educamos a nuestros hijos de una manera hermosa, sino que preservamos la conexión que tenemos con ellos. Lo más importante es que preservamos la conexión que ellos tienen con su valor propio y su poder interior. Veamos en profundidad esos tres pilares.

Negociación

Cuando hablo de negociar con los niños, los padres suelen oponerse. ¿Por qué? Es demasiado trabajo, demasiadas idas y vueltas. Pero, ¿adivina qué? Tienen razón. Es más difícil negociar con nuestros hijos que darles órdenes. Sin embargo, la negociación es una estrategia mucho más sana que mandar ciegamente sobre nuestros hijos, porque permite que ellos se sientan empoderados y validados. Todos los humanos prosperamos mejor cuando percibimos que tenemos control sobre nuestra vida. Aunque no sea verdad, es importante que sintamos que sí lo tenemos.

Nuestros hijos anhelan tener una sensación de control sobre su vida. Cuando, sin pensar, los bombardeamos con órdenes y esperamos que las cumplan, secuestramos su autoridad interna y les enseñamos a desconectarse de su saber interior. Pero, en cambio, al iniciar un diálogo de negociación, les permitimos sentirse respetados y valiosos. Les comunicamos que son tan importantes para nosotros que tenemos sus opiniones en consideración y absorbemos su perspectiva sobre la vida. En lugar de pasar por encima de sus opiniones, demostramos que, como ellos son importantes para nosotros, estamos dispuestos a ir más despacio y mantener un diálogo que tenga en cuenta su bienestar y que cuide sus puntos de vista. Así nos comportaríamos con nuestros mejores amigos, ¿por qué no lo hacemos también con nuestros hijos?

La negociación podría ser así: si tu hijo o hija adolescente quiere hacer una fiesta en casa cuando no estás y tú no estás de acuerdo, ¿cómo lo manejas? Dices: «¿Enloqueciste? ¡De ninguna manera!». ¿O te tomas un momento para pensar en su petición, como lo harías con otro adulto? Quizás podrías decir: «Sé que quieres hacer una fiesta, pero no creo que sea seguro para ti cuando no estoy en casa. ¿Cómo podemos llegar a un acuerdo que nos permita satisfacer las necesidades de ambos, es decir, que tú tengas tu fiesta, y que yo pueda garantizar tu seguridad y la de tus amigos?». Quizás tu hijo o hija acepte hacer una fiesta contigo presente, pero tú prometes darle privacidad al retirarte a otra parte de la casa. O quizás podéis llegar a otro acuerdo. Más allá del resultado, aquí la clave está en el proceso de negociación entre padres e hijos. Les ayuda a sentirse respetados y conectados, en lugar de controlados y comandados ciegamente.

Cuando nuestros hijos ven que estamos dispuestos a negociar un nuevo camino con ellos, se sienten escuchados y honrados. Todos ganamos. Nuestra apertura a la negociación les permite bajar sus defensas y abrirse para llegar a un acuerdo que beneficie a ambas partes. Ellos entienden que no es una batalla y que los padres estamos de su lado. En lugar de pelear con nosotros, aceptan trabajar en equipo. Esta es una manera maravillosa de generar una conexión y cuidar el vínculo que compartimos.

Cuando aplicas el enfoque de la negociación, ya no se trata tanto de quién cede o quién gana, sino de algo mucho más profundo: la actitud que adoptamos ante toda la situación. ¿Nos acercamos con la intención de atender el punto de vista de cada persona o nos enfocamos en la de una sola? El enfoque de la negociación les demuestra a nuestros hijos que sus voces son igual de válidas. Este enfoque les hace entender cómo usar su voz y les hace saber que son importantes.

La situación se puede volver acalorada y complicada, y, a veces, es difícil llegar a un acuerdo. Está bien. El objetivo no es llegar a un destino fácil. Por el contrario, es comunicarles a nuestros hijos que estamos dispuestos a entablar un diálogo con ellos en el que se respete su punto de vista. En resumen, el enfoque de negociación les demuestra que se merecen ser escuchados y tratados como seres autónomos, sin importar su edad.

Puedo escucharte protestar: «Pero no lo podemos negociar todo con ellos. Algunas cosas son innegociables». Y tienes razón. Algunas cosas son innegociables, y saber cuáles son es de suma importancia. Hablaremos de este tema en las próximas secciones sobre establecer los límites. Pero, antes de que te entusiasmes por crear una lista de innegociables, déjame advertirte que solo algunas cosas pueden entrar en esta categoría. Cuando decimos que algo es innegociable, significa que no se puede debatir al respecto. Es la ley y el orden. ¿Queremos criar a nuestros hijos en un hogar regido por leyes? ¿O queremos hacer que sientan que viven en un hogar donde todo se puede debatir y donde se puede dialogar? ¿En qué tipo de hogar te gustaría vivir?

Cuando se trata de los innegociables, es importante entender que tener demasiados genera rigidez y represión. La vida es demasiado compleja, con muchas situaciones intrincadas de causa y efecto, como para tener un sinfín de innegociables. Estaríamos viviendo en una dictadura si abordamos la vida de esa manera. Perderíamos de vista el bosque al enfocarnos en los árboles.

Declarar que algo no es negociable significa que, como padres, cerramos la puerta, ponemos un freno, llevamos la voz cantante. Significa que hacemos uso de nuestra autoridad y no pedimos la opinión de nadie. Este enfoque solo se puede aplicar en situaciones graves. Pero, como ya sabemos, no podemos vivir la vida de manera fluida y tranquila si tenemos demasiadas reglas estrictas. Por ejemplo, si creamos innegociables para la hora de comer o de dormir, entonces corremos el riesgo de enfrentarnos a esas reglas a diario. Hacer que esos momentos del día sean innegociables nos destina al fracaso, ya que los niños cambian constantemente. ¿Queremos pelear todos los santos días? ¿No es mejor llegar a acuerdos que se definan y se creen con más soltura después de negociar con nuestros hijos? De esa manera, nos evitamos estar en un conflicto constante. Nos mantenemos abiertos a lo que surja, día a día, en cada momento, sin imponernos una presión innecesaria.

Sinceramente, los únicos innegociables que se me ocurren están relacionados con la seguridad. Si hay un riesgo para la seguridad, como el de lastimarse a uno mismo o a otros, tiene que haber un límite firme. Los llamo comportamientos «de alerta»: el abuso de sustancias, por ejemplo, o comportamientos autodestructivos como las autolesiones, o los pensamientos o impulsos suicidas. Para el resto de la vida, mantengo la mente abierta y un enfoque fluido para poder considerar todas las complejidades antes de ponernos a mi hija y a mí entre la espada y la pared.

Cuando abordas la vida desde una perspectiva de crecimiento y fluidez, verás que consiste en una serie de negociaciones constantes, de trueques e intercambios, si se quiere. En este enfoque de reciprocidad y mutualidad, no existe la dinámica jefe-subordinado, y tampoco la mentalidad de que las cosas se hacen «a mi manera o ahí está la puerta». Nos vemos como parte de la corriente en la que se debe considerar y honrar cada eslabón de la cadena de causa y efecto. En realidad, ver la paternidad como una serie de negociaciones trata de la actitud con la que abordamos la relación con nuestros hijos. La ejecución real de esas negociaciones ocurre en el próximo nivel, el de los límites. Ahí es donde ponemos las cosas en su lugar. Pero, primero, debemos adoptar la actitud correcta. Abordar los desafíos de la crianza con una postura colaborativa, en lugar de una combativa, hace la diferencia. El enfoque colaborativo permite a nuestros hijos trabajar con nosotros para llegar a un acuerdo mutuo, en vez de hacerles sentir que están en guerra con nosotros. El resultado es la alegría y la conexión, y no el estrés y el conflicto.

Límites

Cómo imponemos límites a los demás y a nosotros mismos influye profundamente a la hora de presentarnos en las relaciones. Si no somos conscientes de nuestros límites, las relaciones nos arrastrarán hasta la orilla y no tendremos idea de cómo hemos llegado hasta allí. Esta consciencia es especialmente importante en nuestra manera de criar, ya que los hijos siempre están generando situaciones que parecen poner a prueba nuestros límites. Si no tenemos claro cómo resolver esas situaciones, nos equivocaremos y confundiremos a nuestros hijos. Veamos en detalle cómo podemos analizar los límites de manera consciente.

En la psicología moderna, se ha hablado mucho sobre los límites. Pareciera que la respuesta a muchos de los problemas vinculares están en la creación de límites. Si bien esto puede ser verdad hasta cierto punto, debemos ser cuidadosos, porque aquí hay una trampa. Si no somos conscientes, nuestros límites se convierten rápidamente en murallas que usamos para protegernos del dolor que causa el mundo exterior. Por lo tanto, están construidos a partir del miedo y bajo la supervisión de nuestro ego. Estos límites deberían llamarse «muros», ya que su función es mantener alejados a los demás para que no traigan más dolor a nuestra vida. En vez de deconstruir el dolor y sanarlo, construimos defensas que nos alejan de los demás. Así, evitamos hacer el trabajo duro que se necesita para entendernos a un nivel más profundo.

Los límites verdaderos no siempre son una reacción al mundo externo, aunque a veces pueden serlo. En lugar de establecerlos por un acto reflejo que nace del miedo y el control, debemos generarlos a raíz del crecimiento y la consciencia. No los levantamos por pánico o terror, sino por amor propio y autoestima. Si alguien nos hace daño, no construimos un muro para alejarlo. En cambio, creamos límites nuevos basados en lo que nos resulta aceptable y lo que no, guiándonos por el amor y la autoestima. Permitimos que entren aquellos que están en el mismo proceso de desarrollar el respeto por sí mismos, y mantenemos alejados a los que no. De esta manera, no se trata de la persona X o Y, sino de nuestra consciencia sobre quiénes somos y qué estándares queremos que los demás cumplan al interactuar con nosotros. ¿Ves la sutil pero profunda diferencia?

Ahora apliquemos esta misma percepción a la crianza. Todos queremos crear límites sanos y flexibles para nuestros hijos sin aislarlos tras un muro de miedo o control. ¿Cómo establecemos esos límites? Bueno, el primer paso siempre es interno: debemos sentarnos a hablar con nosotros mismos y ser sinceros. Debemos volvernos conscientes de la naturaleza de los límites que queremos crear. Recuerda: en lugar de levantar muros entre nosotros y nuestros hijos involuntariamente, debemos encarnar los principios de la vida que se presentan naturalmente como límites, pero que no tienen tanto que ver con el comportamiento de nuestros hijos en sí como con nuestra propia manera de vivir y de ser.

Por ejemplo, no les quitamos las galletas con chocolate a nuestros hijos porque están comiendo demasiadas y aumentando de peso. Como sabemos que no son sanas para nadie de la familia, evitamos comprarlas, y punto. No privamos de usar pantallas a un solo niño porque no va bien en la escuela; en cambio, restringimos el tiempo con la tecnología a toda la familia, porque genera desconexión. Entonces, tenemos un toque de queda para todos, y nadie puede usar pantallas en sus habitaciones. ¿Ves la diferencia? La primera crea límites a partir del comportamiento de alguien. La segunda los genera basándose en una filosofía de vida que es más perdurable y aplicable a todos los que viven en casa.

Cuando creamos límites como reacción a otra persona, solemos ser laxos y confusos al mantenerlos. No los pensamos bien ni los integramos a una filosofía de base. Pero los límites que se crean después de reflexionar consciente y atentamente, y que tienen una profunda relación con nuestro ser, tienden a ser más claros y duraderos. Para contemplar los límites conscientemente, debemos hacernos las siguientes cuatro preguntas clave:

1. «¿Para quién es este límite?» ¿Mi límite se basa en las necesidades de mi ego o en las de mi hijo?» Esta es una pregunta clave que debemos hacernos, pero que muchos padres no se hacen porque dan por sentado que actúan por el bien de sus hijos. Sin embargo, como ahora sabemos, esta creencia no es cierta la mayoría de las veces. Me atrevería a decir que nuestros límites nacen sobre todo de nuestros propios deseos y expectativas, que rara vez son las de nuestros hijos.

   Por ejemplo, si tenemos un límite para la cantidad de tiempo que los niños deben practicar piano, debemos preguntarnos si queremos que toquen el instrumento para nosotros o para ellos. Si es para ellos, ¿no deberían practicar cuanto quieran? ¿Acaso disfrutan de tocar el piano? Si es así, ¿por qué les cuesta practicar a diario? ¿Estamos siendo dogmáticos en vez de ser flexibles y preguntarles qué creen que es lo mejor para ellos?

   O analicemos la hora de ir a dormir. ¿Hemos establecido un horario según la necesidad real de descansar que tienen nuestros hijos y su propio ciclo de sueño, o porque queremos ver nuestro programa favorito en Netflix? La mayoría de los límites provienen del deseo de cumplir planes, y por eso, son límites que fortalecen el ego. Nacen de nuestras propias fantasías, planes y expectativas, y muchas veces no tienen en cuenta las necesidades y los deseos de nuestros hijos.

Esto nos lleva a la siguiente pregunta:

2. «¿Mi límite fortalece el ego o la vida?» ¿Qué significa esto? En el caso del límite que fortalece el ego, como el que acabo de describir, los padres establecen un límite porque se ajusta a sus planes o expectativas. Los límites que fortalecen la vida son diferentes. Son límites que realmente buscan lo mejor para el niño y soportan el paso del tiempo alrededor del mundo (en gran parte). ¿Cuáles son algunos ejemplos de límites que fortalecen la vida? Son los que implican cosas como mantener una buena higiene, recibir educación, tener salud, no lastimar a otros y estar en contacto con la comunidad. ¿Ves que no incluyen cosas como aprender a tocar el piano o jugar al baloncesto? Los límites que fortalecen la vida son vitales para desarrollar el sentido de identidad de nuestros hijos y el bienestar del mundo, sin los cuales tendrán muchas dificultades. Los límites que fortalecen el ego, por otro lado, están relacionados con deseos idiosincráticos y específicos de los padres que no son inevitablemente necesarios para que los niños sobrevivan o progresen en el mundo. Para ser totalmente sincera, nunca en la vida he jugado al baloncesto, y creo que estoy bien así. Tampoco fui una pianista increíble. ¿Entiendes a lo que me refiero?

Quizás me digas: «Bueno, doctora Shefali, ¿qué pasa si mi hijo solo quiere jugar a videojuegos y, si yo acepto, es lo único que hará?». Aquí te señalo un punto clave que debemos remarcar: ceder ante los deseos de nuestros hijos no les aportará vitalidad si esos deseos son destructivos. ¿Crees que jugar videojuegos en exceso sería destructivo para ellos? Esta sería mi respuesta: «El deseo de desconectarte durante horas frente a una pantalla proviene de las necesidades y los anhelos del ego que no te aportan vitalidad. Está bien que intervengas y quieras negociar límites, ya que preservarán la conexión de tus hijos con la vida». Los límites que fortalecen la vida aumentan la conexión de nuestros hijos con ellos mismos y con nosotros. Esos límites tienen en cuenta el temperamento y las necesidades de los niños de manera sana e integral. Cuando analizamos si algo les aporta vitalidad o no a nuestros hijos, ponemos la intención en su bienestar y en crear senderos para avanzar, teniendo presentes esas intenciones.

Para establecer un límite relacionado con el deseo de nuestros hijos de jugar a videojuegos, podríamos decir algo así: «Tu bienestar emocional es mi mayor prioridad. Pasar tanto tiempo con los videojuegos no es bueno para eso. Te aísla en tu habitación y no interactúas con tu familia ni tus amigos. No sales, no juegas, ni haces ejercicio. Quiero respetar tu deseo de jugar a videojuegos, pero también debes respetarte a ti. ¿Cómo podemos negociar para que puedas hacer las dos cosas: jugar a videojuegos, pero también cuidar tu bienestar emocional?».

Cuando somos firmes con el mensaje de que jugar a videojuegos en exceso no es bueno para su bienestar, es posible que a nuestros hijos no les guste ese límite, pero entenderán nuestro punto de vista. Cuando ven que lo decimos porque queremos lo mejor para ellos, es más probable que estén dispuestos a buscar soluciones nuevas.

La tercera pregunta que debemos hacer es esta:

3. «¿De qué está hecho mi límite?» ¿Cuáles son sus ingredientes? ¿Está hecho de piedra o de arena? Debemos decidir lo rígido o flexible que será. Debemos preguntarnos:

¿Cuáles son mis límites de piedra?
¿Y por qué los tengo?
¿Puedo respetarlos?

En mis comienzos con la maternidad, era ingenua y muy arrogante. Tuve el atrevimiento de establecer límites de piedra en la mayoría de los asuntos. Creía que eso era lo que hacían los buenos padres: tener horarios y planes fijos, coherentes y claros. Así que me dispuse a crear esos límites de piedra para mi hija, creyendo que, si los respetaba, con el tiempo se volverían una rutina.

Por ejemplo, tenía un horario para todas las cosas que debían suceder antes de la cena: limpieza a las 7.00 p. m., ducha a las 7.15 p. m., cuentos a la 7.30 p. m., momento de acostarse a las 7.45 p. m., y todo debía estar hecho a las 8.00 p. m. Inevitablemente, pasan cosas y el horario se retrasa. Cuando veía que el tiempo se escapaba, sentía la presión de ganarle al reloj. Esto me irritaba y me frustraba cuando veía a mi hija perder tiempo durante la cena o pasar mucho rato en la ducha. Hasta que un día me detuve a preguntarme: «¿Por qué actúas como si la hora de acostarse fuera inamovible? ¿Quién dijo que debe ser exactamente a las 7.45 p. m.? ¿Por qué no puede ser cuando deba suceder, siempre que suceda entre las 8 y las 9 p. m.? ¿Por qué estoy generando expectativas tan rígidas, que solo un robot podría cumplir?». Una vez que entendí que no tenía una pistola apuntándome a la cabeza, exhalé profundamente con alivio e inmediatamente sentí que la presión desaparecía. En ese instante, tomé el compromiso de dejar de imponerme horarios y expectativas artificiales, ya que tenían un impacto directo en la sensación de alegría y la espontaneidad de mi hija.

Si tu hijo o hija está pasando un momento especialmente feliz en la bañera, puedes ceder y participar de las risas. No hay necesidad de poner un límite de piedra, ¿verdad? Afloja la válvula de presión. Aprovecha el momento de abundancia y diversión. Si tus hijos están bastante irritables a la hora de acostarse y no pueden relajarse, acércate a sus emociones y dales el espacio para encontrar su centro. En ambos casos, puedes optar por la ecuanimidad y la liberación en lugar del estrés y el control. ¿Ves cómo este enfoque nuevo de «tocar de oídas» —que implica tener límites de arena en vez de piedra— deja más lugar para la libertad y el juego? El enfoque de horarios estrictos puede generar un volcán interno de presión al que, en algún momento, no le quedará más alternativa que erupcionar.

Una gran parte del método tradicional de crianza se basa en los límites estables. Si bien esos límites son cien por cien ideales, el objetivo no es realista. Simplemente, no es posible ser constantes todo el tiempo. Algunos días podemos respetar la regla de «no televisión», pero si mamá está enferma, no hemos encontrado niñera y no podemos abandonar a los niños a su suerte, entonces la televisión está bien por hoy. ¿Comprendes a lo que me refiero? Cuando ponemos parámetros rígidos, nos arrinconamos a nosotros mismos y luego nos sentimos un fracaso porque no hemos podido alcanzar esos estándares imposibles.

Cuando abordamos nuestros límites con la consciencia de que están hechos de arena, nos volvemos más livianos y relajados. Tener límites de arena no quiere decir que no ponemos límites. Simplemente, los dibujamos en la arena y estamos preparados para adaptarnos según la dirección en la que el viento mueva la arena. Tenemos una actitud abierta y flexible en el momento presente. Podemos tener un contenedor general para nuestra manera de vivir, por ejemplo, un límite para la hora de acostarse que ronda las 8 p. m., o, como se dice en España, «como a las ocho». El «como» genera un ambiente ligero, divertido y tranquilo que nos anima a acercarnos al caos de la vida sin severidad ni perfeccionismo. Otro ejemplo de un límite de arena es decirle algo así a tu hijo o hija: «Me doy cuenta de que realmente quieres ir a una fiesta de pijamas (o podría ser comprar un teléfono móvil). Entiendo lo que necesitas. Solo digo que no es posible en este momento, pero lo volveremos a evaluar dentro de algunos meses (o años, dependiendo del tema que se trate)». ¿Ves cómo nos acercamos a los deseos de los niños, pero teniendo presente qué es lo mejor para ellos a nivel emocional?

Muchos padres tienen dificultades con este enfoque, porque lo consideran laxo y confuso. Entiendo la resistencia. Yo ofrezco una conciencia y una comprensión del enfoque diferente, que consiste en verlo como flexible, no como laxo. Cuando tenemos claro que el marco general de la generación de límites proviene de una filosofía de vida en lugar de ser una reacción a una persona o situación determinadas, podemos permitirnos tener flexibilidad dentro de ese marco más amplio.

Si nuestra filosofía de vida incluye una nutrición saludable, cierta flexibilidad ocasional para disfrutar de una noche de helados o galletas en una fiesta de cumpleaños da lugar a la diversión y a la espontaneidad. Esta flexibilidad no implica ser laxo, sino flexible y lúdico en determinado momento. Si estamos convencidos de llevar un estilo de vida sano en un 95 por ciento, podemos ser un poco más lúdicos con nuestros límites en el presente.

Finalmente, la última pregunta que podemos hacernos es esta:

4. «¿Cómo comunicaré mis límites?» ¿Recurriré al control o al alma? Esta es otra pregunta clave que debemos hacernos al crear límites amorosos y conscientes. ¿El tono y la energía son cariñosos y atentos, o son controladores y dominantes? ¿Les hablamos a nuestros hijos como comandantes, o como aliados y socios? ¿Les ladramos las órdenes? ¿O los involucramos y los invitamos a participar en una alianza?

Ladrar órdenes suena así:

¡Limpia tu habitación ahora mismo!
¡Termina la tarea de una vez!

Generar una alianza es más parecido a esto:

Cariño, sé que estás cansado, pero ¿te puedo pedir que limpies tu habitación en cinco minutos, por favor?

Amor, sé que estás disfrutando de la película, pero se ha hecho tarde y cenaremos pronto. ¿Cuándo piensas terminar la tarea?

¿Ves la diferencia? ¿Cuál preferirías en tus relaciones? ¿Te gustaría que alguien te ladrara las órdenes o prefieres que alguien te guíe con amor hacia el acuerdo que teníais? Nuestros hijos quieren que los tratemos con respeto y honor, al igual que nosotros.

De manera similar, incluso cuando les pedimos a nuestros hijos que hagan algo que consideramos una muestra de amor —quizás beberse un batido verde, meditar antes de dormir o donar ropa—, si lo hacemos con una actitud de control, terminaremos con el mismo resultado que si se lo ordenamos ladrando. No solo importa el contenido de lo que se dice, sino el tono y la energía. Recuerdo haberle enseñado a mi hija a meditar cuando era pequeña. Si bien era una enseñanza amorosa y consciente, sabía que, si lo abordaba con una energía de mano dura, lo echaría a perder. No podía ladrarle: «¡Respira, uno, dos, tres, exhala, uno, dos, tres, inspira!». Eso habría sido una locura, y habría ido en contra de todos los principios de la meditación.

Todo depende del tono y la energía, porque representan nuestra consciencia interna y el respeto por la alianza con nuestros hijos. ¿Son nuestros socios en este camino de la vida, o nuestros esclavos? ¿Ves que, al tener estas preguntas en mente, podemos crear límites conscientes que mejoren el flujo y la conexión con nuestros hijos? En lugar de generar barreras entre nosotros, podemos construir puentes para que sientan que están en el mismo equipo que nosotros y que no somos sus enemigos. Cuando recordamos que la conexión con nuestros hijos es el objetivo principal, nos volvemos eficaces a la hora de crear y respetar los límites.

Consecuencias

Hablemos de las consecuencias y de qué significado tienen en la crianza consciente. En definitiva, nuestros hijos están aquí para vivir su propia vida. Eso implica que tendrán que lidiar con las consecuencias de sus acciones. Si son perfeccionistas, tendrán que sufrir las secuelas de ese estrés. Si no buscan un buen desempeño, esa tendencia tendrá sus efectos. Si son procrastinadores o demasiado competitivos, esas conductas también traerán un resultado. Cada forma de ser tiene consecuencias. No podemos controlarlas por nuestros hijos.

¿Sabes cuál es la mayor recompensa de permitir que nuestros hijos lidien con sus propias consecuencias, a las que solemos llamar «naturales»? Ellos crecen mejor cuando aprenden directamente de las causas y efectos de sus acciones. El aprendizaje más profundo proviene de la experiencia directa. Todos sabemos que esto es verdad desde una perspectiva intelectual, pero, cuando se trata de la crianza, solemos olvidarlo. Tenemos la creencia errónea de que nuestros hijos son de nuestra propiedad, y que tenemos la responsabilidad de controlar sus decisiones y cualquier consecuencia que traigan. ¡Qué carga tan grande para nosotros!

¿Adivinas qué? No tienes la misión ni la responsabilidad de controlar las decisiones de tus hijos y sus consecuencias, sobre todo después de cierta edad, como a los trece o catorce años. En algún momento debemos soltar las riendas que tenemos sobre nuestros hijos y permitirles hacerse cargo. No lo hacemos porque seamos crueles, sino porque sabemos gracias a nuestra propia experiencia que esa es la única manera de aprender y crecer. Cuando aplicamos el enfoque de que los niños aprenden mejor a través de sus propias experiencias, podemos dar un paso al lado y dejar que las consecuencias sean sus maestros. En lugar de creer que debemos enseñarles una lección y castigarlos, lo dejamos en manos de las consecuencias.

Por ejemplo, si tus hijos de dieciséis años no hacen los deberes a tiempo, no debemos involucrarnos y amenazar con castigarlos. ¿Para qué desgastar la conexión? El docente decidirá el castigo, y los niños tendrán que lidiar con los sentimientos que eso les provoque. Podrías decir: «Pero ¿y si no les importa?». Mi respuesta es: «No puedes obligarlos a que les importe. Tu castigo tampoco hará que les importe. Solo generará resentimiento y dañará su conexión contigo».

Las consecuencias naturales son los mejores maestros de la vida, mucho más profundos y eficaces que cualquier zanahoria o vara que puedas sostener frente a tus hijos. Cuando reciben el premio o el castigo natural, esa sensación es la mejor guía para los próximos pasos. Sin embargo, para que se produzcan las consecuencias naturales, debemos dar un paso al lado y dejar que las experiencias les enseñen. Esto nos resulta muy difícil a causa de nuestros egos. Queremos tener el control sobre nuestros hijos y sus elecciones, y por eso no soportamos darles espacio para resolver las cosas por sí mismos.

Cuando Melissa, una estudiante de Ingeniería de veintidós años, decidió cambiar de carrera a mitad de camino para estudiar gastronomía, sus padres se volvieron locos. Lo consideraron un retroceso y estaban furiosos con su hija por no vivir a la altura de lo que ellos pensaban que era su potencial. En lugar de permitir que Melissa descubriera sus propios gustos, querían microgestionar sus elecciones para que reflejaran lo que ellos deseaban para ella. Discutieron con Melissa y se opusieron a sus elecciones durante seis meses antes de venir a verme.

Durante ese tiempo, Melissa desarrolló un trastorno alimentario a causa del estrés que su decisión había traído a la relación con sus padres. Después de venir a verme, las cosas empezaron a cambiar, al principio poco a poco. Me llevó mucho tiempo hacer que los padres de Melissa entendieran que ella necesitaba aprender de las causas y efectos de sus propias decisiones y no de las de ellos. Ya no podían interferir en el desarrollo de su vida. Esos días habían quedado en el pasado y esta intervención tendría que haber acabado al entrar en la adolescencia. Después de muchas explicaciones, los padres de Melissa entendieron finalmente lo importante que era que soltaran el control sobre la vida de su hija. Finalmente, se dieron cuenta de que el trastorno alimentario de la joven era una reacción directa a la intervención excesiva que ejercían en su vida. Era su manera de crear una pizca de control. De mala gana, ellos renunciaron al control y le permitieron tomar sus propias decisiones. Hoy, Melissa es una chef exitosa de un restaurante, apasionada y feliz con su carrera.

Nosotros, los padres, no sabemos cómo dejar ir a nuestros hijos, y no nos damos cuenta de lo poco saludable que es el exceso de intervención. Llevamos la crianza de los hijos al extremo, sobre todo en esta era moderna. Cuanto más lujosa se vuelve nuestra vida, más presente está nuestra figura paternal en la suya. Eso no es sano para ellos. Para cuando entran en la adolescencia, debemos empezar a cortar el cordón umbilical y liberarlos. Cuando entren en la universidad, deberíamos haber cedido el control casi por completo. Debemos empezar a permitirles que tomen sus propias decisiones y cometan errores sin que salgamos al rescate. Debemos desafiarlos a hacerse cargo de sus responsabilidades y llevar a cabo sus planes, cada vez más, sin nuestra ayuda ni control.

La crianza consciente incluye la noción de que la vida misma es un socio importante en el camino de la paternidad. Si tienen el ego bajo control, los padres conscientes se dan cuenta de que no son los mejores maestros para sus hijos. Para eso están sus propias experiencias. Por ende, los padres conscientes entienden que pueden dar un paso al lado y dejar que la vida hable y enseñe. La vida es un maestro mucho más eficaz de lo que jamás podremos llegar a ser nosotros.

Por ejemplo, cuando nuestros hijos vienen a decirnos que quieren aprender a jugar béisbol y a baloncesto, los dos a la vez, no decimos: «Elige uno. Los dos son demasiados». ¿Qué decimos? «Claro, inténtalo. Si es demasiado, puedes dejar uno para más adelante». Si su horario ya es muy demandante o el precio de las clases supera el presupuesto, decimos algo como: «Si realmente quieres eso, probemos con uno primero y luego el otro. Así podrás darle a cada uno toda tu energía». ¿Ves la sutil pero profunda diferencia entre ambos enfoques? El primero y más dogmático interfiere en las elecciones de nuestros hijos y las gestiona por ellos. El segundo enfoque confía en que la vida les mostrará el camino correcto. Incorpora el poder de la vida como un socio consciente que los criará junto a sus padres.

Permite que tus hijos experimenten el dolor y las dificultades de sus propias decisiones. Permite que sus vidas se desarrollen de la manera más natural posible. Deja que sientan su corazón roto y su desilusión. Está bien, no se desmoronarán. Lo importante es cómo manejamos esas situaciones. Si les mostramos que confiamos en su capacidad para atravesar situaciones difíciles, no se asustarán y podrán superarlas, aunque a veces lloren o tengan problemas.

Sé que es difícil para los padres ver a sus hijos sentir dolor, pero no hay mejor maestro. Si quieres que tus hijos desarrollen una verdadera resiliencia, déjalos vivir su propia vida, en la forma que se les presente. Si a tus hijos no los invitan a la fiesta de cumpleaños de uno de los niños populares, tu instinto puede decirte que interfieras y resuelvas la situación. Quizás quieras llamar a los padres del niño popular para rogarles que inviten a tu hijo o hija. El enfoque consciente no contempla estas estrategias. Tómalo como una gran experiencia de vida para tus hijos, que les enseñará que no pueden esperar recibir una invitación a cada fiesta y que no pueden ser amigos de todo el mundo. Permite que su experiencia de vida les enseñe esa lección. Confía en mí, así será. Tenemos miedo de que esa lección les rompa el corazón, y por eso intervenimos para protegerlos. Lo irónico es que deseamos que nuestros hijos desarrollen resiliencia, pero luego les arrebatamos las experiencias de vida que podrían dejarles esa enseñanza.

Cuando nos alejamos de las técnicas disciplinarias tradicionales, como las nalgadas, los gritos y cualquier otro castigo que aplicamos a nuestros hijos, entramos juntos en un nuevo paradigma de respeto mutuo y empoderamiento. En este nuevo modelo, nuestros hijos se sienten dignos de tomar sus propias decisiones dentro del marco de una relación segura con nosotros. Nos consideran sus aliados, en vez de dictadores. Al trabajar en una alianza con ellos, encontramos juntos las soluciones a las dificultades de la vida, se sienten empoderados al saber que sus voces serán escuchadas y que sus necesidades serán tenidas en cuenta. El modelo anterior de la dictadura jerárquica solo genera desconexión y confiscación del poder. Al alejarnos de esos principios obsoletos, rejuvenecemos la relación con nuestros hijos y creamos un vínculo duradero.

MANOS A LA OBRA

Tenemos mucho que practicar, ¿no? Aquí incluyo una lista que puedes usar todos los días para recordarte los conceptos clave. Te animo a que la pegues en la puerta del frigorífico como recordatorio diario.

- ✔ No está permitida la violencia ni la dominación física.
- ✔ No insultar ni humillar.
- ✔ No gritar.
- ✔ No eliminar o controlar el dolor de mi hijo.
- ✔ No controlar excesivamente las decisiones de vida de mi hijo.
- ✔ No ordenar ni dominar el horario de mi hijo.

Al comprometernos con todo eso, nos desafiamos a actuar de manera más consciente. También podemos tener a la vista las siguientes afirmaciones para recordarnos que podemos abordar el proceso de crianza de manera amorosa:

Mi hijo es mi socio en este camino llamado vida.

El cerebro de mi hijo se está desarrollando, así que necesita paciencia y bondad.

Mi hijo todavía no sabe cómo funciona la vida, así que necesita cuidado y atención.

Mi hijo es un ser soberano que busca respeto, al igual que yo.

Mi hijo no es un enemigo que viene a complicarme la vida.

El comportamiento de mi hijo no busca contrariarme personalmente a mí.

Mi hijo no quiere ser humillado o degradado, al igual que yo.

Al recordar estos principios, podemos entrar a un espacio de bondad amorosa en nuestro interior y tratar a nuestros hijos con cuidado y compasión, tal y como nos gustaría que nos tratasen a nosotros. El paradigma antiguo de la disciplina —es decir, el del castigo— no tiene lugar en el universo de la crianza consciente. Llegar a este lugar de consciencia es un gran paso en el camino que tenemos por delante. A continuación pongo una lista de cosas que puedes hacer en tiempo real con tu nueva consciencia. También es buena idea pegarla en algún lugar visible:

Confía en el camino de vida de tu hijo: le enseñará lo que debe aprender.
Escucha los sentimientos y deseos de tus hijos: los hará sentirse vistos.
Sé paciente con las confusiones y traspiés de tus hijos: son seres que están creciendo.

Cuando apliques los principios nuevos que sugiero aquí, lograrás un cambio enorme en tu relación con tus hijos y los ayudarás a sentirse más conectados contigo y con su propio sentido de valía e importancia. ¿No te parece una idea asombrosa? ¿No viviríamos en un mundo mucho mejor si todos tuviéramos esa sensación de resplandor y luminiscencia? Esto es a lo que aspiramos con este trabajo interno. Nos empeñamos en reemplazar las telas de araña de la humillación y la aversión por el tesoro del empoderamiento y el valor. Al evolucionar, te conectarás con tus hijos de maneras que antes solo podías soñar, y que algún día les ayudará a elevarse y evolucionar como nunca. Este es el valioso premio de la crianza consciente.

Paso dieciséis:

Un nuevo marco para los errores

La vida está repleta de obstáculos y curvas cerradas.
A veces terminamos en callejones sin salida,
otras, cambiamos de dirección a toda velocidad.
Nos rompemos el corazón o la cuenta bancaria,
nos despiden o nos agotan,
perdemos la dirección o la cabeza.
Esa es la naturaleza de la vida y del ser humano.
Encontrar perlas entre las piedras es la clave.
Extraerlas y pulirlas es un arte.

Como reparadores y controladores consumados, los padres tenemos dificultades para abandonar esos roles, sobre todo cuando se trata de nuestros hijos. Cuando su vida no está bajo nuestro control, sentimos que estamos perdiendo el dominio de la nuestra, así que nos empeñamos en controlar a nuestros hijos desenfrenadamente. ¿Cómo lo hacemos? Obligándolos a seguir el plan lo máximo posible.

Es difícil controlar la vida, ¿no? Imagina sumarle dos o tres niños. Con cada niño, la vida se sale cada vez más de control. Cuando la vida empieza a caer en picado de maneras implacables y desenfrenadas, si es que sucede, nuestra ansiedad se pone por las nubes. Tomamos las riendas de nuestros hijos con más fuerza y les organizamos horarios ajetreados con largas listas de cosas por hacer. Así, nos aseguramos la mayor predictibilidad posible. Tenemos la ilusión de que sabemos lo que sucederá después.

Pero, ¿qué pasa si nuestros hijos no siguen el plan o cometen errores que lo arruinan? Perdemos la cabeza. Entramos en una mentalidad catastrófica y se lo transmitimos a nuestros hijos. Ellos sienten vergüenza y falta de merecimiento, lo que tiene un impacto a largo plazo en su capacidad para asumir riesgos y embarcarse en nuevas aventuras.

Controlar a nuestros hijos con fuerza y dominación jamás es algo positivo. En algún momento, este enfoque desgastará la integridad de la relación que tenemos con ellos y tendrá efectos devastadores en la conexión que compartimos. Todo se reduce a nuestra capacidad para gestionar la vida cuando no sigue el plan o las ideas asociadas a la perfección.

El problema que tenemos con nuestros hijos nunca tiene que ver con sus errores en sí. El verdadero problema es que han estropeado nuestro plan, el que determinaba cómo debían suceder las cosas. El desvío hace que nuestros sentimientos se salgan de control. Y ese es el problema real. Si estamos horneando galletas y nos estamos divirtiendo, y entonces alguien tira un kilo de harina al suelo, eso puede estar bien. ¿Por qué? Porque nos estamos divirtiendo. Sin embargo, si estamos apurados por llegar a una reunión y nuestros hijos tiran un kilo de harina al suelo, de pronto nos invade una furia asesina. Es el mismo kilo de harina. La única diferencia está en la «permisibilidad» del accidente de acuerdo al plan que tengamos para ese día. Pero, como no estamos dispuestos a hacernos cargo de nuestros problemas con el control y somos incapaces de admitir: «Como tengo la necesidad de controlar, tus errores me hacen sentir fuera de control, y eso me enloquece», humillamos a nuestros hijos al decirles: «¿Por qué has hecho eso? ¡Qué tonto!». ¿Ves la diferencia?

Deberíamos empezar por hacernos cargo de cómo nos sentimos por dentro. El último comentario culpa a nuestros hijos y los hace sentirse mal por su error. Ese es un mensaje disfuncional que trasladamos a los niños, que comenzarán a creer que cometer errores es algo malo y que deben sentir miedo y vergüenza. ¿Ves lo tóxico que puede ser comunicar un mensaje así? Como no estamos dispuestos a hacernos cargo de nuestra obsesión por el control y la perfección, ni a trabajar esas cuestiones por nuestra cuenta, trasladamos a nuestros hijos la creencia de que son «malos» por hacer algo que es cien por cien humano: equivocarse.

Todos cometeremos muchos errores en la vida, incluso tú y tus hijos. La razón no es que seamos «malos» ni que estemos defectuosos, sino que somos humanos. Los errores son algo natural e inevitable. Los niños y los adultos no deberían tener miedo a los errores. La única manera en que podemos comunicar valentía en relación con los errores y los defectos es hacernos amigos con la idea de perder el control y llevar una vida imperfecta. Hasta que no podamos confrontar nuestra necesidad de control y perfeccionismo, transmitiremos esos miedos y esa vergüenza a nuestros hijos.

La razón por la que los padres necesitamos ese control del plan de nuestra vida es que no lo teníamos cuando éramos niños. A nosotros también nos regañaban duramente por nuestros errores, porque nuestros padres tenían el mismo miedo a perder el control. El ciclo continúa, como ves. Entonces, ¿cómo lo rompemos? El primer paso es sanar sinceramente nuestra relación con los errores y el fracaso. Percibe cuánta autocrítica guardas en tu mente por tus errores. ¿Cuánto te culpas y te criticas? Allí nace lo que proyectamos en otros, ¿verdad? Tu propia voz interior es dura, crítica y acusadora. Te avergüenzas cuando no demuestras perfección, y esa vergüenza es lo que transmites a tus hijos. Cuando ellos no son perfectos, los juzgas con la misma dureza con la que te juzgas a ti. Cuando nuestros hijos reciben nuestras críticas y humillación, su conexión con nosotros se rompe. Empiezan a sentirse mal consigo mismos y, como consecuencia, se genera malestar en la relación que compartimos. Como no se sienten bien con nosotros, nos evitan o esconden su verdadero ser cuando estamos juntos. Sea como sea, nuestra conexión sufre.

Tammy todavía recuerda cuando su padre la regañó por hacer mal un proyecto de ciencias cuando tenía nueve años. «Me gritó durante por lo menos diez minutos, y me decía que no estaba prestando atención a los detalles y que era descuidada y perezosa. Sé que solo fueron diez minutos porque estaba a punto de irme a mi clase de natación y estaba apurada, pero me pareció una eternidad. Creí que no llegaría a tiempo. Me hizo sentir fatal. Literalmente, me sentí la perdedora más grande del mundo. Mi padre es investigador. Así que se enorgullece mucho cuando a sus hijos les va bien en la escuela. Yo no me parezco nada a él. Odiaba las ciencias cuando era niña. Me resultaban aburridas. Prefería las artes. Él nunca me entenderá. Quería que fuera como él, una persona absolutamente analítica y académica. Pero este es el asunto: después de ese sermón, en lugar de arremangarme y estudiar más, hice lo opuesto. Me hizo sentir tan mal conmigo misma que, literalmente, dejé de estudiar. Tenía tanto miedo de fracasar que ni siquiera quería intentarlo. Dejé la escuela y ahora apenas hablo con mi padre. Nuestra relación sufrió durante toda mi adolescencia».

Un intenso miedo al fracaso perjudicó la vida de Tammy. Como consecuencia, ahora es prácticamente una ermitaña. Tiene tanto miedo a cometer errores que prefiere no intentarlo. Todavía sigue en tratamiento terapéutico conmigo, y trabajamos mucho para ayudarla a soltar la crítica interior. Es difícil para ella debido al condicionamiento que recibió cuando era niña. Su padre perfeccionista e hipercontrolador le inculcó esa crítica implacable, y ahora esa voz se ha convertido en la suya. Es una voz que no puede soltar con facilidad.

De nuevo, la culpa de que nos criaran de manera inconsciente no es de nuestros padres en sí. Ellos solo pueden actuar como fueron condicionados durante su infancia. Si crecieron sintiendo odio hacia ellos mismos, es lógico que lo proyecten al mundo. Depositaron en nosotros su falta de tolerancia y compasión hacia sí mismos, y luego esto se transmite de generación en generación.

La verdad es esta: somos humanos, y eso quiere decir que somos imperfectos. Y la vida también es imperfecta. Es impredecible y está fuera de nuestro control. Debes deshacerte de cualquier idea que se oponga a esas verdades. Cuanto antes aniquilemos la idea de perfección y control, mejor podremos fluir en una vida que no tiene ninguna de las dos. La idea de que nosotros debemos ser de cierta manera, y nuestra vida también, es el problema. Si bien podemos tener una visión para nuestra vida, debemos entender la realidad fundamental de la vida: es incesantemente impredecible.

Pensemos en lo que experimentamos con el COVID-19 a nivel mundial. ¿Alguna vez imaginaste que vivirías una pandemia? Entonces, solo porque tu plan de vida no se hizo realidad y te encontraras en medio de una pandemia virulenta, ¿eso significa que tu vida cometió un error o te falló de alguna manera? ¿La vida se merece un 8, o quizás incluso un suspenso? No, así es la vida, atravesada por un montón de causas y efectos. De la misma manera, nuestra vida se manifiesta a través de causas y efectos complejos. Nos olvidamos las llaves, perdemos un vuelo, no sacamos un 10 en un examen. Estamos demasiado ocupados, somos distraídos u olvidadizos. Así es la vida para los humanos. Si no dejamos de hablar de nuestros fracasos y de criticarnos, perdemos una energía y un tiempo muy valiosos.

Cuando los atletas entrenan, les enseñan a dejar de obsesionarse con el último tiro o el último pase y a enfocarse en el presente. Si se menospreciaran o criticaran por cada error o fracaso, estarían devastados, ¿no? Sucede lo mismo con nuestros hijos. Debemos ayudarles a olvidar la última leche que derramaron, la mochila que olvidaron o el desliz en un examen. ¿Cómo lo logramos? Primero debemos soltar nosotros estos errores mediante la comprensión y la aceptación de que son algo inevitable y normal.

Hay que practicar esta normalización de los errores de forma diaria. Cuando a nuestros hijos se les caen las cosas y manchan las paredes, debemos entrenarnos para no gritarles, y en lugar de eso decirles: «No pasa nada. ¡A veces estas cosas ocurren! No te preocupes por este error. Arreglemos lo que se pueda y sigamos adelante». O cuando se olvidan la mochila en la escuela por cuarta vez este mes, les decimos: «No pasa nada. ¡A veces estas cosas ocurren! Busquemos una solución para ayudarte a no olvidártela tanto, ¡y sigamos adelante!». Con esta actitud, no somos pasivos y dejamos que el error ocurra una y otra vez, pero tampoco perdemos la cabeza cuando ocurre. Por supuesto, podemos y debemos ayudar a nuestros hijos a ponerse recordatorios para no olvidar la mochila o ayudarlos a gestionar mejor su vida de distintas maneras, pero solo podemos hacerlo con una postura que considere que sus errores son normales, en lugar de reprenderlos y humillarlos.

Cuando normalizamos los errores y los fracasos, quitamos a nuestros hijos la presión generada por la perfección y el control. Esto es liberador. Al darles la seguridad y el permiso para ser comunes, podría parecer que ponemos la vara de medir muy baja, pero, en realidad, es una manera clave de ayudarlos a llevar una vida intrépida. Ser aceptados como personas valiosas y completas en nuestra simpleza nos da la seguridad y el espacio para experimentar y soñar en grande. Si tenemos poco miedo a la vergüenza y la crítica, vemos el universo como un campo de juego infinito en el que podemos vivir aventuras y descubrir cosas nuevas sin miedo a las repercusiones. Esta perspectiva genera un ímpetu poderoso para crecer y evolucionar, ¿no crees?

Encontrar los diamantes ocultos en nuestros errores no quiere decir que debamos convertir esos errores en algo más. Para nada. El diamante está en nuestra aceptación de las imperfecciones propias y nuestro potencial para hacer algo nuevo. Por ejemplo, si abrimos una tienda de ropa y no nos va bien, es una oportunidad para aceptarnos y probar otra cosa. Pero, por nuestra respuesta condicionada ante el fracaso, tendemos a humillarnos y a machacarnos por nuestro fracaso. En lugar de usarlo como una oportunidad para mostrarnos compasión, agotamos nuestros recursos internos con la culpa y la vergüenza. Verás, el acto de compasión con nosotros es el crecimiento. El crecimiento no está necesariamente en la creación de otro proyecto, sino en el aquí y ahora. ¿Puedo ser compasivo conmigo? ¿Puedo aceptar la realidad de este momento con neutralidad, soltar y seguir adelante? ¿Puedo aprender de esto y tomar otras decisiones en el futuro? Al honrar la realidad —la vida tal como es— de manera básica y sencilla, encontramos la verdadera evolución. Por supuesto, convertir ese «error» en un nuevo negocio exitoso en el futuro también es una posibilidad maravillosa, pero eso no es lo que se necesita para que haya crecimiento. El crecimiento ocurre mediante la aceptación activa del momento presente.

Uno de nuestros mejores superpoderes es nuestra capacidad para soltar y seguir adelante actuando de manera empoderada, sin cargarnos de escarnio y odio. Cuando lo logramos, fluimos como el agua, pasando los obstáculos sin dudar ni paralizarnos. El agua no se aferra o apega a algo; fluye alrededor de las barreras en lugar de resistirse a ellas. Cuando encarnamos la energía del agua, nos damos permiso para seguir adelante y adentrarnos en un territorio nuevo. Esto solo puede suceder cuando dejamos ir las cosas mentalmente.

Odiarnos a nosotros mismos o a otros es el fruto directo de una infancia sumida en el perfeccionismo y el control. Esta sensación deriva de una creencia subconsciente de que no somos dignos a menos que seamos perfectos. Dentro de este esquema mental, los errores y los fracasos parecen catastróficos y crónicos. Como solemos dejar que nos consuma el odio inconsciente, nuestro ego se aferra desesperado a la perfección y el control para evitar sentir un dolor interno.

Nuestros hijos son capaces de sentirse plenos sin ser perfectos. Una cosa no tiene nada que ver con la otra. La plenitud es un derecho y un destino innato, no está sujeta a la obligación de lograr nada. Así como muchas rosas son de color rojo, la plenitud es nuestro color intrínseco, o nuestra naturaleza. La cultura moderna nos ha hecho creer que solo la perfección nos puede traer plenitud. Debemos desarmar ese condicionamiento si queremos vivir en paz y con alegría.

Es imperativo que generemos un marco nuevo para nuestra filosofía sobre los errores y los fracasos. Cuanta más compasión y aceptación nos mostremos, podremos proyectar más de esas cualidades maravillosas a nuestros hijos. Criémoslos para que se traten con benevolencia y compasión cuando cometen errores o fracasen. Enseñémosles que errar es algo normal y una parte inevitable de la vida, y que no debemos derrumbarnos por ello. Cuando les ayudemos a absorber esa actitud, nuestros hijos comenzarán a apoyarse en sus imperfecciones con más facilidad y las utilizarán para crecer.

MANOS A LA OBRA

Los niños son blancos en constante movimiento, y casi todos los momentos del día que pasamos con ellos son una oportunidad para poner en práctica las lecciones que hemos aprendido aquí. Los niños tienden a generar líos donde sea que vayan y a cometer errores con facilidad, porque su cerebro todavía se está desarrollando. Simplemente, no pueden llevar adelante su vida de manera reflexiva; es más, los adultos a duras penas lo logramos. Precisamente, como no pueden controlar que sus cerebros estén en desarrollo, debemos tener más compasión y paciencia con ellos. Si les dificultamos su progreso natural con humillaciones, evitarán dar pasos atrevidos y audaces y, en cambio, las dudas paralizantes los colmarán para toda la vida.

La próxima vez que tus hijos hagan algo «mal» o «incorrecto», haz una pausa y recuerda estos datos clave:

El cerebro de tu hijo todavía no se ha desarrollado.
   Los errores son normales.
Enseñar a los niños que los errores son normales
   les ayuda a ser más osados en la vida.
Los errores son oportunidades valiosas para incorporar
   la autoaceptación.
Los errores nos permiten tener compasión y humildad.

**Los errores nos empoderan para aprender a soltar y seguir
adelante.**

**Los errores nos enseñan a resolver problemas y a encontrar
formas de recuperarnos y reinventarnos.**

**Cuando aceptamos los errores de nuestros hijos, les damos
amor incondicional.**

Una vez que abordamos los errores de nuestros hijos con esta consciencia, podemos neutralizar cualquier sensación de vergüenza o culpa.
Y podemos usar esos momentos como una oportunidad para enseñarles
a fluir con los altibajos de la vida, a seguir adelante y a enfrentar cada
momento con fuerza y alegría, tal y como lo hacen los atletas.

Aquí te muestro otra práctica para ayudarte a crear un marco nuevo para los errores. La llamo: «¿Y si fueras tú?». La próxima vez que
los errores de tus hijos te provoquen, intenta hacer una pausa y reflexionar: «¿Y si fuera yo?». Puedo asegurarte que has cometido (o has
estado cerca de cometer) una versión de todos los errores que cometa-
rán tus hijos. Todos los humanos tenemos el potencial para cometer
errores. Cuando nos desquitamos con nuestros hijos, estamos actuando desde una postura con gran amnesia e inocencia egoicas, porque
presumimos que jamás cometeríamos un error así. Ese engaño narcisista nos ciega con una superioridad indignada y nos permite degradar
a nuestros hijos.

Una manera poderosa de recordar que somos tan imperfectos como
la persona a nuestro lado, sobre todo nuestros hermosos hijos, es pegar
en el refrigerador las frases «Soy imperfecto», «Cometo errores a diario»
o «Quiero que los demás perdonen mis errores». Esta es una forma de
recordar que debemos ser amables con nuestros hijos cuando se equivo-
can o se meten en un lío. La verdad es que la naturaleza humana es
sumamente imperfecta. Al reconocerlo, podemos aceptarnos entre todos con compasión. En lugar de luchar contra las imperfecciones, ex-
pandimos nuestro ancho de banda para tolerarlas cuando surjan. De
esta manera, cuando cometemos un error, generamos algunas ondas
internas en lugar de grandes temblores.

Tolerar y enmarcar de nuevo nuestras imperfecciones es un arte que nos ayuda a ser más empáticos y compasivos con nosotros mismos y con los demás. Practicar el arte de ser zen ante las imperfecciones nos permite fluir con la vida de una manera maravillosa.

Paso diecisiete:

Enfócate en el corazón

Cuando dices X, creo que quieres decir Y.
Cuando dices Y, creo que quieres decir Z.
Hablas en un código que me cuesta entender,
pero eso es porque intento tener la razón,
o ser lógico,
o ganar la guerra.
Cuando me dirijo hacia el corazón y suelto la necesidad
de tener razón
y me enfoco en entenderte mejor, todo cambia.
De pronto, te expresas con mucha lucidez,
y puedo verte por quién eres,
y todo está en orden en nuestro mundo.
Todo comienza al soltar mi necesidad de tener razón.

Esta etapa del camino de la crianza consciente está destinada a tomar consciencia de una cuestión principal, y a hacerlo de distintas maneras: los niños necesitan que conectemos con ellos. Esa es la base de su bienestar emocional. Para conectar realmente con ellos, debemos entender cómo piensan, actúan y sienten. Debemos descubrir su estilo, sus patrones, sus necesidades.

Cuando éramos niños, también necesitábamos desesperadamente que nuestros padres sintonizaran con nosotros y entendieran lo que tratábamos de comunicarles. Pero la mayoría de nosotros no tuvimos padres conscientes o en sintonía con nosotros. Si no recibimos esa conexión de nuestros padres, ahora no sabemos cómo dársela a nuestros hijos. Por eso es tan valioso este enfoque. Nos ayuda a aprender estrategias, instrucciones paso a paso, para conectar en profundidad con nuestros hijos.

Para ayudarnos a lograrlo, he creado un enfoque poderoso al que llamo VENT: validación, empatía, normalización y neutralización, y transformación. Aprender a aplicar el método VENT es poderoso para gestionar el mundo emocional de los niños, ya que les permite sentirse vistos y valorados por quienes son.

VALIDACIÓN

¿Qué queremos decir con validar a otros seres humanos? Significa que nos acercamos a su punto de vista. Respetamos cómo ellos viven su realidad. No tiene que coincidir con nuestra experiencia o expectativa, ni con cómo nosotros hacemos las cosas. Lo único que importa es el punto de vista de la otra persona en su propia experiencia.

Si tus hijos llegan a casa muy molestos y llorando por algo que les dijo un amigo, tienes la oportunidad de validar o invalidar esa experiencia. Validar a tus hijos debería sonar así: «Parece que te ha molestado mucho lo que te ha dicho tu amiga. Ha herido tus sentimientos, ¿verdad? Estás enfadada con ella. Te veo. Te escucho. Cuéntame más». Invalidar a tus hijos podría sonar así: «Ay, deja de exagerar. No creo que haya sido su intención lastimarte. ¡Olvida esta tontería y ve a jugar!».

¿Ves la diferencia? ¿Con cuál de estos mensajes te sentirías mejor si te lo diera un ser querido? Todos preferiríamos la primera reacción, porque honra y acepta nuestra forma de ser. Cuando validamos a otro ser humano, sobre todo a un niño, le comunicamos esto: «Eres consciente de tus sentimientos. Tienes todo el derecho a tenerlos. Nadie te puede decir cómo debes sentirte. Esto es lo que está bien para ti». Así, enviamos a nuestros hijos el mensaje de que no están equivocados al sentirse de cierta manera. Les comunicamos confianza. Nos damos cuenta de que sus sentimientos son reales. Les mostramos respeto al escucharlos y prestarles atención.

Los obstáculos más grandes para validar los sentimientos de nuestros hijos están en nuestras propias ideas y expectativas. Si no creemos lo que nos dicen porque tenemos ideas distintas, entonces no podremos validarlos. Honramos nuestras ideas en lugar de las suyas. Cuando no podemos dejar a un lado las creencias sobre cómo los niños deberían responder, estamos comunicando que nos interesa lo que tengan que decir. Recuerda el método PARE y la importancia de empoderar a los niños para que piensen y actúen sin que los pisoteen. Esto es esencial.

Veo que los padres cometen este error una y otra vez, aunque sea de manera inconsciente. De hecho, muchos lo hacen para proteger el bienestar emocional de sus hijos o por temor a dañarlo. No se dan cuenta de que están prestando atención a sus propias preocupaciones en lugar de validar el estado del niño. Estas son algunas de las maneras en que invalidamos las experiencias emocionales sin darnos cuenta:

Creo que no deberías sentirte así.
Deja de pensar tanto sobre el tema.
No estés triste. ¿Por qué te molesta tanto?
No creo que esto deba molestarte.
Siempre reaccionas exageradamente.
Me estás malinterpretando. No he querido decir eso.
¡Estaba bromeando! ¿Por qué te tomas las cosas tan en serio?
Eres muy sensible y armas un escándalo por nada.
No estoy de acuerdo contigo. Yo no lo veo así.

Debes ser más flexible.

Estás siendo irracional.

No sabes de lo que hablas.

Si fuera tú, yo...

Yo no habría hecho eso.

Debes ser fuerte.

A mí me pasó lo mismo, así que hice esto...

¿Por qué siempre te lo tomas todo de forma tan personal?

Podría darte cientos de ejemplos más sobre la invalidación, pero seguro que entiendes a lo que me refiero. ¿No te enfureces cuando otros usan frases como esas cuando reaccionan a tus sentimientos? ¿No sientes que no te entienden, o que no les importa entenderte? ¿No te frustra?

Todos tenemos a una o dos personas que constantemente nos roban el protagonismo y hacen que todo gire en torno a ellos. Quieren contarte sobre una experiencia similar, cómo reaccionarían o cómo deberías sentirte. A veces, creemos que validar es darle a otro nuestra opinión o enseñarle, cuando eso es lo opuesto por completo. Dar nuestra opinión o sermonear a nuestros hijos casi nunca funcionará. De hecho, nos llevará a la desconexión.

Cuando damos nuestra opinión sin que nadie la pida o antes de escuchar la experiencia completa de la otra persona, sin querer les comunicamos que su respuesta está mal. Ese mensaje priva a la otra persona de su voz y de su derecho a tener su propia experiencia auténtica. Es desafortunado, pero cierto, que cuando damos este mensaje a nuestros hijos, negamos su sentido del saber interior y les quitamos la capacidad de crecer y descubrir sus propias soluciones. Validar la experiencia de otra persona es una manera de comunicar que la respetamos, que confiamos en ella y que nos importa su bienestar. La validación significa caminar juntos a la par, en lugar de colocarnos detrás o adelante del otro. Nuestros hijos no necesitan que los sostengamos o que tomemos la delantera. Solo quieren que caminemos a su lado y les sostengamos la mano. Al hacerlo, paso a paso, despertamos su fortaleza para descubrir sus propias respuestas. Aquí incluyo algunas maneras de validar a nuestros hijos y despertar su poder:

Eso suena difícil. Entiendo perfectamente tu dolor.
Eso suena muy desafiante. Te escucho.
Puede que no te entienda del todo, ya que tenemos experiencias distintas, pero quiero hacerlo.
Estás atravesando dificultades. Quiero que sepas que estoy contigo.
Estás sufriendo. Lo entiendo. Tiene todo el sentido del mundo para mí.
Puedes llorar todo lo que necesites. Las lágrimas son saludables. Estoy aquí contigo.

¿Ves el poder detrás de esas palabras? Honran a la otra persona sin juzgarla, humillarla o alterar su realidad. Estas palabras no solo permiten que el otro sienta que sus emociones son válidas, sino que también le dan un espacio seguro para procesar esos sentimientos.

Cuando comunicamos así, les enseñamos a nuestros hijos a no temer a esas emociones tan intensas. Reconocemos sus respuestas y empoderamos sus sentimientos al validarlos. También les hacemos sentir confianza en su capacidad para encontrar una solución. No intervenimos e imponemos nuestras creencias, sino que escuchamos, validamos y debatimos. No peleamos por la situación, ni tratamos de repararla o de huir de ella. Solo ponemos el foco en la sintonía y el apoyo compasivo.

Validar a nuestros hijos es el primer paso para ayudarlos a transitar su mundo emocional. Como vimos, es muy difícil para muchos padres. Queremos gritarles a nuestros hijos, sanar su dolor, solucionar sus problemas o huir. Validar nos resulta demasiado pasivo. Pero, una vez que entendamos los poderes curativos que tiene la validación de las experiencias de los niños, querremos hacerlo una y otra vez. Créeme, es mágico. A medida que los validamos cada vez más, nuestros hijos se abrirán a nosotros de maneras muy hermosas. Y, lo que es más importante, se abrirán a sí mismos.

EMPATÍA

Ahora hemos llegado a una de las técnicas de comunicación más sanadoras pero desafiantes: la empatía. Muchos estamos confundidos sobre lo que es realmente la empatía o cómo podemos transmitirla en nuestras relaciones, así que lo explicaré aquí:

Empecemos por lo que no es la empatía:

- Enredo y fusión: no necesitas haber tenido exactamente la misma experiencia que la otra persona, ni sentir las mismas emociones, para mostrar empatía.
- Posibilitar y reparar: no necesitas resolver los problemas de nadie ni convertirte en el cuidador de la persona a quien le muestras empatía.
- Controlar y enseñar: no necesitas microgestionar la situación de nadie, crear conocimiento ni ayudar a la otra persona a lograr una nueva consciencia sobre su realidad.
- Juzgar y humillar: no necesitas hacer que el otro se sienta mal por tener ciertas emociones.

La empatía consiste en conectar con los sentimientos de tus hijos. Implica prestar atención a sus emociones en lugar de a sus pensamientos. Entonces, si ellos te dicen: «¡Odio la escuela y a los maestros!», una respuesta empática sonaría así: «Te escucho. Parece que te está costando que te gusten tus maestros y la escuela. Debe de ser muy difícil levantarte todos los días para ir allí. Puedo entender y percibir lo que estás sintiendo».

La empatía lleva la validación al siguiente nivel de conexión, en el que intentamos sentir las emociones de los otros. Nos adentramos junto a ellos en su experiencia. Con la validación, nos acercamos a su lugar; ahora, con la empatía, nos unimos a ellos como si nosotros mismos estuviéramos allí. En pocas palabras, la empatía se refiere a una noción profunda de la apertura del corazón a la respuesta emocional del otro ante una situación. Por ejemplo, si tus hijos están nerviosos porque tienen un examen al día siguiente, podrías decir esto: «Ay, lo que te ocurre parece muy difícil y doloroso. Veo que tienes ansiedad y estás nervioso. Puedo percibir tu experiencia e incluso entender sus partes. Yo no soy tú, pero puedo comprender lo que sientes. Puedo ver que estás atravesando un montón de emociones en este momento. Cuéntame más».

El enfoque inconsciente, por otro lado, podría sonar así: «Basta de pensar tanto. Te va a ir bien. Cree en ti y todo estará bien. Siempre lo haces mejor de lo que crees. Las notas no me importan. Solo quiero que te sientas bien contigo mismo».

La segunda respuesta suena positiva, ¿no? El padre o la madre dice todo lo correcto. Pero le falta empatía. ¿Por qué? Satisface los sentimientos de los padres, pero no conecta con las emociones de los hijos. Lo importante a la hora de mostrar empatía es cómo se siente el otro, y no lo que nosotros creemos que debe sentir.

La empatía es muy difícil de lograr cuando tus hijos están enojados contigo o creen que eres responsable de su dolor. Cuando esto sucede, la empatía sale volando por la ventana, y entramos en un estado defensivo. Fíjate en el siguiente ejemplo. Tu hijo o hija llega a casa y te dice: «Es tu culpa que nunca me hayan ido bien las matemáticas. Tú siempre me gritas cuando intento estudiar y me haces sentir fatal. Si hubieses tenido paciencia y me hubieses animado, me habría ido mucho mejor. ¡Es culpa tuya!».

Es difícil de digerir. Tenemos que tomar una decisión. Podemos responder con empatía, o podemos negar y desestimar a nuestros hijos. Veamos cómo sería una respuesta con empatía. Recuerda que muestro varias maneras de hacerlo. No tienes que decir todo esto en una misma ocasión:

¡Ay, Dios! Veo que estás sufriendo mucho. Entiendo tu frustración. Veo lo mal que te sientes. Entiendo lo que quieres decir sobre mi rol. Comprendo perfectamente que sientas ese enojo hacia mí. Lo veo desde tu punto de vista. Tengo parte de la culpa. Estás cien por cien en lo correcto. He sido inconsciente e impaciente contigo. He actuado de una manera muy hiriente. Respeto que estés enfadada. Yo también me sentiría así. Debo analizar por qué hice lo que hice y mirar en mi interior. Debo trabajar en mí. Lamento mucho lo que he hecho. Realmente he actuado de una manera desconsiderada e hiriente. Puedo entender por qué te sientes así. Estoy aquí para ayudarte a seguir adelante. Quiero cambiar mi forma de ser, impaciente. ¿Me darías una oportunidad?

Esto es muy difícil, créeme. Sobre todo, si estás pensando: «¿Qué le pasa? ¿Por qué esta mocosa me culpa a mí? ¿Qué he hecho mal? Solo trataba de ayudarla. ¡Por Dios!». Si te sientes así, es probable que reacciones de una manera que desencadenará otro tsunami. Es posible que digas con indignación: «¿De qué estás hablando? No me eches la culpa por tus malas notas. Te he ayudado, he sido paciente y te he mostrado cariño. ¿No te acuerdas? Me senté contigo durante horas, y tú te distraías todo el tiempo. Hazte cargo de tus malas notas y deja de culparme. Eres muy ingrata. ¡No me lo puedo creer!».

Escribir estas palabras me hace reír, porque no sabes la cantidad de veces que he elegido el camino inconsciente con mi propia hija. Es muy difícil mantener la calma cuando nuestros hijos nos atacan. Nuestras defensas se activan a lo grande. Nos olvidamos de sus sentimientos y, en cambio, solo nos enfocamos en proteger la imagen que tenemos de nosotros mismos. No culpo a los padres. Es muy difícil concentrarnos en los hijos, sobre todo cuando estamos en desacuerdo o nos sentimos culpados injustamente. La mayoría nos esforzamos mucho. Cuando escuchamos a nuestros hijos culparnos por el dolor que atraviesan en su vida, no podemos soportar ser atacados y nos desahogamos con ellos. Ser empáticos en esos momentos parece prácticamente imposible.

La empatía es un arte muy evolucionado. Para «practicarla» correctamente, creé el acrónimo DESEA para ayudarte a atravesar los cuatro pasos clave para desarrollar la empatía. Si los cumples todos, estarás bien. Veámoslos juntos:

- Desapegarse y despersonalizar: sin este paso esencial, no podrás tener empatía con tus hijos. La empatía requiere que no te tomes las cosas de manera personal y que no creas que sus sentimientos tienen que ver contigo, incluso cuando sientes que te acusan. Repite en voz baja: «Esto no se trata de mí, esto no se trata de mí».

- Explorar y respetar: explora los sentimientos de tus hijos y respeta su punto de vista, incluso si no estás de acuerdo con ellos. Aquí es donde reconoces sus sentimientos y los expresas de manera directa.

- Sofocar tu ego: no caigas en la tentación de volver a un estado reactivo en el que recurres a tu máscara del ego. En lugar de esconderte detrás de ella, intenta ver el punto de vista del otro. Presta atención a la reactividad de tu ego e intenta domarlo lo más que puedas.

- Expresar remordimiento y responsabilidad: pide disculpas por el dolor que les has causado a tus hijos. El remordimiento no es una colección vacía de palabras. Debe ser una respuesta muy sentida a la experiencia que ellos han tenido con tu ego. Hacerte cargo de cómo los provocó y alteró es muy importante para lograr una comunicación empática. Incluso si no estás de acuerdo con ellos, es importante que honres lo que ellos sienten sobre ti y tus acciones.

- Ajustar y alinear: crea un plan de acción para el futuro en el que no solamente te hagas cargo del dolor que has causado, sino que incluya pasos de transformación y reparación.

Ahora observemos de nuevo la respuesta empática que he utilizado en el ejemplo anterior y veamos si reúne todos los requisitos de la empatía. Analizaré mi respuesta oración por oración para demostrar cómo cumple todos los estándares de la empatía.

- ¿Cómo demuestra que te has desapegado?: «Veo que estás sufriendo mucho. Entiendo tu frustración. Veo lo mal que te sientes».

Estas palabras hacen que tu respuesta trate de la experiencia y no sobre ti. El desapego y la despersonalización son importantes para que nuestros hijos se sientan escuchados y validados por sus experiencias, en lugar de hacer que todo gire en torno a nosotros.

Compara la respuesta empática con el segundo enfoque del ejemplo: «¿De qué estás hablando? No me eches la culpa por tus malas notas. Te he ayudado, he sido paciente y te he mostrado cariño. ¿No te acuerdas? Me senté contigo durante horas, y tú te distraías todo el tiempo. Hazte cargo de tus malas notas y deja de culparme. Eres muy ingrata. ¡No me lo puedo creer!». La segunda respuesta ni siquiera logra evitar que el ego se lo tome de manera personal. El ego es el centro. ¿Ves la diferencia?

- ¿Cómo demuestra que has explorado y respetado?: «Entiendo lo que quieres decir sobre mi rol. Comprendo perfectamente que sientas ese enojo hacia mí. Lo veo desde tu punto de vista». Aquí exploramos y respetamos los sentimientos de nuestros hijos sin minimizar o alterar sus puntos de vista o experiencias en la realidad. Honramos su enojo en vez de llamarlo una reacción exagerada o de hacer alguna otra crítica, como: «Siempre te enfadas por esto o por aquello. Me agotan tus enfados. ¿Puedes dejar de sentirte así todo el tiempo?». Incluso si esta afirmación no es precisa, decirles a tus hijos que no deben enojarse cuando ya lo están es una de las cosas más desdeñosas que podemos hacer. En cambio, guardarse las opiniones para un momento más adecuado siempre es más sabio y amoroso.

- ¿Cómo demuestra que te has esforzado por sofocar al ego?: «Tengo parte de la culpa. Estás cien por cien en lo correcto. He sido inconsciente e impaciente contigo. He actuado de una manera muy hiriente. Respeto que estés enfadada. Yo también me sentiría así. Debo analizar por qué hice lo que hice y mirar en mi interior. Debo trabajar en mí». Aquí es donde nos hacemos cargo de nuestro ego. Esta es la parte más difícil del proceso de la empatía, sobre todo si todavía no hemos sanado por dentro. Si aún seguimos rotos, buscando la validación del mundo externo, responder por nuestro ego se sentirá como una derrota. Inadvertidamente, podríamos decir algo así: «¡Te equivocas! ¡Las reacciones que tienes conmigo me agotan! ¡Me esfuerzo mucho y tú no me valoras!». ¿Ves cómo sonaría una reacción egoica? Es difícil evitar esa reacción, ¿no? Sin embargo, eso es lo que debemos hacer para ayudar a nuestros hijos con sus experiencias emocionales complicadas.

- ¿Cómo expresa remordimiento y responsabilidad?: «Lamento mucho lo que he hecho. Realmente he actuado de una manera desconsiderada e hiriente. Puedo entender por qué te sientes así». Por supuesto, la manera ideal de pedir disculpas es con el corazón y el alma, para que no sean palabras vacías que se las lleva el viento. Tus hijos deben «sentir» realmente tus disculpas. Puede que no perciban tu sinceridad, pero, al menos, debes esforzarte para transmitir el sentimiento más grande que puedas. A veces creemos que estamos pidiendo perdón cuando, en realidad, no lo estamos haciendo. Muchas veces simulamos hacerlo, pero en verdad culpamos al otro de manera encubierta. Una disculpa poco sincera podría sonar de la siguiente manera: «Lamento mucho que te sientas así. Me estabas gritando tanto que terminé quebrándome y también empecé a gritar. La próxima vez, no me grites. Siento mucho haberte lastimado».

- ¿Ves la diferencia entre las dos disculpas? Una dice: «Lamento que yo...». La otra dice: «Lamento que tú...». En la primera nos hacemos responsables de nuestro rol en la dinámica. En la segunda, culpamos al otro. La consciencia nos permite ver la diferencia entre ambas.

- ¿Cómo demuestra un ajuste y un nuevo inicio?: «Estoy aquí para ayudarte a seguir adelante. Quiero cambiar mi forma de ser, impaciente. ¿Me darías una oportunidad?». Ajustamos y creamos un nuevo inicio al crear un plan de acción para la próxima vez. No basta con solo una disculpa. Nuestros hijos merecen ver un cambio real. De esa manera, pueden sentir que nos importan de verdad, más allá de nuestras palabras. Cuando no logramos hacer cambios, echamos las palabras en saco roto.

Nuestros hijos no tienen suficiente con una simple disculpa. Quieren que cambiemos el comportamiento. Les debemos esa transformación. Al leer estas páginas, ya estás demostrando una gran voluntad para regalarles el tesoro de nuestro propio crecimiento.

NORMALIZACIÓN Y NEUTRALIZACIÓN

Ningún ser humano quiere que le digan que su manera de experimentar el mundo es «rara» o «peculiar». Todos queremos sentirnos «normales» y que otros se comporten de la misma manera que nosotros si estuvieran en nuestro lugar. Lo mismo sucede con nuestros hijos. Ellos también anhelan sentir que sus reacciones ante las experiencias son normales, y nosotros podemos hacer mucho para que se sientan así.

Cuando los niños tienen emociones muy intensas, es importante que normalicemos esas experiencias por ellos. La mejor manera de hacerlo es decir algo como: «Entiendo perfectamente por qué estás actuando así. Te entiendo. La mayoría de las personas se sentirían así». Con los niños más pequeños, podemos decir solamente: «Está bien sentirse así».

La otra manera importante en la que podemos ayudar a nuestros hijos es al neutralizar los efectos de su experiencia. Eso lo podemos lograr si evitamos reaccionar a situaciones con nuestra propia energía emocional y, en cambio, nos mantenemos neutrales. Por ejemplo, si tu hijo o hija está gritando por miedo a una araña que vio, podemos normalizar y neutralizar su experiencia así: «Entiendo que temas a la araña. Muchas personas les temen. A mí también me daban mucho miedo cuando tenía tu edad. Pero mira, la araña ni siquiera te está prestando atención. Está ocupada en sus cosas». Al no permitir que se involucren nuestras propias energías, neutralizamos el poder de la araña sobre nuestras emociones y ayudamos a los niños a entender que lo que les da miedo tiene en realidad una naturaleza neutral.

Un día, en un parque de atracciones, a mi hija le dio miedo deslizarse por un tobogán de agua. Maia repetía: «Mamá, tengo miedo». Y le dije: «Yo también. Siento lo mismo. Pero, en vez de escaparme del temor, prefiero aliarme con él. Puedo enseñarte cómo». En unos segundos, inventé una canción con nuestros miedos. Temblamos aterradas al llegar a la cima del tobogán y cantamos: «Tengo mucho miedo. Las lágrimas me mojan el pelo. Así me siento. ¡Pero igual lo intento!». Cuando llegó nuestro turno, inspiramos profundo, nos reímos y seguimos cantando nuestra cancioncita hasta llegar abajo. Le dije a Maia: «Los miedos y las lágrimas son normales. Todos los tenemos. No es necesario que nos escondamos de ellos. Solo muestran cómo nos sentimos. No son un problema».

Cuando aceptamos la vida tal como es, sin ponerle etiquetas ni juzgarla, comienza a perder el poder que tiene sobre nosotros. Abrazamos las experiencias sin juzgarnos o humillarnos y dejamos que nos informen en ese momento. El miedo, el enojo o la ansiedad son parte de nuestra experiencia de vida y vienen a enseñarnos lo que debemos aprender. De esa manera, crecemos con la vida, en lugar de encogernos por ella.

TRANSFORMAR

¿Qué quiere decir «ayudar a nuestros hijos a transformar su estado emocional»? Como podrás ver, por supuesto que no significa hacer un simple cambio de ese estado. Cambiar algo implica alterarlo desde fuera. La transformación, por otro lado, consiste en crecer y evolucionar desde dentro.

Como padres, eso quiere decir que observamos a nuestros hijos y su capacidad para crecer a partir de una experiencia. Si nuestros hijos están perdiendo la cabeza por un examen, después de validar lo que sienten, mostrarles empatía y normalizar su estado emocional, podemos ayudarles a transformar su experiencia en un momento de crecimiento. Al resaltar sus fortalezas, contribuimos a generar un marco nuevo para su ansiedad y a canalizarla para tomar coraje. Podríamos decir esto:

Veo que te cuesta mantener la concentración y la calma. Respeto lo que estás pasando. Ahora sientes que es muy difícil. Quiero señalar que, si bien te encuentras en un aprieto, estás manejando la situación de una manera totalmente diferente a la última vez. Antes no podías ni siquiera presentarte al examen. Ahora, estás pensando en hacerlo mañana. ¿Ves la enorme diferencia? Eso quiere decir que has aprendido a lidiar mejor con tu estrés. Lo único que importa es que lo estás haciendo mejor que la última vez. Estás creciendo, y siento mucho orgullo. No importa el examen, sino cómo lo estás manejando. Sé que es difícil para ti, así que podemos estar juntos mientras atraviesas esta situación.

En cambio, si solo nos enfocáramos en cambiar la experiencia emocional de los niños, diríamos algo así: «Te ayudaré a estudiar o te conseguiré un tutor para que te vaya bien en el examen. Vamos, siéntate y concéntrate. Debes sacar una buena nota mañana, y me aseguraré de que lo logres».

¿Puedes ver la diferencia entre la transformación y el cambio? La primera se enfoca en la experiencia emocional y el crecimiento interno que se está produciendo. El cambio se enfoca en la tarea externa que nos preocupa. Con nuestros hijos, queremos enfocarnos en la transformación, no en el cambio. No hay que cambiar a nadie, ni tampoco la situación. El único cambio real es el interno y, como tal, es transformacional.

La transformación enseña a nuestros hijos que llevan dentro la matriz del «éxito». Todo se basa en el crecimiento interno. Los niños criados con este enfoque tienen más compasión consigo mismos y se aceptan más. Entonces, en el ejemplo anterior, incluso si el niño no mostró una diferencia en su capacidad para lidiar con la situación entre la vez anterior y la actual, los padres podrían decir algo así:

Cada vez que atraviesas esto, te vuelves más fuerte por dentro. No te das cuenta. Confío en que estás aprendiendo a aliarte con tus emociones. Lleva tiempo, y no hay un plazo para alcanzar el éxito. Solo debes permitir que te lleve el tiempo necesario y, poco a poco, se volverá más sencillo. Estaré contigo en todo momento.

¿Ves lo tranquilizador y reconfortante que es este enfoque para los niños? Al poner el foco en aceptar lo que es, los calmamos y los dejamos ser ellos mismos. Esto tiene un impacto directo en su autoestima, que, a su vez, incide en su nivel de ansiedad y estrés. Las personas criadas con el enfoque del «cambio» sienten la presión de vivir la vida de otra manera. Como resultado, sienten vergüenza y se reprochan cuando no les va bien.

La crianza consciente trata de la transformación interior. Cuando nos enfocamos en esto, no nos convertimos en vigilantes o jueces de nuestros hijos. Somos sus aliados y socios en este camino desafiante, y muchas veces enloquecedor, al que llamamos vida.

MANOS A LA OBRA

Podemos practicar VENT en cada crisis de nuestros hijos, lo que significa que tendremos muchas oportunidades. Validación. Empatía. Normalización y neutralización. Transformación. Esos son los cuatro pasos clave que podemos dar para conectar con nuestros hijos de manera consciente en cualquier situación. Cuando están molestos o enfadados, podemos activar nuestra consciencia interior para preguntarnos: «¿Cómo puedo usar los principios de VENT en este momento y hacer que mis hijos se sientan vistos, escuchados y validados?». Al mantener la práctica de estas cuatro estrategias fundamentales de conexión, nuestros hijos seguramente se sientan valiosos y seguros desde dentro, lo que, a su vez, los ayudará a afrontar la vida con resiliencia.

Una vez que tengas una comprensión conceptual de estos pasos, es importante que los implementes de manera consciente, uno a uno. Intenta dar cada paso por separado. Incorpóralos a tu rutina diaria. Percibe cómo cambia la dinámica con tus hijos. Fortalece tus músculos de la consciencia. Pronto, tendrás a mano estas herramientas clave cuando más las necesites. Al usarlas, te aseguro que notarás una gran diferencia en la respuesta de tus hijos ante una situación desafiante y, lo que quizás sea más importante, también lo notarás en tus respuestas.

Paso dieciocho:

¡Encuentra el SÍ!

Mi niño, vives en un mundo de infinitas posibilidades,
con una confianza y una expansión total,
a diferencia de mí, que solo vivo con una escasez y una
carencia implacables.
Mi instinto en la vida es decir que no,
para restringir, limitar e impedir,
y así sentirme cómodo y seguro.
Lo que no veo es que, al hacer eso,
empequeñezco tu mundo y bloqueo tus sueños,
lleno tu globo con plomo y ladrillos,
todo porque tengo mucho miedo de que te vayas volando
y me dejes atrás en mi desolación.

Los niños vienen al mundo con un gran «SÍ» en sus almas. No ven escasez o falta de merecimiento a su alrededor. En cambio, ven el mundo con una mirada de abundancia y expansión. Todo tiene el potencial de maravillarlos y asombrarlos, desde los fideos que sorben y las nubes que flotan en el cielo hasta las hormigas que caminan por la hierba. Su estado natural es de apertura, confianza y desenfreno.

Ese no es el estado natural de los adultos, ¿cierto? No. Por el contrario, los adultos tendemos a estar la mayoría de las veces en el estado opuesto: gran ansiedad, escasez y falta de merecimiento. Dada esta tendencia, podrás imaginar cómo colisionamos energéticamente con el estado natural de nuestros hijos. Ese choque de energías puede traer desconexión y conflicto a la relación que tenemos con ellos, por la única razón de que ocupamos estados energéticos diferentes en este mundo.

Todavía recuerdo con claridad una discusión que tuve con mi hija cuando tenía alrededor de siete años. Ella quería jugar en la calle a eso de las cinco y media de la tarde. Yo no. Estaba cansada y quería dar por terminado el día. Ella todavía estaba llena de energía y entusiasmo. Quería ir a un jardín que hay cerca de nuestra casa y jugar entre las flores. Le dije: «Maia, no es hora de jugar. Es hora de descansar. No podemos salir ahora». Tenía poca energía y me cerré. Antes de darme cuenta, se le habían llenado los ojos de lágrimas. «¡Pero solo un ratito, mami! ¡Unos minutos!». Enseguida se me pusieron los pelos de punta. «No te resistas, Maia. He dicho que no, ¡y punto!». Maia se fue echando chispas a su habitación y decidió hacer un gran berrinche.

Por suerte, aquel día mi madre había venido a visitarnos. Ella percibió nuestro estado de ánimo y me dijo con suavidad: «Shefali, estás exhausta. A mí no me cuesta nada llevarla al jardín. Todavía es verano y Maia no tiene que ir a la escuela mañana. Déjame llevarla». Maia la escuchó y corrió a abrazarla. Estuve de acuerdo, pero no porque hubiese cambiado de opinión, sino porque quería que me dejaran sola. Se fueron. Regresaron en tan solo veinticinco minutos, y la Maia que volvió era muy diferente a la que había salido. Había juntado una bolsa de regalos para mí: piedras, ramitas y algunas flores aplastadas. Estaba encantada. Pero, algo incluso más importante, estaba cansada, y me dijo: «¡Ha sido muy divertido! ¡Pero ya estoy cansada y quiero ir a dormir!». En diez minutos se durmió.

Al reflexionar sobre aquello, aprendí una gran lección: Maia no se estaba «resistiendo», como yo le había dicho. Para nada. Estaba siendo curiosa, juguetona, energética y entusiasta. En otras palabras, era ella misma, una niña aventurera de siete años. Si yo hubiese estado de buen humor, la habría llevado con gusto al jardín, como hizo mi madre. La única diferencia entre mi madre y yo era la fatiga y la reticencia que yo sentía en ese momento. Quise salirme con la mía y no quise ceder ante la expresión natural de mi hija. Estaba enfocada en el «qué pasará si…»: «¿Qué pasará si no duerme? ¿Y si después está demasiado agotada?» En cambio, si me hubiese enfocado en lo que mi hija era y la hubiese acompañado, habría evitado un gran berrinche y una posible desconexión entre nosotras.

Reflexioné mucho sobre ese momento. Me pregunté: «¿Qué habría significado para mí encontrar una manera de conectar con su deseo en lugar de hacer oídos sordos tan bruscamente como lo hice? ¿Habría sido tan grave si hubiese fluido con su estado y su deseo de conectar conmigo y la hubiese llevado al jardín unos minutos?». Me di cuenta de que había perdido esa oportunidad. Además, juzgué a mi hija con dureza por lo que quería hacer.

Para acercarme a ella de otra manera, podría haber dicho: «¡Qué buena idea, Maia! Estoy cansada ahora, pero realmente quiero cumplir tu deseo. ¿Podemos hacer un trato? Te llevaré, pero debemos volver pronto. ¿Te parece bien?». Si hubiese dicho eso, estoy segura de que Maia habría negociado con sabiduría y habríamos evitado una posible crisis importante (lo que, gracias a mi madre, logramos). En cambio, entré en un estado de escasez y miedo. Temía que quisiera quedarse allí una eternidad y me agotase. Temía terminar demasiado exhausta para preparar la cena después. Temía todas las cosas que «podrían» haber pasado. Como resultado, me perdí la oportunidad de conectar con mi hija en ese momento.

Los padres y los hijos colisionamos de tres maneras muy puntuales y fundamentales. Esas maneras son variaciones de una diferencia central entre niños y adultos. Los niños dicen que sí al momento presente, incluso a las lágrimas. ¿Y los adultos? Principalmente, oponemos resistencia al presente. La diferencia se distingue en toda la relación con nuestros hijos de las siguientes maneras sutiles:

✔ Los niños viven más que nada en el presente, mientras que los adultos lo hacemos en el pasado y el futuro. Ellos viven en «lo que es», y nosotros, inmersos en un mundo aterrador del «qué pasará si...». Nos aferramos a los remordimientos y resentimientos del pasado, o vivimos con ansiedad por lo que nos espera en el futuro.

✔ Los niños viven con abundancia y alegría, mientras que nosotros lo hacemos con escasez, fatiga y ansiedad.

✔ Los niños viven en un estado «del ser», mientras que nosotros lo hacemos en uno «del hacer». Incluso su hacer proviene del ser: ser juguetones, exploradores, curiosos y aventureros. Un niño no tiene un plan concreto más que ser en el momento y fluir con lo que se les presente. Los adultos estamos en un estado «del hacer». En general, eso no viene de una conexión profunda con la noción de ser. No, viene más que nada del ego. Lo hacemos porque queremos ahorrar, ganar o tener éxito. No es un estado del ser centrado en el proceso como el de los niños, sino un estado del hacer centrado en objetivos que se afirma en la validación externa y los indicadores culturales.

Como vivimos en estados energéticos extremadamente diferentes, colisionamos. Pero los niños no tienen la obligación de igualar nuestro estado. Nuestra tarea es equipararnos a la suya. Como su estado es tan diferente al nuestro, podemos considerarlo una amenaza, y entonces intentamos coartarlos. Los juzgamos, los humillamos y los castigamos. Entramos en un ciclo disfuncional y generamos desconexión.

Cuando digo a los padres que deben intentar «encontrar el sí» en la crianza, creen que los aliento a ser indulgentes y dar privilegios. Esa es una idea provocadora para los padres. Entramos en pánico por defecto, creyendo que estamos «cediendo» a las exigencias de los niños, quienes se convertirán en mocosos consentidos. Pero este enfoque no trata de ceder. «Encontrar el sí» significa estar alineados con los deseos de los niños, pero eso no quiere decir que debas rendirte ante ellos y consentirlos. Significa que debes encontrar un punto en común donde puedes decirles que sí para que se sientan entendidos y validados. El «sí» puede ser conceptual:

Sí, entiendo perfectamente lo que deseas.
Sí, yo también querría eso.
Sí, yo siento lo mismo.
Sí, entiendo que tengas ese antojo.
Sí, yo también quiero hacer eso.
Sí, yo era igual que tú a tu edad.
Sí, definitivamente quieres las mismas cosas que yo.

O puede ser un «sí» práctico:

Sí, quiero que tengas eso, así que hagamos un plan.
Sí, te daré eso, pero lo haré en el momento adecuado.
Sí, quiero que vayas allí, y podemos hablar sobre eso después de tus exámenes.
Sí, te ayudaré a cumplir tu deseo cuando termines tus tareas.

En ambos casos, la intención no es ceder física o materialmente y contribuir a la sensación del niño de que conseguir lo que quiere es su derecho, sino emitir la energía de que sus deseos son comprensibles y válidos. Mientras tanto, debes ser sumamente consciente de que los deseos de tus hijos pueden no ser prácticos en ese momento.

Recuerda este dato crucial: nuestros hijos están abrumados por un mundo lleno de distracciones, artilugios y objetos llamativos. Es normal que quieran tener todo lo que puedan. Ese deseo no hace que sean niños malos ni codiciosos. Los hace normales. Cuando seguimos diciendo que no a esto y a aquello, perpetuamos sus antojos y su sensación de escasez. Quieren lo que no pueden tener. Es el típico caso de desear la fruta prohibida. A su vez, esto alimenta su obsesión por poseer más y más cosas. Además, nuestros hijos empiezan a sentirse avergonzados por querer cosas y a tener una sensación de escasez porque siempre les decimos que no.

Ahora, tú como padre o madre tienes una preocupación válida: «¿Qué pasa si realmente no puedo pagar los objetos llamativos, incluso en el futuro? ¿No los estoy preparando para que no se lleven una desilusión más grande a largo plazo?». Esta es mi respuesta: decir que sí en el momento trata de decir que sí al deseo. No quiere decir que debas ceder a ese deseo ni cumplirlo. Una vez que valides los deseos de tus hijos, puedes crear un plan para ese objeto que quieren. Quizás no lo obtengan mañana ni la semana siguiente. Quizás deban esperar hasta el año próximo. El punto no está en la ejecución, sino en alimentar el fuego del deseo durante el tiempo que sea necesario. Que ese fuego se mantenga encendido es responsabilidad de los niños, no de los padres. Pero nosotros no podemos ser los que siempre estemos apagándolo. La mayoría de las veces, los niños pierden interés en ese objeto particular que querían y abandonan ese deseo ellos solos.

Los niños tienen cientos de deseos a la semana. La mayoría se disipan por las distracciones y el paso del tiempo. Solo debemos abordar los que perduran más de algunas semanas. Para esos deseos persistentes, podemos ayudar a nuestros hijos a entender —con compasión y paciencia— por qué no están alineados con la situación económica o las cuestiones logísticas de la familia. Los niños se sienten vistos y escuchados, en lugar de sentir una falta de atención o de satisfacción de sus deseos. Cuanto más digamos que no, mayor será la sensación de escasez y más fuerte será la demanda para que cumplamos sus deseos.

Por ejemplo, qué pasa si tu hijo o hija, hacia los doce años, te dice: «No iré a la universidad cuando termine la secundaria. Voy a vender helados con un camión. ¡Voy a tener la empresa de camiones de helados más grande del mundo!». Como padre o madre, tienes la posibilidad de elegir una mentalidad de escasez o una de abundancia. ¿Qué crees que dirías? Una mentalidad de escasez conlleva la presión de ser «prácticos», y le comunicarás a tu hijo o hija que su idea es ridícula. Dirás algo como: «¡Qué ridículo! Ir a la universidad es fundamental para ti, y tienes que ir cuando termines la escuela. No te vas a ganar bien la vida con un camión de helados. No es buena idea».

¿Qué crees que sentirán los niños? Tu hijo o hija tiene un sueño alimentado por la pasión y la inocencia propia de su edad. ¿Quiénes somos nosotros para derribar ese deseo del corazón? Hacemos eso porque entramos enseguida en un estado de escasez y miedo. La posibilidad de que nuestros hijos puedan invocar todo tipo de ideas para su futuro nos asusta. Pensamos en lo que vendrá y vemos un horizonte desalentador. Todas esas emociones se despiertan en nuestro interior y las proyectamos en nuestros hijos. En lugar de alentarlos a tener sueños originales, los empujamos a lo tradicional.

Así es cómo soñaríamos con una mentalidad basada en la abundancia: «¡Guau! Qué idea tan buena. Me encanta el helado, y yo seré tu mejor cliente. Tendrás muchas ideas más cuando seas mayor. Asegúrate de apuntarlas para no olvidarlas. ¡Así algún día podemos ver cuál se vuelve realidad!».

¿Ves lo fácil que puede ser decir que sí a los deseos y anhelos innatos de nuestros hijos? Fluyes en el lugar en el que ellos se encuentran en lugar de reaccionar y resistirte por tus propias proyecciones. De esa manera, les permites sentirse bien con sus sueños y los animas a seguir pensando por sí mismos, sin restringir esa libertad. Para darles ese aliento, sin embargo, debes tener una actitud de abundancia y aventura.

Inmediatamente, entramos en pánico al pensar que nuestros hijos tendrán dificultades o fracasarán. ¿Y entonces qué haremos? Nos imaginamos llevando la carga de tener que cuidarlos en el futuro, algo que no nos resulta muy tentador. ¿Ves que esa manera de pensar se basa en la escasez? Luego, sentimos la presión imaginaria de hacer realidad sus sueños. Al no saber cómo, nos disgustamos. Lo que no vemos es que la carga de cumplir los sueños de nuestros hijos no recae en nosotros, sino en ellos mismos. La manifestación de sus sueños está en sus manos y no en las nuestras. Lo único que debemos hacer es apoyarlos con un plan.

Cuando mi cliente Belinda me comunicó la gran frustración que sentía porque su hija Zoe quería dejar la universidad y abrir un *spa*, supe de dónde venía. Lo único que la madre vaticinaba era la ruina. No podía entender por qué su hija desperdiciaría una buena educación superior por algo tan fantasioso como un *spa*. Entonces discutió muy acaloradamente con ella. Estaba enojada. Además, se amargaba porque parecía que se desperdiciarían todo el tiempo y el dinero invertidos en la universidad.

Belinda estaba en un callejón sin salida. Empezó a destrabarse cuando le sugerí cuidadosamente que viera las cosas desde la perspectiva de Zoe. Lo único que quería su hija era apoyo, como se lo daría una buena amiga. Ella no necesitaba que su madre la rescatara o que financiara ese nuevo proyecto. «Ayúdala a descubrir cómo hacerlo realidad», le sugerí. «Pero no es necesario que tú lo resuelvas por ella».

En ese momento Belinda hizo un clic. Se había resistido porque creía que debía financiar aquella fantasía. Enseguida se relajó cuando le dije que lo único que debía hacer era presentarse como una buena aliada y guía. «No es necesario que pagues nada, pero no puedes oponerte a lo que ella quiere. Si tu hija quiere pagarlo y endeudarse y arriesgarse, es su vida, no la tuya. Lo único que debes hacer es ayudarla a resolverlo. Cuando nuestros hijos tienen esa edad, no somos responsables de las consecuencias que traen sus elecciones. Eso es algo que ellos deben afrontar, no nosotros. Pero pelear por las decisiones de nuestros hijos los desmoraliza y les hace temer el fracaso».

Al final, Belinda lo entendió. Hizo un cambio interno y empezó a ayudar a Zoe como si fuera una buena amiga. La relación mejoró considerablemente. Su hija, por su lado, empezó a entender que no todo es glamur y diversión en un proyecto comercial. Al final, eligió seguir en la universidad hasta que pudiera resolverlo.

Un desafío común al que muchos padres jóvenes se enfrentan en la actualidad es que los niños exigen sus propios teléfonos móviles antes de alcanzar una edad «apropiada». Por supuesto, la mayoría de los niños pequeños (y más mayores) quieren su propio dispositivo. ¿Por qué no? Después de todo, ven a los adultos que los rodean obsesionarse con el suyo. Naturalmente, los niños quieren lo mismo. Probablemente, piensan: «¿Por qué los adultos están todo el tiempo mirando el móvil?», o «¿Por qué mamá prefiere usar el móvil en lugar de prestarme atención a mí?».

Entonces, ¿cómo podemos abordar el deseo de los niños de tener un teléfono móvil sin ceder ante su demanda? Sugiero tres respuestas a esta pregunta. La primera está en nuestro interior. Debemos dejar de estar con el móvil todo el tiempo, sobre todo cuando los niños tienen alrededor de diez años. Ellos necesitan que estemos presentes y enfocados en ellos y en la relación que trabajamos juntos. Cuanto más presentes estemos con ellos, menos querrán un móvil. La segunda respuesta consiste en pensar cómo podemos ayudar a nuestros hijos a tener una infancia en la que no sientan la necesidad de estar frente a una pantalla. ¿Cómo podemos hacer que sientan más interés por una conexión humana real para que las pantallas no les llamen la atención? Y la tercera y última respuesta es ayudar a tus hijos a entender que, una vez que alcancen la edad suficiente, tendrán un teléfono móvil. Hazles saber que quieres cumplir su deseo cuando sea oportuno para su edad.

Cuando evitamos las reacciones intuitivas de la escasez y la falta de merecimiento y comenzamos a decir que sí al deseo innato de nuestros hijos de formar parte de este mundo, disolvemos su obsesión persistente por las «cosas». Cuando no escuchamos sus ideas, esa obsesión no hace más que aumentar. Nuestra reticencia aumenta su persistencia. Creemos que, si ignoramos sus demandas o decimos que no, los niños se olvidarán de sus obsesiones. Lo que no vemos es que, al pelear con ellos, estamos actuando en nuestra contra, porque hacemos que sus deseos se vuelvan más fuertes. Perpetuamos esos deseos en lugar de neutralizarlos. Al abordar esos deseos con una energía positiva, atendemos su necesidad de sentirse escuchados y validados. Esto es parte de la magia.

Apoyar a nuestros hijos como si fuésemos amigos les hace sentir el respeto que anhelan. Ayudarles a hacer planes no significa que debamos implementarlos ya mismo. Solo quiere decir que les damos la atención y el respeto que quieren y necesitan. Cuando contribuimos con sus planes para cumplir sus deseos, no importa lo lejos que estén en el futuro, les damos una sensación de empoderamiento. Aunque nunca alcancen ese deseo en particular, hacer un plan significa que lograr ese deseo es posible y que pueden trabajar en él si quieren. ¿Quién dice que no se hará realidad en diez años? ¿Por qué debemos ser aguafiestas?

Mi hija, Maia, quería un perro desde los tres años. Mi situación no me permitía darle un cachorro en ese momento. Además, no sabía si su deseo era un capricho pasajero. Quería asegurarme de que estuviera profundamente enamorada de los perros antes de sumarme otra responsabilidad. Debía honrarme a mí misma tanto como a ella, porque sabía que la carga de cuidarlo recaería en mí. La verdad es que no estaba preparada para invertir tiempo y energía en ese momento. Así que tenía dos opciones como madre. Podía acallar su deseo por completo o podía decirle que cabía la posibilidad de tener perro en un futuro.

Como la vida es incierta, hay muchas cosas que son posibles, aunque no lo parezcan en el presente. ¿Descartamos todas las opciones o las dejamos sobre la mesa? La decisión depende de nuestra mentalidad, ¿no?

Los padres pueden temer darles falsas esperanzas a sus hijos. Pero eso no es lo que hacemos al decirles que sí a sus deseos. Lo que hacemos es ayudarles a entender una filosofía fundamental de la vida: hay infinitas posibilidades. La vida puede llevarnos por caminos sinuosos. No hay forma de predecir todas las curvas desde nuestro punto de vista actual. Si realmente deseamos algo —y tenemos la voluntad de trabajar para obtenerlo y está dentro de nuestra capacidad biológica—, por supuesto que podemos lograrlo en un futuro, incluso si ahora no parece probable. El tiempo y el esfuerzo pueden traernos posibilidades inesperadas. Enseñarles a nuestros hijos esa filosofía de vida tan valiosa les permitirá abrazar el potencial ilimitado de la vida y su propio potencial.

Le dije a Maia: «Me encanta que ames a los perros. Ahora mamá no puede cuidar a uno. Más adelante en el futuro, cuando crezcas, podemos elaborar un plan, ¿está bien? No tienes que dejar de amar a los perros porque no puedas tener uno». Solía llevarla a las tiendas de mascotas para que pudiera acariciar a algunos, y la dejaba juntarse con amigos que los tuvieran. Fomenté su amor por ellos, a la vez que mantuve mi convicción de que todavía no podía darle uno. El hecho de que no puedas satisfacer los deseos de tus hijos en el presente no quiere decir que no puedas alimentarlos para el futuro.

Adivina lo que pasó con Maia: conservó su pasión por los perros. Literalmente, hablaba sobre todos los que veía en la calle todos los días. Observé su pasión y entendí que era real y profunda. Cuando cumplió catorce años, mi situación cambió lo suficiente para que pudiera imaginarme cuidando de una mascota. Y adivina qué, ¡Maia recibió un cachorro! Qué momento para esa joven mujer. Fue gracias a que durante más de una década nunca dejó de amar a los perros mientras yo seguía trabajando en mi nivel de comodidad para darle uno. Vi lo genuino que era su amor. Como me mantuve abierta a la posibilidad de que su pasión se manifestara, su sueño se cumplió.

Ahora Charlie tiene seis años y es el amor de nuestra vida. Cuando fue el momento indicado, llegó a nuestra casa y prosperó. Maia se aferró a su deseo de tener un perro durante toda su infancia, y pudo ver que su sueño apasionado dio frutos. Este proceso le enseñó sobre el poder de la pasión, y la capacidad que todos tenemos para cumplir nuestros deseos si somos decididos y pacientes.

Conozco a muchos padres que quizás no hubiesen cedido. Esa decisión también está bien. Si los padres no pueden cuidar de un perro, no deben ir en contra de su saber interior por consentir a sus hijos, ya que eso podría ser un desastre. En lugar de eso, los padres pueden ayudarles a entender que pueden seguir soñando y podrán alcanzar sus deseos cuando sean adultos. No todos los sueños se pueden cumplir enseguida. Algunos llevan décadas, y ese proceso puede ser tan hermoso como el de los deseos que se alcanzan de inmediato.

Este enfoque enseña a nuestros hijos el poder de la persistencia y la resiliencia, y que, cuando queremos algo, debemos ser estrategas y pelear por ello. Es una lección muy valiosa. Esa manera de decir que sí es lo opuesto a la opción de malcriarlos constantemente con todo lo que se imaginen. Decir que sí, como parte del enfoque de «encontrar el sí», implica escuchar, reconocer y ayudar a los niños a aprender el valor de sus deseos. En lugar de decir un «no» categórico o consentir un deseo de inmediato, profundizamos y desafiamos a nuestros hijos a explorar en su interior. ¿Cuánto quieres eso que deseas, y por qué? Dar a nuestros hijos el espacio para soñar y buscar en su interior les ayuda a entender lo verdaderos que son sus deseos. Si decimos que no enseguida, empezarán a gastar energía en pelear con nosotros. Si cedemos y los consentimos al instante, desperdiciaremos una oportunidad valiosa para que ellos investiguen a fondo y sientan lo que significa tener persistencia y pasión. ¿Ves lo poderosa que es esa lección para un niño?

La demora de la gratificación es una lección poderosa. Nos enseña que hay un momento para cada cosa. La naturaleza es nuestra mejor maestra para esto. Hay un momento para los mangos y otro para la nieve. La paciencia y la persistencia son valores clave que nuestros hijos deben aprender. La naturaleza nos dice: «Sí, puedes comer mangos y te pueden encantar, pero no ahora. Debes esperar a que maduren».

Este enfoque es muy poderoso porque enseña a los niños a aceptar que los deseos pueden sostenerse, y que ellos están bien sin que sus deseos se vuelvan realidad en este instante. Los padres temen los deseos de los niños porque tienen dos creencias subconscientes: (1) si hay un deseo, debemos satisfacerlo pronto; (2) si no lo hacemos, los niños no estarán contentos, lo cual es «malo». Ambas creencias son falsas. Nuestros hijos pueden no estar conformes porque su deseo no se ha cumplido, y en realidad esto es algo bueno para su desarrollo. De hecho, es una fortaleza emocional saludable que podemos cultivar. Los niños también se vuelven infelices incluso si satisfacemos sus deseos. Estoy segura de que a todos los padres les ha sucedido.

Todos tenemos algo que nos estimula el alma. Algunos soñamos con tener perros, como Maia. Otros, con abrir un *spa*, como Zoe. Y otros, con vivir en un país extranjero. Todos los sueños factibles se pueden manifestar. Que los sueños se vuelvan realidad depende de las circunstancias de la persona y de cómo vive su realidad.

Incluso si un niño dice algo improbable como: «Mamá, quiero ir a la luna», no debemos replicar con algo como: «¡Qué tontería! No tienes alas, y la luna está demasiado lejos». Esa respuesta no contempla lo que quiere comunicar el niño. En cambio, podríamos decir: «Me encantaría ir a la luna contigo. ¡Qué lástima que no seamos pájaros grandes y que la luna no esté más cerca! Imaginemos cómo sería lograrlo». Lo que esta respuesta hace para el niño es normalizar su deseo y permitirle soñar e imaginar. Luego, esos sueños se vuelven ingredientes valiosos para una vida llena de pasión y posibilidades. Gran parte de esto se reduce a cómo los padres manejamos las inquietudes del alma de nuestros hijos.

MANOS A LA OBRA

Tus hijos te darán muchas oportunidades para que practiques decir que sí, ya que tendrán deseos todo el día. De nuevo, no confundas decir que sí con consentirlos. Así que, el día de hoy, ¿cómo responderás cuando tus hijos expresen sus deseos, como «quiero más galletas / tiempo de pantalla / zapatos / maquillaje / tiempo en casa de amigos / comida basura…»? Quizás sientas la tentación de responder: «Estoy cansada de que pidas tanto. ¡La respuesta es no!».

Pero podrías buscar una respuesta más consciente, como: «Yo también quiero comer galletas / usar las pantallas / comprar zapatos / comprar maquillaje / pasar el rato con mis amigos / comer comida basura. Todo eso es muy adictivo y divertido. Pero si hacemos esas cosas durante mucho tiempo, se vuelven poco saludables. Habrá tiempo suficiente para hacer todo eso si quieres, pero primero debemos hacernos cargo de nuestras responsabilidades. Así que hagamos un plan para darte lo que deseas, a la vez que cumplimos con el resto de las cosas de la vida. Hagamos un plan que te ayude a gestionarlo todo».

¿Ves cómo este enfoque deposita la responsabilidad en el niño? En lugar de convertirnos en el enemigo, nos aliamos con nuestros hijos y les mostramos que estamos de su lado. El «enemigo» es la larga lista de tareas que debemos hacer. Siempre y cuando puedan encontrar juntos una manera de hacerlas todas, estarán bien. De esa manera, los niños no se pelearán contigo, ya que no serás la persona que se interpone en su camino. Su propia incapacidad para manejarlo todo es el obstáculo.

Aquí te doy algunos ejemplos comunes de cómo podría funcionar este enfoque:

Tiempo de pantalla

Niño: «Quiero usar más las pantallas por la noche cuando estoy en la cama».

Respuesta consciente: «Entiendo por qué quieres. Pero debes terminar las tareas de la escuela para mañana y debes dormir por lo menos ocho horas. ¿Cómo harás todas esas cosas? Si puedes hacerlo todo, negociaré contigo».

Más comida basura

Niño: «Quiero comer más comida basura».

Respuesta consciente: «Yo también quiero. Primero debes comer esta comida sana, y después podrás comer la otra. Así que elaboremos juntos un plan. ¿Termina de tomarte tu zumo / verduras / comida sana primero, y después hablaremos sobre la comida basura».

Más consumismo

Niño: «¡Quiero más cosas / zapatos / juguetes!».

Respuesta consciente: «Muchas veces yo también descubro que deseo las mismas cosas. Te entiendo. Tienes tu paga para gastártela como quieras. Hagamos un presupuesto y un plan para que tú puedas comprarte esas cosas».

¿Ves cómo funciona este proceso? Al alinearte con los deseos de tus hijos, depositas en ellos la carga de su manifestación. Al apartarte de la zona de ataque, liberas su imaginación para satisfacer sus necesidades. Claramente, eres un «ayudante» y no un «obstáculo». De esta manera, permites que tus hijos tengan una relación directa con sus deseos, en lugar de aplastarlos por tus propias limitaciones o miedos. El foco está en ellos y sus sueños. Si bien quizás de momento no puedas manifestar directamente esos sueños, quieres ayudar a tus hijos a alcanzarlos por su cuenta cuando estén listos en un futuro.

Paso diecinueve:

Empieza ahora

Veo el tiempo que ha pasado
y me invaden la pena y el remordimiento.
Me consumen la culpa y la vergüenza.
Sigo pensando en el daño que causé
y los momentos que dejé pasar,
y me pregunto cómo puedo recuperarlos
y volver atrás en el tiempo.
Quiero intentarlo de nuevo, tener otra oportunidad.
Pero me olvido de esto:
aunque recuperara todos esos momentos,
yo seguiría siendo yo y tú seguirías siendo tú,
porque lo que nos define ahora

fueron esos momentos que vivimos.
Lo que nos llenó de sabiduría fueron esas insensateces,
ese tiempo perdido.
No me habría convertido en esto sin eso,
y lo que no logro ver es que
yo era exactamente quien debía ser por entonces,
para convertirme en quien soy hoy.
Sin eso no sería esto.
Por ende, estoy en el lugar indicado, aquí mismo.
Se llama presente.

Jamás he conocido a un solo padre que no quisiera volver atrás en el tiempo y tener la oportunidad de criar a su hijo de nuevo con toda la experiencia ganada. Yo, definitivamente, querría lo mismo. Si pudiera criar a mi hija Maia con esta consciencia, lo habría hecho mucho mejor. Sería la madre que siempre deseé ser. Este es el problema: no podemos volver atrás en el tiempo. ¿Sabes la razón? Porque la persona que somos ahora es precisamente el resultado de todos nuestros altibajos, nuestros errores y puntos ciegos. No hay «esto» sin «eso». Todo está intrínsecamente relacionado.

Todos nos dejamos llevar por la obsesión con el pasado, y nos resulta muy difícil resolver las cosas mentalmente y seguir adelante de una manera renovada. Esta obsesión nos impide vivir en el momento presente, que es uno de los ingredientes clave de la crianza. Nuestros pensamientos obsesivos toman la forma de tres patrones específicos: culpa, reproche y remordimiento. Cuando nos involucramos con alguno de ellos, nos aferramos a lo que fue y sopesamos el pasado una y otra vez. Nuestra mente no puede soltar lo que sucedió en el pasado. Nos obsesionamos con las cosas que «no deberían» haber sucedido:

Depositamos la culpa en nosotros, y decimos: «¡Yo no debería haber hecho eso!».

Siempre dirigimos el reproche a otros, y decimos: «¡Tú no deberías haber hecho eso!».

Con el remordimiento, nos enfocamos en la vida pasada, y decimos: «¡Eso no debería haber sucedido de ese modo!».

En cada uno de esos tres patrones, nos quedamos atascados en un estado de tristeza y vergüenza que no termina. Nos resistimos y nos sumimos en un estado de constante turbulencia por la manera en que no actuamos o porque las cosas no sucedieron según los ideales que teníamos. Esa preocupación nos impide estar en el momento presente. Nuestros hijos lo perciben y sienten la desconexión. Veamos cada uno de los patrones —culpa, reproche y remordimiento— para que podamos entender cómo nos impiden vivir en el presente con nuestros hijos.

Culpa: empecemos por la culpa. Cuando estamos atascados en culparnos, damos la impresión de estar arrepentidos. Y nuestra fijación con ese sentimiento nos mantiene obsesionados a un nivel superficial. Podríamos decirnos a nosotros o a quienes lastimamos que no «deberíamos» haber hecho lo que sea que hicimos y que «deberíamos» haber actuado mejor. Esa clase de repetición mental nos da a nosotros y a quienes nos rodean la ilusión de que vamos a cambiar nuestra forma de hacer las cosas. Sin embargo, esto es lo que pasa con la transformación interna: no sucede si oponemos resistencia a quienes somos y a lo que hicimos. Decir «no debería» o «debería» es la capa superficial de la consciencia que necesitamos. Esas palabras en sí mismas solo muestran una aparente transformación. Si nos quedamos atascados ahí, daremos vueltas en el mismo lugar.

¿Cuál es el camino a seguir? Debemos entender que culparnos y pensar que «deberíamos haber hecho» otra cosa son actitudes que surgen de un narcisismo oculto que considera que deberíamos haber sido más sabios emocionalmente de lo que fuimos capaces. Entonces, cuando reaccionas de una forma impropia, dices: «No debería haberlo hecho».

Sin embargo, cuando no tenemos esos delirios de grandeza sobre quiénes somos emocional y psicológicamente, nos decimos cosas muy diferentes. Por ejemplo: «Me comporté de forma previsible. Esa actitud reflejó mis heridas internas y mi falta de sanación. Negar dónde estoy realmente me impide aceptar por completo las sombras que llevo dentro». ¿Ves cómo la culpa es, en realidad, un narcisismo oculto en cierta medida, que no nos deja hacer nuestro trabajo interno para descubrir las causas de nuestras reacciones inconscientes?

Cuando dejamos de hacernos sentir culpables por cómo nos comportamos con nuestros hijos en el pasado, aceptamos nuestra energía oscura y nos hacemos responsables de nuestras acciones en el presente. No seguimos yendo en círculos y cargándonos de culpa, sino que usamos la información que tenemos para cambiar desde dentro.

Reproche: ahora analicemos el reproche. Opera en el mismo nivel de resistencia que la culpa, pero apunta a los demás. Siempre que consideremos que otros —sobre todo nuestros hijos— son la causa de nuestra reactividad, no iremos hacia nuestro interior para hacernos cargo de las sombras. Mantendremos nuestra consciencia en un nivel superficial, diciéndonos cosas como: «Yo nunca habría gritado así si ella no hubiese dicho eso» o «No habría perdido la cabeza si él no hubiese hecho eso». Estos pensamientos, como los que se basan en la culpa, surgen de una superioridad narcisista que nos consuela al decir: «Yo nunca me habría comportado de esa manera si el otro no hubiese hecho lo que hizo». ¿Ves cómo esta táctica nos impide ir hacia dentro?

Remordimiento: analicemos este aspecto. Básicamente dice algo así: «La vida no tendría que haber sido de esta manera». Cuando oponemos resistencia a la vida misma, nos quedamos atascados en la idea de que, si nuestra vida hubiese sido distinta, nosotros no seríamos los mismos.

¿Ves cómo estos patrones de pensamiento no nos permiten hacernos cargo de nuestra experiencia interna? Las tres reacciones de la culpa, el reproche y el remordimiento nos impiden reconocer de verdad nuestra realidad emocional y psicológica y sus elementos sombríos. Solo cuando nos hagamos cargo de esas partes que tenemos sin resolver y sin sanar podremos soltar las actitudes inconscientes que tuvimos en el pasado. Entonces podremos entrar en la realidad presente con nuestros hijos con una sensación de vigor y transformación.

Desde el momento en que atribuimos nuestra experiencia interna a otra «cosa» —incluso si esa «cosa» es nuestra imperfección—, nos atascamos en este nivel. La cruda verdad es que esa experiencia que tuvimos sucedió de ese modo porque esa era nuestra situación interna. El enojo se produjo porque había enojo en nuestro interior; el odio, porque había odio, y el amor, porque había amor. En el momento en que dices «porque», evades todo el estado del ser y supones que hubo una reacción en lugar de un causante. Nuestra experiencia interna es la que crea esa reacción, en vez de la situación externa. Una vez que nos hacemos cargo de esta verdad, podemos empezar a transformar toda nuestra realidad. Las compensaciones en la crianza empiezan con un brutal reconocimiento de todas las maneras en que hemos lastimado a nuestros hijos, sin buscar la verdadera razón. Al fin y al cabo, no hay más motivos que este: nuestras propias heridas abiertas. Punto. Cuantas más heridas, más nos desquitaremos. Cuantas menos heridas, menos nos desquitaremos.

Los hijos evocan y provocan nuestras experiencias internas con lo que hacen y dicen. Pero no las crean. Nuestro mundo interno ya estaba allí cuando llegaron a nuestra vida. Aceptar esa verdad es clave para poder hacernos cargo del bagaje negativo parental en el presente. Tomar consciencia de cómo nuestros patrones de culpa, reproche y remordimiento nos mantuvieron atascados en el pasado es fundamental para traernos al presente. Cuanto más nos alejemos de esos patrones, más cerca estaremos de generar una nueva consciencia sobre nosotros mismos en el presente. Podemos empezar a aceptar cómo el pasado nos ayudó a construir la persona en que nos hemos convertido. Cuando aceptemos de verdad esa realidad, podremos apreciar lo positiva que fue la inconsciencia del pasado para influenciar en nuestro estado actual de consciencia.

Es normal que, en cierta medida, deseemos no haber tenido ni un momento de inconsciencia. De nuevo, debemos recordar que la creencia de que siempre debimos tener nuestro nivel de evolución actual es ingenua y poco realista. Subestima el embravecido poder de nuestro ego. En lugar de desear no haber sido tan inconscientes, celebremos los momentos oscuros de nuestro ego como una llamada de atención necesaria para romper los patrones y establecer otros más nuevos y conscientes. Honrar los momentos de inconsciencia nos ayuda a hacer las paces con ellos y aprender. En lugar de resistirnos, sentimos gratitud por que nos ayudaran a ver nuestro ego. Podemos recordar esos momentos y esa experiencia con una sensación de paz y resolución. Todos podemos empezar a entender esos momentos pasados de distintas maneras:

La vez que les grité a mis hijos me ayudó ver mi ego.
La vez que lloré de cansancio me ayudó a ver mi ego.
La vez que actué igual que mi madre me ayudó a ver mi ego.
La vez que les dije a mis hijos que eran «malos» me ayudó a ver mi ego.
La vez que ignoré a mis hijos me ayudó a ver mi ego.
La vez que mis hijos dijeron que me odiaban me ayudó a ver mi ego.
La vez que mis hijos suspendieron un examen me ayudó a ver mi ego.
La vez que me sentí un fracaso como padre/madre me ayudó a ver mi ego.

¿Ves lo que quiero decir? Los errores son justamente lo que puede despertarnos. Si no nos hacemos cargo de nuestros fracasos, ¿cómo podremos ver las heridas cuando nos miremos al espejo? Por supuesto, nunca es fácil ser conscientes de nuestras meteduras de pata. Como dice el dicho: «Ojos que no ven, corazón que no siente». Salir del estado de ignorancia duele y nos incomoda. Nos lastima y nos hiere. Claro que sí, la consciencia tiene púas. Destruye la coraza de nuestro ego. Si no nos resquebraja, la coraza del ego no se romperá.

El proceso de despertar implica un enfrentamiento incómodo con la verdad de nuestro ego. La transformación solo se produce cuando emerge esa verdad. Las dos van de la mano. Por ende, el único momento que vale la pena considerar es el momento presente. Lo que pasó antes ya no está aquí. Su único propósito era traernos a este instante. Punto.

La sabiduría que ahora tienes dentro surgió de tus momentos más oscuros. No apareció en tu consciencia de un día para el otro. Evolucionó durante muchos años. Es muy probable que, cuanto más oscuros fueran esos momentos, mayor sea la sabiduría. Sé que, en mi caso, gran parte de mi saber nació directamente de las brasas de mi dolor. Desear volvernos sabios sin pasar por ninguna dificultad es ingenuo y poco realista. Van de la mano. Por ejemplo, un exalcohólico que está sobrio y se volvió más sabio lo consiguió después de pasar por un proceso muy doloroso de abstinencia y alteración de los patrones del pasado. La tortura que implica ese proceso es inimaginable. Ahora que ha atravesado ese infierno, esa persona quizás se siente arrepentida y llena de remordimientos por el sufrimiento que causó a otros. Si bien es natural que se sienta así, quedarse atascado ahí no es sensato, porque esa persona ya no es la misma. La persona que era alcohólica ya no existe.

Al evolucionar cada vez más, mueren nuestras partes viejas y nacen las más conscientes. Mirar atrás, a esa persona que solíamos ser, desde nuestra nueva perspectiva de consciencia es una trampa. Actuamos como si fuéramos la misma persona que está mirando al pasado, pero no es verdad. La persona de antes ya no existe. Es crucial que entendamos esta realidad si queremos seguir adelante con nuestras vidas renovados y llenos de energía. Si no podemos entenderlo, nos enterraremos vivos con la culpa y la vergüenza por todos nuestros fracasos como padres. Puedes decirte esto:

Soy quien soy gracias a quien fui. No puedo negar mi pasado. Me ha convertido en quien soy hoy y voy a afrontarlo con la cabeza alta y con orgullo. Usaré mis dificultades para tener compasión conmigo y con los demás. Usaré mi dolor para traer alegría para mí y los demás. Dejaré de vivir con arrepentimiento por todo lo que no fui y aceptaré todo en lo que me he convertido.

Siempre me recuerdo a mí misma y a mis pacientes que el único momento relevante es el aquí y ahora. En este momento, podemos reescribir nuestra historia y empezar de nuevo. Este instante, el presente, es nuevo y podemos empezar de cero. El pasado ya no está aquí, y, aunque lo recordemos, está contaminado por el tiempo y las imprecisiones de la memoria. Nunca recordaremos el pasado exactamente como sucedió. Por esa razón, no tiene ningún sentido que lo regurgitemos una y otra vez. La única razón por la que el pasado es relevante es por su manera de influir en el presente. Entonces, la pregunta que debemos hacernos es esta: «¿Mi pasado puede tener una influencia positiva en mí en este momento?». Si la respuesta es que sí, la manera de lograrlo es que proclamemos, declaremos y reclamemos por completo el momento presente. Necesitamos gritar desde la terraza: «Estoy aquí, este es el presente, quiero empezar de nuevo».

De la misma manera, todas nuestras preocupaciones sobre el futuro son igual de perjudiciales para el estado del ser. Todos nuestros «qué pasará si...» nos impiden aceptar la realidad de «lo que está pasando» aquí, ante nuestros ojos. Es clave que redirijamos los pensamientos del pasado o del futuro al momento presente.

Ahora podemos hacer muchísimas cosas si traemos toda nuestra presencia. No importa si nuestros hijos han crecido y han alzado el vuelo o si todavía son bebés. Nunca es demasiado tarde para empezar de nuevo, demostrar amor o pedir disculpas. Y, desde ya, tampoco es tarde para conectar con nuestros hijos como son ahora. El momento presente está lleno de oportunidades e invitaciones. Lo único que debemos hacer es verlo de esta manera. No necesitamos esperar una oportunidad ideal en el futuro para cambiar nuestra vida. Empezamos con un pasito, luego otro y otro. Así es como el momento presente se vuelve un canal de parto para un mañana completamente nuevo.

Cuando la voz de la culpa, los reproches o el remordimiento salen a la superficie, recuerda tener compasión contigo. Enséñate a dejar ir las críticas sobre quién eras y, en cambio, guíate con delicadeza hacia la persona que eres hoy. Mírate con los ojos amables de la piedad, sabiendo que fuiste una víctima de las circunstancias y que, por aquel entonces, no sabías ciertas cosas. Darte el beneficio de la duda —creer que habrías sido más consciente si hubieses tenido las herramientas adecuadas— te permite ser un poco más indulgente y afable contigo mismo.

Con esta mirada sobre la vida, puedes ver los errores de tu pasado inconsciente como una mina de oro en lugar de como un campo minado. Puedes transformar el ego en esencia y los errores en diamantes. No importa lo mayores que seáis tú y tus hijos, puedes emprender un camino nuevo en el presente. Lo que sea que hubo en el pasado no está aquí en este momento, así que puedes empezar de nuevo. Puedes sanar y transformar muchas cosas al estar presente para tus hijos ahora, de otra manera. Recuerda: la consciencia no es un destino, sino un proceso con muchas ideas y vueltas. Cuantas más curvas haya, mayor potencial habrá para despertar y transformarse. Juzgar nuestra vida por haber encontrado curvas le resta valor. En lugar de eso, celebremos esas curvas porque nos hicieron quienes somos hoy: seres humanos que han sanado más y se han vuelto más sabios y compasivos.

El proceso evolutivo implica atravesar grandes tramos de inconsciencia para llegar a la consciencia. Uno no puede llegar a la consciencia sin dolor ni esfuerzo. Durante años, Buda se sentó debajo del árbol Bodhi para lograr el objetivo que finalmente alcanzó. Trabajó para conseguir su sabiduría. Hubo dolor. Nada surge de la nada. Todo proviene de algo más. Sucede lo mismo con la sabiduría: nace de la oscuridad de nuestra inconsciencia. Pedir que no haya inconsciencia es como si pidiéramos que el sol no emanara calor o que no hubiera olas en el océano. Todo forma una unidad. No hay divisiones. Todo es una sola cosa.

Aprender a estar en el momento presente es la lección más valiosa de la paternidad. Cuando empiezas de nuevo una y otra vez, sueltas todo lo que fue y empiezas a abrirte a todo lo que tienes delante.

Tus hijos no necesitan tu culpa, tus reproches o tus remordimientos. Solo necesitan que seas un ser humano que está dispuesto a trabajar para transformar su relación con ellos. Tus hijos te necesitan tal como eres, en el momento presente, normal, falible y real. Los niños no necesitan «padres», sino un ser humano que esté dispuesto a sanar todas las heridas que tiene. Cuando les das a tus hijos el regalo de tu transformación consciente, les entregas el tesoro más grande de todos: tu propia sanación. Ningún juguete o dispositivo puede compararse con el regalo de tu evolución consciente, porque eso será lo que abrirá la jaula de su alma y los liberará.

MANOS A LA OBRA

Entrar al momento presente no es solo una práctica, es un estilo de vida. Es la manera más poderosa de vivir la vida. Si no vivimos en el presente, estaremos envueltos en la tormenta interminable del ayer que ya pasó y el horizonte del mañana que desconocemos. Cuando quiero fortalecer mi práctica del presente, pongo una alarma cada hora para recordarme «entrar en el presente». La alarma me sacude para volver a conectar con lo que está sucediendo aquí y ahora, trayéndome de vuelta de donde sea que mi mente hubiera estado deambulando.

Esta práctica fue revolucionaria para mí, sobre todo durante los momentos reactivos con mi hija. Cada vez que me provocaba, yo me preguntaba esto: «¿Qué te está causando ansiedad ahora?». Y, muchas veces, la respuesta era: «Nada». Pruébalo. Pregúntate: «¿Por qué este momento me genera angustia?». Y la mayoría de las veces descubrirás que hay muy pocas razones para angustiarse. ¿Sabes por qué? La razón es que lo «malo» ya puede haber sucedido o imaginamos que sucederá en el futuro. Si estamos vivos, el momento presente casi siempre será lo que debe ser. El problema es que nos resistimos a lo que es por naturaleza. Si nuestros hijos aprueban un examen con un 7, entonces nos resistimos al hecho de que eso ya ha ocurrido, o nuestra imaginación nos lleva a un futuro alarmante. Sin embargo, en el momento presente, no sucedió nada. ¿Entiendes lo que quiero decir?

Preguntarnos si «de verdad el presente es tan terrible» es una manera maravillosa de darnos cuenta de que rara vez lo es. Cuando somos capaces de ver que el presente está bien, aunque a veces sea un poco desafiante, podemos entrar en un estado de gratitud y entrega. Esos dos elementos son una combinación poderosa que trae paz y alegría. Intenta hacerte esa pregunta y descubrirás la magia del presente.

Paso veinte:

Abraza a tu nuevo yo

¿Cómo te sientes
al mudar finalmente la piel
y dejar que caigan tus máscaras,
y modificar los patrones
y domar al ego?
Qué solitario y extraño es
tener de pronto una consciencia,
una mente y un corazón nuevos.
No hay palabras para expresar esa alegría, ¿verdad?
La liberación interna es, al fin y al cabo, indescriptible.
Solo pueden experimentarla quienes
han recorrido este camino, como tú.

348 | MAPA PARA UNA CRIANZA CONSCIENTE

¡Has alcanzado el último paso! Has llegado. Tomémonos un momento para hacer una pausa, ya que este es un punto significativo. Has llegado a un umbral nuevo. ¿Cómo te sientes? ¿Te sientes como si fueras una persona totalmente nueva? Si es así, ¡le damos la bienvenida a tu nuevo ser!

«Despertar» nunca es un proceso agradable. Implica abrir los ojos para verte de otra manera a ti y también a tus hijos. Esto es particularmente difícil si has estado dormido durante muchas décadas. Cuanto más tiempo hayas estado dormido, más incómodo será el proceso de despertar. Antes quizás creías algo sin cuestionártelo; ahora analizas todo lo que piensas, ves y percibes. Tengo la esperanza de que estés viendo las cosas por lo que son por primera vez en tu vida. Eso puede ser muy desorientador y desconcertante.

El momento más profundo de mi despertar como madre fue cuando tuve la epifanía de que el paradigma moderno de la crianza se basaba en el ego. El momento en que tuve esa revelación fue impactante. Había creído que criábamos a nuestros hijos desinteresadamente. Y, si bien la paternidad puede ser un acto altruista, con demasiada frecuencia la forma en que criamos se arraiga en el egoísmo. Cuando tomé consciencia de esa idea, todo cambió. Después de ese momento, toda la fachada de la crianza se desmoronó. No solo vi mi propio ego en mi forma de criar, sino también el de todos los padres. Quería gritar desde la terraza: «¿Veis vuestros egos? ¡Yo sí! ¡Este es tu ego! ¡Y este es el tuyo!». Pero nadie prestaba atención. Sentía que hablaba con una pared.

Luego, entré en un periodo intenso de sentirme a la deriva por completo, como si con esta nueva consciencia estuviera flotando y viera a todos los que conocía, incluso a mí misma, con una mirada totalmente diferente. «¿Quién era yo? ¿Quiénes eran aquellos a los que creía conocer?» Ya nadie ni nada era lo mismo. A donde mirara, veía el ego, el ego, el ego. ¡Sin duda fue una experiencia muy extraña!

A ese tramo del camino lo llamo «la tierra de nadie». Es donde te sientes como si hubieras muerto. Bueno, de alguna manera has muerto en este punto. Nuestros egos han muerto. Al llegar aquí, nada se parece a lo que había en el pasado. Es como si fuésemos alienígenas que viven en el planeta más extraño.

Pero el camino no termina aquí. Esa consciencia se expande a todo lo que nos rodea. No solo vi mi ego y el de mis seres queridos, sino el de las instituciones y procesos que me rodeaban: las escuelas, la política, los negocios, todo. Y, por supuesto, cuanto más ego veía, más dolor encontraba. Esta experiencia fue confusa porque, por un lado, los egos evidentes me repugnaban, y, por el otro, el dolor que escondían me partía el corazón. Al soltar el enojo y la repulsión que me generaban nuestros egos insaciables, pude enfocarme en las heridas que había debajo de las máscaras. Mi compasión por la humanidad aumentó exponencialmente, al igual que mi deseo de hacer algo al respecto. Esa es la razón por la que hago este trabajo y escribo libros como este. Ahora mi gran pasión es ayudar a otros a despertar y quitarse el velo de la ignorancia y la inconsciencia.

Si tienes alguna de estas cosas, quiero que sepas que no eres la única persona. Si bien este camino puede hacerte sentir cierto aislamiento, la verdad es que muchos otros están en el mismo camino que tú. Solo debes encontrarlos. Al seguir quitándote las máscaras del ego, te acercarás a aquellos que tengan un nivel de consciencia similar y te alejarás de quienes no. Algunos se sentirán traicionados por tu crecimiento, como si los abandonaras y los dejaras atrás. Enfrentar la furia de aquellos que se ven eclipsados es una experiencia común para quienes evolucionan más rápido que las personas a su alrededor. Si eso te sucede, ten la certeza de que no es una señal para dejar de evolucionar. Por el contrario, debes seguir adelante a toda costa. Tu próxima tribu te espera. Solo debes seguir avanzando hacia ellos.

La crianza consciente suele ser un camino muy solitario. Como la mayoría de las personas que te rodean fueron criadas con un paradigma tradicional y conductual del enojo, el reproche, la vergüenza y la culpa, puede que desdeñen y menosprecien nuestra forma nueva de hacer las cosas. Esas respuestas de los demás pueden ser desalentadoras, incluso aterradoras. Puede que dudes de ti y sucumbas a la presión de los demás para ser más «duro». Te pido que seas fuerte y te mantengas firme. Recuerda: esos mensajes sobre el control y el miedo provienen del viejo paradigma.

Quienes te rodean y apoyan esas formas tradicionales de crianza no son malos contigo ni intentan presionarte. Su manera de criar es lo único que conocen y se basa en su condicionamiento cultural dominante. Espera encontrar oposición, y muestra comprensión y compasión por ello. Estos enfoques más conscientes de la paternidad asustan a otros. Evitan lo que les es desconocido porque no fueron criados de una manera tan compasiva. Quizás les recuerdas todo lo que no recibieron. De cualquier manera, es fundamental que entiendas que esa resistencia no es algo personal en tu contra. La gente no te está atacando. Están atacando sus propios miedos sobre lo que despierta esta nueva manera de criar. En lugar de reaccionar, podrías decir: «Te escucho. Entiendo tu postura. No tienes que estar de acuerdo con mi enfoque, pero es el que sostengo. No necesito criar a mis hijos como me criaron a mí, basándome en el miedo y el control. Voy a criarlos de una manera completamente nueva. Puedes estar de acuerdo o no. Es tu decisión. Pero no voy a desviarme de mi camino».

Muchos padres preguntan: «¿Y si mi pareja o la persona con quien comparto la tarea no cree en la crianza consciente?».

Siempre respondo esto: «La crianza consciente solo requiere de un padre o madre. Si bien contar con dos o más sería maravilloso, no se necesita más de uno. Con uno solo alcanza para empezar a hacer una transformación. Debes convertirte en esa figura para tus hijos. Es mejor tener un padre o madre consciente que ninguno».

Muchos padres tienen miedo de ir «en contra» de su cónyuge, porque les parece que traicionan su relación. Siempre respondo así: «Cuando se trata de criar a tus hijos, debes poner su bienestar por encima de las necesidades de tu matrimonio. Debes poner tu foco en la manera más consciente de criar a tus hijos y no en la manera de hacer que tu pareja esté conforme contigo». Aceptar esa idea es extremadamente difícil para algunos cónyuges. Entiendo la razón, sobre todo en el caso de las mujeres. A nosotras nos criaron para ser buenas esposas. Adquirimos un sentido de identidad al ser obedientes y sumisas. Apartarnos de estas cualidades para desafiar a nuestras parejas implica una gran carga emocional. Nos asusta ir contra corriente. Sin embargo, cuando se trata de nuestros hijos, debemos salir de la zona de confort y liberarnos de esos patrones para estar junto a ellos.

Otra regla que hemos creído equivocadamente es que los padres deben ser un frente unido. Siempre digo: «Sí, en general es eso, un frente; una fachada y una imagen. No debemos ser un frente unido si nuestra pareja es inconsciente. Estar unidos en esa situación implicaría perpetuar la inconsciencia». Es comprensible que los padres tengan dificultades cuando las dos partes no están en sintonía con respecto a la crianza. Definitivamente, la falta de unidad hace que la crianza sea una carga más pesada. Pero eso no quiere decir que debamos ponernos del lado inconsciente de nuestra pareja para estar unidos. Eso no es evolución, es un enredo nada saludable. Esas uniones no son buenas para el alma de nuestros hijos. Ellos, como seres en desarrollo, estarían mucho mejor si vieran a su madre hacer frente al abuso y las peleas de su padre para luchar por lo que es correcto que si la vieran participar en el abuso que ejerce su esposo. Por supuesto, a corto plazo, los desacuerdos en la pareja podrían causar confusión y ansiedad en los niños. Sin embargo, a largo plazo, entenderán que deben defenderse del abuso y la inconsciencia en lugar de rendirse pasivamente.

Muchas veces sucede que un padre o una madre que en un principio se negaba a adoptar este enfoque empieza a usar las técnicas que han demostrado ser eficaces con sus hijos. Cuando hacemos el trabajo, la relación entre padres e hijos florece, y la dinámica familiar se transforma. Es probable que el padre o la madre que quedó al margen empiece poco a poco a cambiar su enfoque. Podrías notarlo en las conversaciones durante la cena o de camino a la escuela. Todos los padres ansían tener ese vínculo, y aquel que en un principio se negaba a mirar hacia adentro, de pronto puede empezar a hacerlo con más frecuencia. Lo importante es recordar que cada persona cambia a su propio ritmo y cuando está lista. Los padres que están preparados para adoptar la crianza consciente deben comenzar su camino, sin importar en qué momento se encuentre su pareja.

Al principio, este camino de evolución y crecimiento consciente suele ser solitario, te va aislando a medida que te alejas de aquellos que

352 | MAPA PARA UNA CRIANZA CONSCIENTE

ya no coinciden contigo, y es posible que entres en un estado de deses- peración y pavor. Quizás adoptes una actitud nihilista, porque sentirás que ya nada tiene valor y que, para eso, sería mejor rendirse. Quiero advertirte de que esa es la voz de tu ego. El ego quiere detener tu evo- lución. Al crecer y transformarte, escuchas cada vez más tu esencia. Hacer eso representa una amenaza para otras personas, pero también para tu propio ego. Tu ego intentará usar todas las artimañas manipu- ladoras para hacer que dejes de crecer. Cuanto más crezcas, menos necesario será el ego, ¿entiendes? Tu ego podría convencerte de que es una traición dejar atrás tu sistema de creencias anterior, o de que esto es una tontería y debes parar, o de que la doctora Shefali es la líder de un culto que quiere adoctrinarte, o de que todo esto es inútil, así que mejor será desistir.

He perdido la cuenta de la cantidad de mujeres que se me han acer- cado y me han dicho cosas como: «Mi marido te odia. Me ha dicho que no vea más tus videos» o «¡Mi mamá cree que me has poseído e hipno- tizado!». Me río mucho con esos comentarios, porque entiendo a lo que se refieren. Apenas puedo imaginar los miedos que tienen en el corazón esos seres queridos, al ver que los sacan de su pedestal y los despojan del control tiránico que solían ejercer sobre los miembros de su familia. Sus voces te pueden aterrar, y tu ego puede intentar convencerte de que te abandonarán si continúas por ese camino. Tu ego intentará todo tipo de cosas para traerte de nuevo al estado anterior de consciencia para poder mantener su bastión en tu psique.

Mi ego todavía reacciona constantemente. Me susurra que soy una chica mala de la India por haberme divorciado, una mujer descarada por atreverme a lograr tanto y una persona egoísta por vivir mi vida a mi manera. Muchas veces, mi ego logra traerme de vuelta a sus trinche- ras tóxicas durante unos momentos. Por suerte, mi práctica de medita- ción me ayuda a reconocer que esos pensamientos provienen del ego, y puedo escapar de ahí.

Si estás teniendo pensamientos como el que acabo de describir, debes reconocer que provienen del ego. Puedes decirte con delicadeza: «Queri- do Ego: te invito a irte a la m... Has tenido un rol increíble en mi vida, pero ya has quedado en el pasado. Ya no necesito que me protejas, porque he sanado a mi niño interior. No necesita protección porque, al fin, ha crecido. Por fin soy una persona entera y sana. Te despido con amor. Por favor, deja las máscaras en la puerta, porque las quemaré».

Soltar las máscaras del ego es increíblemente escalofriante. Créeme, lo sé. En mi libro *A Radical Awakening* [Un despertar radical], describo este proceso con todo lujo de detalles intensos. Para mí, personalmente, dejar ir la máscara del Reparador y el Salvador fue lo más difícil, ya que esos roles estuvieron sellados en mi cerebro de mujer de la India durante cuarenta y cuatro años. Finalmente, pude deshacerme de esa máscara y romperla en pedazos. La repercusión de ese proceso fue el miedo, por supuesto, pero también una profunda sensación de libertad.

Al leer esto, ¿cuál será la última máscara que quemes? ¿Cuál será la más difícil de soltar? ¿Qué miedos te trae la idea de soltar? Una de las principales razones por las que no entramos en el canal de parto de la transformación es que tenemos mucho miedo a no ser amados o a no recibir la aprobación al salir. Si bien es verdad que muchas personas que conocías se quedarán en el camino, también es cierto que conocerás a mucha gente nueva con una mentalidad similar en tu camino hacia el otro lado y al llegar allí.

Siempre les recuerdo a mis pacientes: «Tu deseo de evolucionar debe ser más grande que tu deseo de seguir igual. Cuando tu deseo de evolucionar sea más grande, confiarás en lo desconocido y te rendirás. La idea de seguir igual tiene que resultarte insoportable. Ahí es cuando podrás dejar atrás lo viejo y recibir lo nuevo».

Ahora te pregunto: ¿tu deseo de evolucionar es más grande que el de mantener el *statu quo*? Si la respuesta es afirmativa, vas por buen camino. Da un paso tras otro. No hay prisa, ninguna urgencia. Solo debes seguir avanzando. Y, a medida que lo hagas, mantén la conexión con tu voz interior del saber. Déjala que te guíe a donde necesitas ir después. Te dirá exactamente en qué dirección ir. Síguela. Ve hacia adelante.

MANOS A LA OBRA

Esta es una etapa en la que dejamos atrás lo antiguo y abrimos paso a lo nuevo. Un ejercicio que suelo hacer con mis pacientes en este momento es el de montar dos canastas: una se llama «Eliminar» y la otra, «Incorporar». Cada semana, deben arrojar todas las máscaras que van a eliminar en la primera canasta y meter todas las nuevas formas de ser que están adoptando en la segunda canasta. Después de algunas semanas, procesan todo lo que ha cambiado en ellos. Podrías probar este ejercicio con amigos para que puedan ayudarte en el proceso de soltar y rendirse.

Otro ejercicio poderoso es el de escribir cartas. Una que es especialmente terapéutica es la carta al ego. Puedes darle las gracias a tu ego por todas las maneras en las que te ha protegido, pero luego debes decirle que ya puedes soltarlo, porque lo has superado. ¡Escribirle una carta a tu nuevo y verdadero ser es igual de terapéutico!

Estás dando a luz a un nuevo ser, y eso requiere coraje y sabiduría. Te aplaudo por haber llegado a este punto. Tu camino acaba de comenzar. Tu caminata se transformará en trote, y pronto estarás despegando y ascendiendo. Al sentir que el viento te eleva en un abrazo sin esfuerzo, observarás tu vida desde arriba. Verás el mundo debajo y lo recordarás con cariño. Pero la libertad del aire a esa altura será demasiado embriagadora para abandonarla. No podrás volver a lo anterior. Ya has soltado esa parte de ti. No eres la misma persona que empezó este camino. Suelta lo que eras y abraza lo nuevo. Tus hijos están listos para unirse a ti. Siempre lo han estado. Solo estaban esperando a que volvieras a tu hogar real, tu ser.

Te doy la bienvenida a tu nuevo mundo.

La crianza consciente no solo consiste en criar niños. Consiste en criar a la humanidad. Cuando comprendemos sus principios profundos y poderosos, no solo sanamos nuestras heridas del pasado, sino las de aquellos que nos rodean. Este es el increíble potencial restaurador de este trabajo: tiene la capacidad de transformar el trauma en salud.

Una familia tras otra han dado su testimonio sobre el poder de la crianza consciente en sus vidas. A paso lento pero seguro, se ha convertido en el modelo de crianza del mundo, y ahora tú eres parte del desarrollo de la consciencia parental a nivel mundial. Que hayas aceptado estas enseñanzas es trascendental para difundir este trabajo en todo el mundo, un padre y un niño cada vez. Eres representante de este mensaje y un símbolo de su poder sanador.

Al convertirte en un padre o madre consciente, defenderás y representarás la transformación en este mundo. De esta manera, todos los niños son tus niños, y todos los egos son tu ego. Tú y los demás seréis uno solo, interconectados e interdependientes. Cuando ves las cosas de esta manera, encarnas la consciencia no solo para tus propios hijos, sino para todas las personas con las que te cruzas. Ese es el poder de este enfoque: es una panacea universal para todas las dificultades que tenemos.

Lo que has aprendido en este libro será válido para todos los problemas de la vida. Aplica estos principios con valentía, porque son universales. Vuelve a estas páginas una y otra vez, ya que lleva tiempo incorporar estos valores. Al fin y al cabo, debemos deshacer generaciones de condicionamiento.

Al comprometerte con este trabajo, tú eres quien perturba los patrones en el linaje de tu familia. El fin del patrón de la inconsciencia eres tú. Los traumas de la infancia terminan contigo. Eres el último portador del legado egoico de las generaciones pasadas, el último titular de la vergüenza que puede haber atravesado a la familia desde hace eones. Por fin, has llegado a un lugar en el que puedes soltar la vergüenza y el dolor, porque nunca debió ser tu carga. Por fin, has llegado al umbral de una consciencia poderosa, en el que se puede escribir una nueva narrativa. Es abrumador, lo sé. Pero sigue el rastro de la consciencia y nunca te desviarás. En cada momento que debas elegir, pregúntate: «¿Qué me dice la consciencia?». Y, luego, sigue sus indicaciones. Nunca te llevará por mal camino. Las voces del miedo y la escasez provienen del ego. Recuerda distinguir la diferencia.

Ahora, las páginas de tu vida son nuevas. El pasado se ha borrado. Estas páginas están vacías y nuevas, esperando la realidad más gloriosa de todas: tu propia manifestación auténtica. Te esperan a ti. Es hora de personificar a tu nuevo ser. Estás suficientemente preparado para comenzar. El momento es ahora.

Un comentario de mi parte

Qué viaje has hecho, mi querido padre o madre.

Has revelado partes tuyas que estaban ocultas, fuera de la vista, y has confrontado elementos de tu psique que te han conmocionado.

Has leído palabras que te han quemado, te han atravesado y te han despedazado.

Y, sin embargo, no te has detenido, ¿verdad?

Has seguido pasando las páginas hasta que finalmente has llegado aquí, al umbral de la muerte de tu ser anterior, donde te espera el nacimiento de tu nuevo yo.

Ahora darás pasos que nunca antes diste, y hablarás un idioma cuyos sonidos nunca se han escuchado.

Al principio, te tropezarás y te romperás algunos huesos.

Perderás algunos amigos y lanzarás unas cuantas piedras.

Pero, a la larga, tu camino te guiará al borde del precipicio, donde podrás mirar atrás y ver lo lejos que has llegado desde tu pasado.

Y luego mirarás hacia el futuro, al cielo que tienes delante,

Y, con una sonrisa en los labios, saltarás desde la cornisa hacia un horizonte desconocido y salvaje.

Tus hijos te observarán mientras alzas el vuelo y se regocijarán, porque saben que esa liberación ahora también forma parte de su destino.

Debes saber que tu propósito ya se ha cumplido, porque has logrado tu obligación más sagrada.

Al haber liberado a tus hijos para que vivan sus propias experiencias de vida, te has convertido en el guardián de su esencia.

No hay nada más que hacer por ahora, excepto seguir avanzando en dirección a tu propio brillo.

Agradecimientos

Maia, mi querida hija, siempre es la musa de mis libros sobre crianza. Al maternarla, he atravesado el arduo camino que lleva del ego a la esencia. Sin su presencia audaz y auténtica en mi vida, no se habría manifestado esta sabiduría sobre la crianza.

Gideon Weil, mi editor en HarperCollins y mi querido amigo, fue un faro de inspiración desde el comienzo de este libro. Creyó que era sumamente necesario y permitió que floreciera libremente y se concretara. Dado que tenemos la misma pasión por la crianza y la vida conscientes, somos un equipo de ensueño.

Ferzin Patel y Tina Daroowalla, mis dos leales cajas de resonancia, han visto de principio a fin la angustia que atravesé al escribir este libro. Son las mejores animadoras que una mujer podría pedir, pues me han impulsado a superar todas mis dudas hasta llegar a la meta. Estoy muy agradecida por compartir esta misión con hermanas como ellas.

Jon Hyman, el padre y ser humano más maravilloso que conozco, me enseñó sobre la vida, la matriz y cómo deconstruirla más que nadie. Él es el maestro de los maestros, sin duda. No se han inventado palabras de gratitud suficientes para expresar la medida en que su mente y su ser han elevado mi existencia y me han infundido toda la sabiduría que enseño.